省重点财经商贸大类建设系列教材

市场调查与分析

刘勤侠　主编

中国财富出版社有限公司

图书在版编目（CIP）数据

市场调查与分析 / 刘勤侠主编．—北京：中国财富出版社有限公司，2020.8
省重点财经商贸大类建设系列教材
ISBN 978-7-5047-7224-4

Ⅰ.①市…　Ⅱ.①刘…　Ⅲ.①市场调查—高等职业教育—教材　②市场分析—高等职业教育—教材　Ⅳ.①F713.52

中国版本图书馆 CIP 数据核字（2020）第 157112 号

策划编辑 张　茜　谷秀莉　　**责任编辑** 邢有涛　刘康格　　**版权编辑** 李　洋
责任印制 梁　凡　　**责任校对** 卓闪闪　　**责任发行** 杨　江

出版发行 中国财富出版社有限公司
社　　址 北京市丰台区南四环西路 188 号 5 区 20 楼　　**邮政编码** 100070
电　　话 010-52227588 转 2098（发行部）　　010-52227588 转 321（总编室）
010-52227566（24 小时读者服务）　　010-52227588 转 305（质检部）
网　　址 http://www.cfpress.com.cn　　**排　　版** 宝蕾元
经　　销 新华书店　　**印　　刷** 北京九州迅驰传媒文化有限公司
书　　号 ISBN 978-7-5047-7224-4/F·3199
开　　本 787mm×1092mm　1/16　　**版　　次** 2024 年 1 月第 1 版
印　　张 20.5　　**印　　次** 2024 年 1 月第 1 次印刷
字　　数 425 千字　　**定　　价** 52.00 元

前　言

2015 年 4 月发布的《教育部关于加强高等学校在线开放课程建设应用与管理的意见》强调，加快推进适合我国国情的在线开放课程（MOOC 课堂）和平台建设，促进课程应用。市场调查与分析立体化教材就是在这种背景下，不断丰富教学内容，实现教学资源共享，建设的“纸质图书 + 在线课程”相配套的立体化教材。

本书采取双线并行的方式，以实际调研项目范例“徐州市卜蜂莲花自有品牌满意度调查研究”为主线，以全国大学生市场调查与分析大赛一等奖作品“徐州马市街艾尚饦汤品牌推广调查研究”项目为辅线，按照项目调研程序，分步教学示范，通过项目教学，培养学生市场调查与分析的综合技能。

1. 设计思想

本书打破传统学科体系的束缚，根据工学结合特点组织课程内容，以调研项目为载体，以完成工作任务为导向，以培养学生市场调查与分析综合技能为目标。特别重视学生参加市场调查与分析大赛相关知识和技能的培养，特意以全国大学生市场调查与分析大赛一等奖获奖作品为案例，拓展了全国大学生市场调查与分析大赛网考竞赛部分理论知识，为财经类学生参加全国大学生市场调查与分析大赛提供了借鉴和参考。

全书围绕调研项目组织，有理论、有实践，边学边做、边做边指导，是一本工学结合、理实一体化的教材。此外，本书配套大量的在线资源，是一套资源丰富的立体化教材。

2. 内容范围

全书内容包括六个项目、十五项工作任务具体见下表。

六个项目及十五项工作任务

项目	能力	任务
项目一 如何确定市场调查的问题	认识能力	任务一：明确营销决策问题 任务二：明确市场调查问题
项目二 如何进行市场调查设计	设计能力	任务三：设计市场调查方案 任务四：设计市场调查问卷

续 表

项目	能力	任务
项目三 如何采集市场信息数据	采集能力	任务五：用抽样调查法采集数据 任务六：用文案调查法采集数据 任务七：用实地调查法采集数据 任务八：用网络调查法采集数据
项目四 如何整理市场信息数据	整理能力	任务九：预处理数据 任务十：整理市场信息数据
项目五 如何分析市场信息数据	分析能力	任务十一：静态分析 任务十二：动态分析 任务十三：相关回归分析
项目六 如何撰写市场调查报告	撰写能力	任务十四：做好撰写前的准备工作 任务十五：撰写市场调查报告

3. 结构体系

书中每个任务都设计了任务导入、任务要求、任务分析、任务学习、任务实施、任务评价六个工学交替步骤。其体现了教学的基本规律，有利于课程的有力实施和实时评价。

4. 写作特点

本书设计了学习目标、技能培养、学习任务、案例导入、知识学习、知识拓展、实施范例指导、实施要求、自我测试等众多栏目，内容丰富多彩，具有可读性强、示范性强、参考性强、指导性强的特点，增强了对学生自主学习能力的培养。

5. 配套立体化资源

本书配备了在线课程教学资源，方便教师教学使用和学生自主学习使用。

本书由江苏建筑职业技术学院刘勤侠老师主持编写，在编写时参考了国内外一些专家学者的研究成果及相关文献。行业技术专家提供了一些国内外专业调查公司的宝贵资料，江苏建筑职业技术学院的领导、同事及学生也给予了相关支持和帮助。在此向他们表示衷心感谢。

由于水平有限，加之编写时间仓促，书中难免存在疏漏之处，敬请广大读者批评指正。

目　录

项目一

如何确定市场调查的问题

学习目标

1. 理解市场的含义和分类；
2. 理解市场信息的含义、分类和内容；
3. 掌握市场调查的含义、意义和内容；
4. 掌握市场调查的步骤。

技能培养

培养学生利用市场调查相关理论知识，针对企业在经营过程中存在的各种各样的营销问题，在分析企业背景和行业背景信息基础上，确定市场调查问题的能力。

学习任务

任务一　明确营销决策问题
任务二　明确市场调查问题

在这两项任务的学习中，如果你认真学习理论知识，积极参与实践训练，并且能够顺利地完成具体任务，那么你会惊喜地发现自己已经成功加入市场调查人员行列，成为某调研项目小组的一名成员，研究着自己感兴趣的问题，并且已经对该项目有了初步的感性认识。

任务一 明确营销决策问题

任务导入

学习情境

营销专业的几位同学准备参加全国市场调查大赛，发现“徐州老字号”——“马市街饣它汤”虽然在徐州知名度很高，但品牌方不够重视宣传和推广，尤其是没有利用新媒体手段进行宣传和推广，“90后”“00后”是未来消费的主力军，如何让饣它汤走进他们的生活，使徐州传统美食活态传承下去，是亟须解决的问题。了解了“马市街饣它汤”品牌存在的营销决策问题，几位同学想就这一问题展开市场调查。

案例导入

某洗衣机公司专门成立了市场调查部，聘请一批固定的、高素质的人员，活跃于全国各地，不时走访不同地区的客户，了解、分析消费趋势，收集竞争对手新产品开发和产品销售状况，研究市场发展趋势，并把这些市场信息每天反馈到总部。总部派高层领导轮流值班，及时分析、处理反馈回来的市场信息，利用公司固定的早、晚例会时间将市场信息传达给全体管理人员，让人人心中有市场、人人知道公司所面临的竞争环境。除此之外，公司还会每月挑选一些管理人员到市场上进行短期调研，调查了解市场和消费需求情况。根据市场反馈的信息，公司加快了新产品的开发速度，提高了产品质量和售后服务质量。如公司根据信息反馈，了解到部分地区电压不稳定影响了洗衣机使用寿命，于是在产品中增加了高低压保护装置，彻底解决了这一问题；有的用户反映卫生间潮湿会使洗衣机外壳生锈，于是公司开发出不生锈的铝合金洗衣机，受到消费者的欢迎。

该公司还有目的、有针对性地在国外设立信息窗口，及时了解国外最新市场信息，了解世界最新技术水平，并定期从国外购买最新上市的洗衣机，收集样本，调查国际同行的技术发展动态。例如，该公司从国外购买了一批最新推出的洗衣机样机并及时组织力量进行测试，从而不仅了解了国外洗衣机技术水平现状，也为公司设计、开发新产品提供了思路。又如，公司最新开发的达到国际先进水平的立体水流技术洗衣机，就是在了解国际市场信息的基础上独立研究出来的。通过了解国外最新市场信息，公司在设计新产品时可以避开别人的专利技术，加快公司技术开发步伐。

思考题：

1. 说明市场信息来源。

2. 说明市场信息对企业的重要性。

任务要求

市场调查是市场营销活动的起点，能够为企业营销决策提供科学依据。一个企业需要市场调查，一方面可能是管理者发现了营销问题，希望根据市场反馈做出决策以解决问题；另一方面可能是管理者发现了营销机会，希望加以利用。因此，要帮企业进行市场调查，首先必须了解企业面临的营销问题。

具体任务：利用市场、市场信息等相关理论知识了解企业背景，分析企业存在的营销问题。

工作任务单如表 1－1 所示。

表 1－1　工作任务单 1

项目	具体内容
项目名称	如何确定市场调查问题
任务名称	明确营销决策问题
具体任务	分析企业或行业相关市场信息，调查了解企业营销决策问题
时间要求	本周内
工作步骤	• 根据企业要求，结合同学兴趣，组建项目小组或者创业项目小组，确定小组组长，由小组组长负责成员分工，小组组长有权对本组成员表现进行评价 • 各项目小组根据选定的企业，确定应该了解的相关市场信息，主要解决两个问题：①采集企业或行业相关市场信息；②调查了解企业面临的营销决策问题。要求小组成员讨论、分工合作，采集企业相关信息，最后填写会议记录表和阶段性成果表 • 个人对该任务的学习进行总结，填写阶段性成果表
实施指南	参照教材任务范例完成本次任务
工作场景	教室、机房、企业现场
工作成果	1. 小组会议记录表 2. 小组阶段性成果表 3. 个人阶段性成果表
评价标准	任务是否及时完成、团队表现如何、完成质量如何

任务分析

在企业每天的经营活动中，各个部门可能面临这样或那样的问题，比如销售一直不错的产品突然销量降低；企业想开发一种新产品，却不知顾客是否会接受；企业品牌知名度不高等。如果企业委托项目调查小组帮企业做市场调查，具体该怎么做?

首先要做的是了解问题出现的背景，分析企业面临的营销问题，确定调查意图。要很好地完成本次任务，就必须进入理论学习环节。

任务学习

视频　市场信息

一、市场

（一）市场的含义

在现代市场营销中，市场主要表现为对某种或某类商品的消费需求，市场由三个要素组成，即市场 = 买卖双方 + 可支付购买力 + 购买欲望。

市场的三个要素是相互制约、缺一不可的，只有三者结合起来才能构成现实的市场，才能决定市场的规模和容量。例如，某地人口众多，但收入水平低下，购买力十分有限，因而不能形成很大的市场；又如，一个国家或者地区购买力虽然不低，但是人口不多，也难以形成很大的市场。只有在人口密集，而且购买力高的情况下，才有可能形成一个有潜力的市场。但是如果产品不适合需求，不能引起人们的购买欲望，对于营销者而言，仍然不能形成现实的市场。因此，只有买卖双方、可支付购买力、购买欲望三者相互联系、相互制约，才能共同构成企业的微观市场。

从传统意义来看，市场是指商品交换的地域载体，即买卖双方发生交易行为的地点或场所。对于不同的目标群体来说，市场的含义存在一定的区别：对于消费者而言，市场是购买商品的场所；对于企业而言，市场就是顾客。但从实质来看，市场行为是一种相互交换的行为。这种交换必须符合几个条件：市场必须存在市场主体和市场客体（市场主体是指从事商品交换的当事者，市场客体是指进行交换的商品），双方进行的是等价交换，有特定的交易场所等。

（二）市场的分类

市场类型的划分是多种多样的。按产品的自然属性，可以分为金融市场、劳动力市场、技术市场、信息市场、房地产市场等；按市场范围和地理环境，可以分为国际市场、国内市场，城市市场、农村市场等；按消费者类别，可以分为中老年市场、青年市场、儿童市场等；根据购买者购买目的的不同，市场又可以分为消费者市场和产业市场。下面就消费者市场和产业市场进行重点分析。

1. 消费者市场

消费者市场也称生活资料市场，它是由为满足个人生活需要而购买商品和服务的所有个人和家庭组成的，是社会再生产消费环节的具体表现，是经济活动的最终市场。企业为消费者服务的过程，也就是企业最终实现商品价值和使用价值的过程。对消费者市场的调查是市场分析最基础也是最主要的内容。市场调查在研究消费者市场时，主要以消费者的购买行为所决定的需求量、需求结构的发展变化为核心内容。由于消费者的需求量与需求结构的发展变化受多种因素的影响，市场调查必须对各种因素进行分析。消费者市场具有一些与产业市场不同的特点，主要表现在以下几个方面。

（1）消费者购买频繁性。消费者是为了满足个人和家庭需要而购买消费品的。由于某些商品不易保存，消费者每次不宜购买过多，一般属于小型购买。但是为了维持生活需要的连续性，需要重复、频繁购买，这在日用品消费上表现得尤为明显。

（2）消费者的购买行为具有较为明显的可引导性。消费者的购买决策一般是自发的、分散的，由个人或家庭成员作出。市场上的商品花色、品种繁多，性能也存在差异，消费者购买商品时往往需要卖方的帮助。市场上许多商品具有可替代性，如果某个企业的产品或服务不能满足消费者的需求，消费者的购买行为就会转向该企业的竞争者。

（3）消费者市场范围广、规模大。消费者市场不像产业市场那样相对集中，它分布得十分广泛。

（4）消费者市场的需求差异性大。消费者市场的需求受到诸多因素的制约，年龄、性别、职业、收入水平、文化程度、生活地域、民族等因素都会影响消费者市场的需求。制约因素的多样化，产生了需求的差异性。这种差异性不仅表现为不同消费者各自需求不同种类的商品或服务，而且表现为同一消费者对同一商品或服务在不同时间需求的差异性。

2. 产业市场

产业市场也叫生产者市场，它是在产业用品（非最终消费品）的买卖双方作用条件下形成的，是产业用品买方需求的总和。产业市场的买方是产业用户，是组织团体而不是个人消费者。与消费者市场相比，产业市场具有以下特点。

（1）需求派生性。生产者对生产资料的需求，归根结底是从消费者对消费品的需求引申出来的，也就是说生产者购买生产资料的目的是给消费者市场提供产品。拿汽车制造企业来说，如果消费者不需要该类型的汽车了，那么该企业也就不必生产此类型的产品了，也就不需要相应的生产资料了。消费者的需求带动了消费品生产的发展，也带动了产业市场的扩大。

（2）产业市场用户的规模和集中程度差异很大。产业市场的购买者之间的规模大小各异，其相应的购买量也有很大的差异，这种差异远远超过不同消费者之间的差异。产业市场的集中程度差异也很大，从地域上看，沿海与内地之间、城乡之间，产业市场的集中程度均有不小的差别。

（3）产业市场用户的购买次数较少但是批量大。产业市场中的购买者是为了生产消费品而购买产品的，其一次性购买数量要远远超出一般消费者一次性购买数量。

二、市场信息

（一）市场信息的概念

市场信息（Market Information）是指在一定的时间和条件下，同商品交换以及与之相联系的生产与服务有关的各种情报、数据、资料的总称，是商品流通运行中物流、商流变化状态及其相互联系的表征。狭义的市场信息是指有关市场商品销售的信息，如商品销售情况、消费者情况、销售技术情况、产品的评价等。广义的市场信息包括多方面反映市场活动的相关信息，如社会需求情况、流通渠道情况、产品情况、竞争者情况、原材料和能源供应情况、科技研究应用情况等。总之，市场是市场信息的发源地，而市场信息反映市场活动，是对市场上各种经济关系和经营活动的客观描述。

为深入理解市场信息这一概念，有必要从以下几个方面加以认识。

1. 市场信息是社会经济信息的主体

信息按其内容可分为自然信息和社会信息。社会信息按其性质又可分为经济信息、文化信息、科技信息、社会生活信息等。市场信息一般包含在经济信息范畴中。人类社会作为一种经济社会，其头等重要之事就是有效利用各种经济活动。人类社会的其他活动不但要以经济活动为基础，而且最终取决于经济活动的规模、质量和水平，服务于经济活动的需要。在市场经济中，市场信息是市场参与者决策的主要依据。在信息系统不发达、市场信息传播渠道不畅通时，市场整体对于个别主体来讲必然是一个黑箱，个别主体对市场的了解只能停留在感性的、表面的、零碎的认识上，从而导致市场调节的自发性和市场主体行为的盲目性和短视性。市场信息的缺乏和不准确使生产者难以掌握市场的供求情况，个别生产者无法把握自己的市场份额，更谈不上对未来市场情况进行准确预测，因而无法及时、妥善地安排生产。生产调整与市场需求状况之间的时滞现象极为明显，生产者往往在产品过剩时依然在继续扩大生产和销售，而在需求已经大于供给的时候，却继续收缩，由此加剧了经济波动。因此，企业捕捉市场信息，实际上是捕捉发展的机遇，它们的整体活动效益状况如何，决定着整个社会的经济发展水平。引导企业活动的经济信息主要是市场信息，而国家的宏观调控也要借助市场参数信号来间接实现。所以，市场信息是经济信息的主要构成部分。

2. 市场信息的构成复杂多样

市场信息不仅包括因市场交易活动所产生的信息，许许多多其他类别的社会信息、非交易活动产生的信息也是重要的市场信息。市场信息与其他社会信息存在着错综复杂的交叉关系。对价值观念、伦理道德、民俗风情的了解，就可作为公众消费成因探测的依据。政治信息并非与市场信息风马牛不相及，一个国家的政策，历来都对跨国投资有影响。即使是体育活动，也是企业常关注的对象，是企业广告信息和公关活动的载体。生产情况、商品供求情况、市场产销情况、新产品开发情况以及价格变动情况等，更是具体的市场信息内容。市场信息构成的复杂多样也从侧面反映了影响企业发展因素的多变性。现代信息技术的提高，使市场信息能够及时、准确、多样地显示，企业也能及时、准确、详细地获得这些信息。企业只有不断健全信息网络，开拓信息渠道，扩大信息输入量，在此基础上对繁杂的市场信息进行综合研究，才能充分消化市场信息资源，使市场信息服务于企业的发展。

3. 市场信息资源的生成者是企业

参与市场活动的主体有企业、消费者、政府和各种类型的中介型组织，然而企业是最重要的市场主体。它们是市场上资本、劳动、技术等生产要素的提供者和需求者，又是各种消费品和服务的生产者和销售者。离开企业以及企业之间、企业与其他市场活动当事者之间的产、销、购买活动，市场也就不存在了。在我国经济体制改革逐步深化和现代企业制度建设中，市场信息资源的生成主体由企业构成。市场信息主要生成自企业的经济活动，汇集于市场，又服务于企业。

4. 市场信息接收与主体的信息意识有关

同一信息源为不同企业所用时是有明显差别的，这与主体对信息的敏感度即市场信息意识有关。一个为许多人所熟知的例子正体现了这一点。有两个皮鞋生产商 A 和 E，不约而同地想在太平洋的一个岛上开辟市场，于是各自向该岛派出了一个信息调研员。这两个信息调研员到岛上工作几天后，各自向公司本部发回一封电报。E 皮鞋生产商的信息调研员的电报内容如下：“此岛无人穿鞋，我于明日返回。”A 皮鞋生产商的信息调研员的电报内容则是：“好极了，我将长驻此岛。该岛无人穿鞋，潜在市场很大，可以立即开拓。”人们不禁要问，面对同样的现状为什么会产生完全不同的结论呢？这是因为从事市场经济活动的人们对信息及信息内涵的敏感性不同，因而也就表现出收集信息、判断信息和利用信息的自觉程度和能力的差异。讲明确一点，就是人们的市场信息意识不同。

要提高市场信息意识，一是要提高从事市场经营活动的人对信息的敏感度，培养敏锐的观察力，发掘不为常人所注意的信息；二是要重视对市场信息的收集，连续采集、追踪采集，持之以恒地收集，提高信息源开发能力，具有确保信息有效供给的认识；三是在市场信息的研究、筛选、决策等环节上不误时机，对有价值或潜在价值的信息要注意追根究底，加强分析、论证，周密、果断地做出决策。塑造强烈的市场信息意识，是捕捉市场信息、利用市场信息的基本要求。

（二）市场信息的特征

市场信息是信息在商品交换活动领域内的衍生物，它既有信息的一般特征，也有自身的特征，认识和掌握这些特征有助于更好地收集和研究市场信息。

1. 市场信息具有广泛的社会性

市场信息是一种普遍的社会现象，其内容涉及整个社会。人类社会是以产品的生产、交换、分配、消费为基础运转的，人们的经济活动是基本的社会活动，在整个社会中具有重要的地位，其他一切社会活动，如文化、教育、科技、艺术等活动不但以经济活动为基础，而且最终取决和服务于经济活动。因此，市场信息不仅充溢于商品流通领域，而且渗透于社会领域，作为指导社会分工和社会生产的沟通方式为整个社会所接受。国家的各类机构，为实现其管理职能需要市场信息；社会上的各类团体、组织，为参与社会活动需要市场信息；个人作为消费者也离不开市场信息。

2. 市场信息具有明确的目的性

市场信息与自然信息相比，具有很强的目的性。自然信息的释放和传播，遵循自然界的运动规律，不受人的意志所左右。而市场信息产生于经济活动的全过程，任何一种经济活动都是人们有意识、有目的的自觉行为。市场信息具有比其他信息更加鲜明的目的性特征。具体来说，市场信息的目的性表现在三个方面：第一，市场信息真实地反映了经济活动的特征和变化情况，具有管理功能和决策功能，是直接为经济发展服务的；第二，市场信息收集、发送、传递等都是人的有目的行为，为发展经济或满足某种需求服务；第三，市场信息功能能否充分发挥，能否为经济发展这个总目标服务，关键在于人的主观努力，这使得市场信息的目的性更加鲜明，更能被充分、有效地利用。

3. 市场信息具有高度的复杂性

市场信息的复杂性是由市场体系的复杂性决定的。我国社会主义市场已经形成多买方、多卖方、多功能的开放式市场，这就决定了市场信息的多信源、多信宿、多信道的特点。在市场中买方和卖方的角色在不断交替变化。一方面，其既是市场信息的发出者，也是市场信息的接收者，同样的信息，宏观控制部门、各种咨询机构、不同性质和规模的单位甚至个人都可以是信源，可以通过各种宣传媒体以正式或非正式的渠道进行发布；另一方面，其是信息的需求者和接收者，通过报刊、电视、广播等媒体不断接收最新信息，以指导自己的购物活动等。市场信息的复杂性还受到市场因素的影响，如信息传输过程中各种“噪声”的干扰，会造成信息内容表达得不清晰。

4. 市场信息具有很强的时效性

市场信息的时效性是指市场信息从信源到被利用并发挥效果的时间间隔期及其效率。信源发出的市场信息，在接收、加工、传递等一系列处理过程中停留的时间越短，市场信息的时效性就越强。这就是说，市场信息存在的时间和它的效用或价值成反比，过了时效的信息往往失去价值，尤其像供求信息、价格信息、交易信息、股市行情这类变化快的信息更是如此。对此，我们要在信息的收集、传递、加工、使用速度上多加努力。

在市场经济日益活跃的今天，市场情况变幻莫测，市场信息瞬息万变。当市场情况发生变化时，相关的市场信息就失去了原有的价值而进入了老化期。如市场上可供应或者需求某一种商品的信息，当这一商品已经供应完毕，商品已经售出或者所需要的商品已经得到满足后，这一市场信息就进入老化期，退出信息市场。市场信息老化可分两种情况，一种是完全老化，失去了使用价值，即失效；另一种是局部或部分老化，没有失效的部分还可以继续使用。我们在注意市场信息时效性的同时，要注意区分过去信息和过时信息，两者之间不能画等号，要注意从大量过去的信息（如文献资料）中发掘出有用的适时信息。市场信息的再生能力不容忽视，一些看上去过时的信息用一定的方法加以分析会产生新的信息，如企业数年的经营数据或年鉴上的统计资料有很强的时间序列性，采用移动平均法，对历史数据进行加工，可用于市场预测。

5. 市场信息具有明显的系统性

市场信息的系统性是指一系列相互依存、相互作用的市场信息，为了一定的目的而有规律地组合成一个市场信息体系。它包括以下三个方面的含义。一是指市场信息的体系性。市场信息不是零星的、个别的、紊乱的，而是由若干个具有特定内容和同类性质的信息，在一定时间内组成的。这是因为经济活动的变化，总是受到多种因素的影响和作用，并且在多方面被反映出来。因此，作为真实反映经济活动变化和特征的市场信息必然是大量的、系统的。二是指市场信息的全面性。即市场信息要全面、完整地反映经济活动的变化和特征，并把纵向系统的信息与横向系统的信息结合起来，以便使人们能对经济活动有一个全面的认识。三是指市场信息的连续性。人类的经济活动总是持续不断地进行并向前发展，所以市场信息也总会不断地生成，因而人们也要不断地收集、加工、传递和利用市场信息，这就使得市场信息必然具有连续性。经济运动本身就是一个有机的经济系统，而全面反映经济运动特征和变化状况的市场信息也必然是系统的。我们应认识市场信息的系统性，来把握经济发展的内在规律和趋势，从而促进整个经济的健康发展。

6. 市场信息具有一定的价值性

市场信息对人们是有实用意义的，或者说具有非实物使用价值。虽然它本身不能作为一种实物来满足人们的需求，但其以特殊的方式满足人的认知过程中的需求。市场信息的价值性表现在它可为人们带来经济效益。有这么一种说法：三流企业卖苦力，二流企业卖产品，一流企业卖专利，超一流企业卖标准。专利、标准等已成为重要的市场信息资源。如美国1999年知识产权方面的出口额达370亿美元，甚至超过飞机的出口额。

实现市场信息的价值性，必须以“真”和“准”为前提。所谓“真”，是指加工过的信息要符合市场客观实际，不能用主观臆测代替市场客观实际，不要误解歪曲市场现象的因果联系、制约条件、影响程度，要经常对各类信息进行查证、鉴别、核实；所谓“准”，是指符合市场客观实际情况的程度，不能以偏概全，模棱两可。

认识市场信息的上述特点，有助于在市场信息收集、分析过程中掌握一定规律，达到充分利用市场信息的目的。

（三）市场信息的分类

市场信息一般有以下几种分类方法。

1. 按负载形式不同，可分为文献信息、实物信息和口头语言信息

文献信息是指以文字、图像、视频等形式所负载的各种信息。实物信息是指各种物质形式所负载的信息，如模型、样品等，它具有可靠、容易理解等特点。口头语言信息是借助人们的口头语言载体进行流通的信息，其基本载体有交谈、演讲、讨论、报告、口头广告以及人与人通过其他直接接触方式所形成的信息流通过程。

2. 按市场信息的产生过程不同，可分为一手信息（primary information data）和二手信息（secondary information data）

一手信息又称初级信息，它是调研人员在实地通过观察、调查和测试，从被调查者处获取的资料。一手信息是市场信息的基础。二手信息又称次级信息，它是调研人员根据市场活动的需要，对初级信息进行加工后所形成的信息。

3. 按市场信息的范围不同，可分为宏观信息（macro-information）和微观信息（micro-information）

宏观信息是关于企业外部环境的各种信息，如国民经济发展情况、社会消费总额、居民购买力、股市行情、商品供应状况等。微观信息是反映企业生产、经营状况的各种信息，如商品销售额、劳动生产率、购销合同履约情况等。

4. 按照市场信息的时间不同，可分为动态信息和静态信息

动态信息是反映市场现象在不同时期发展变化的信息，如GDP的增长率、物价指数等；静态信息反映的是某种现象在某一时刻的状态，如市场份额、需求量等。对各种动态和静态资料进行收集、整理和分析是科学预测和决策的前提。

5. 按照提供者的角度不同，可以分为内部提供（internal suppliers）信息和外部提供（external suppliers）信息

内部提供信息是公司通过自己设立正式的调研部门，或者虽没有正式的部门但至少有专人负责市场调研来提供包括内部和外部市场营销信息。外部提供信息则是由其他人或部门专门为某种目的而收集到的但对营销调研人员有用的信息。

（四）市场信息的主要内容

从现代企业对信息的需求角度来看，市场信息的主要内容如下。

1. 市场宏观信息

市场宏观信息是指从全局的范围来反映宏观市场活动变化和特征的市场信息。它的综合性强，对大范围的市场活动起作用，是为总体或全局的市场决策服务的。主要的市场宏观信息有6大类。

（1）政策法规信息。主要包括国家体制的变化、政治稳定状况、政府法规制度以及产业政策信息、货币政策信息、财政政策信息、收入政策信息、就业政策信息、经济计划信息、行业管理信息等。

（2）社会经济信息。主要包括国民生产总值、人均国民收入和国民收入分配状况、经济增长速度、经济结构、经济地理、消费水平、消费结构、通货膨胀率、资源开发状况、当地金融机构组织的状况、服务项目、货币管制、外汇汇率等。

（3）科学技术信息。主要包括科技发展水平、规模、优势、劣势，最新科技成果及其商品化、产业化程度，科技开发和利用政策，科技发展趋势等。

（4）社会文化信息。主要包括文化教育、宗教信仰、价值观念、风俗习惯、社会流行、社会道德、审美情趣等。

（5）自然地理信息。主要包括自然资源、气候条件及其变化、自然灾害、地理位置、地形地貌等。

（6）人口环境信息。主要包括人口数量、人口结构、人口增长、人口流动、人口分布、家庭状况等。

2. 市场微观信息

市场微观信息是从局部的角度来反映微观市场活动变化和特征的市场信息。这类信息对企业的经营效果会产生直接影响，包括以下几个方面的内容。

（1）消费者及其行为信息。第一，消费者类型及其特征信息，主要包括消费者的性别、年龄、职业、性格、爱好、家庭背景、收入、文化水平、民族、宗教信仰、社会阶层、价值观念以及地理分布等。第二，消费者的需要信息，主要包括消费者的生理需要、社会需要、生存需要、安全需要、社交需要、尊严需要、自我实现需要等物质需要和精神需要。第三，消费者购买行为信息，主要包括消费者购买动机、购买过程、购买时间、购买地点、数量、支付习惯、厂牌和品牌偏好、商店选择等。第四，消费者的家庭信息，主要包括消费者家庭的构成、规模，家庭的权力分配模式等。

（2）客户信息。第一，现有客户的总体信息，主要包括现有客户的数量、地理分布，各类客户的构成、比重和相互关系等。第二，现有客户的个体信息，主要包括各个现有客户的名称、地址、创办时间、资产、从业人员、资信、在同行中的地位、主要业务、营业状况、财务状况、往来关系，企业负责人姓名、文化素质、社会阅历、社会关系、社会影响力等。第三，客户的购买信息，主要包括客户的消费需求量，需求类型，需求偏好，购买能力，购买心理，购买行为，购买习惯，购买的数量、品种、规格、型号、价格，购买时间、地点等。第四，客户的评价信息，主要包括客户对本企业及其产品的评价，对本企业定价、销售形式、服务方式、促销方式、销售渠道、公共关系的评价，对其他企业及其产品、营销组合的评价，对企业的要求、意见等。

（3）市场需求信息。第一，现实需求信息，主要包括社会各类需求者对产品或服务已经产生并有购买欲望的需求数量和结构等。第二，潜在需求信息，主要包括社会各类需求者对产品或服务尚未产生但有可能产生的需求数量和结构等。第三，需求弹性信息，主要包括需求的价格弹性、收入弹性、弹性系数等，还有需求总量和结构信息、需求的特征、需求的演变及其趋势等。

（4）产品信息。第一，产品特点信息。主要包括：①产品类型信息，反映产品属于初级产品、中间产品、最终产品，耐用品、易耗品、时尚品，日用品、选购品、特殊品，高档品、一般用品、低档品，生存资料、享受资料、发展资料等；②产品效用信息，反映各类产品的功能、用途、使用方便性、实用性、安全性、美观性、装饰性等；③产品形式信息，主要包括各类产品的质量、体积、设计、品种、规格、式样、花色、标准等；④产品服务信息，反映售前、售中、售后服务，技术服务，三包等信息；⑤产品品牌信息，反映品牌和商标的类型、知名度、使用情况、品牌价值、品牌策略等；⑥产品包装信息，反映各类产品包装的材料、造型颜色、包装策略等；⑦产品线和产品组合信息，反映产品系列和产品项目的数量、类别和产品组合的长度、宽度等；⑧产品生命周期信息，反映各类产品的生命周期形状、长度、周期变化以及所处的生命周期阶段等；⑨新产品开发信息，反映各类企业的研究开发机构与人员、研究开发经费投入、研究开发项目、新产品类型和数量以及质量、新产品贡献率等；⑩连带和替代产品信息，产品的各类连带和替代产品的基本状况。第二，商品生产信息。主要包括：①产业信息，反映产品所属行业的性质、地位、主要产品发展趋势等信息；②商品生产者信息，反映商品生产企业的数量、类型、规模、分布、技术设备的先进程度、生产能力、经营能力、资信、社会形象、历史等；③资源信息，反映原材料、设备、能源、资金、技术、劳动力等；④生产方式和过程信息，反映生产组织形式、工艺、技术协作形式、生产时间、生产流程、生产消耗和成本、质量等；⑤生产量及其结构，反映生产能力、实际生产量、产品结构和同种产品的质量、规格、花色、结构等；⑥生产发展信息，反映投资、技术引进、技术改造、技术创新、扩建、改建等。第三，商品供应信息。主要包括：①可供商品信息，反映商品供应者，潜在供应者，实际商品可供量，潜在商品可供量，可供商品结构，可供商品的质量、品种、规格、花色、价格、供应弹性等；②商品销售时间和地点信息，反映商品销售的时间、地区、城乡分布、商流与物流路线等；③商品销售方式信息，反映计划与非计划、批发与零售、坐商与行商、现货与期货、销售服务、结算方式、交货形式等；④商品销售量信息，社会商品销售总额与结构、同类商品销售总额与结构、本企业产品的销售总额与结构等；⑤商品销售效果信息，反映本企业产品销售指数、销售发展趋势、在同行业中的市场占有率、在不同地区和不同目标市场的占有率、销售成长与效益等。

（5）竞争信息。第一，竞争与垄断的程度信息，主要包括市场处于完全竞争、完全垄断、寡头垄断、垄断竞争等状态；第二，竞争类别信息，主要包括市场处于经营要素竞争、商品货源竞争、商品销售竞争等状态；第三，竞争形式信息，主要包括市场竞争处于使用价值竞争、技术竞争、服务竞争等状态；第四，竞争对手的概况信息，主要包括竞争对手的数量、规模、经营实力、经营产品、市场占有率、企业形象、产品形象、经营效果等；第五，竞争对手的竞争行为信息，主要包括竞争对手的产品开发、质量、品种、花色的改进、价格的变动、服务形式、销售组织形态、销售渠道的改进、促销手段的改进、人才的引进、技术进步、不正当竞争手段的应用等；第六，本企业在竞争中的地位信息，主要包括企业所处的市场领导者、市场挑战者、市场竞争者、市场追随者、市场补缺者等；第七，本企业的竞争能力信息，主要包括经营实力、产品竞争能力、产品分销能力、价格竞争能力、促销能力、服务能力、开发能力等。

（6）营销策略信息。①确定产品策略所需信息，主要包括产品的品质、客户对产品的评价、意见和要求、产品的储存运输、产品的包装及其说明文字、产品的寿命周期。②确定渠道策略所需的信息，主要包括企业产品进入市场的具体方式的选择，是直接销售还是通过中间商（批发商、零售商）销售，可选择的中间商有哪些，直接销售与通过中间商销售的利弊及可行性。如果通过中间商销售，要考察中间商在社会经济组织中的知名度和地位，调查中间商的企业性质、经营历史、规模、销售点分布、经营实力、经营活动方式、经营范围、市场占有率、顾客类型、业务往来关系户，了解中间商的资信情况，如注册资金数额、财务数据、依托的银行及其商业信誉等。③确定促销策略所需的信息。主要包括如何对消费者进行促销、如何对中间商进行促销、如何在组织内部开展促销活动、人员推销与非人员推销以哪种方式为好、使用的广告媒体和方法、广告费用构成、怎样进行促销组合、顾客希望得到的服务项目、如何做好售后服务等。④确定价格策略所需信息。如市场需求导向定价、竞争导向定价或是成本导向定价等原则的确定；产品成本的构成，合理收购价格的确定办法，商品的外销价格与内销价格的关系，关税、运费、装卸费、保险费等；目标市场消费者对价格变动的反应，产品最适价格；批发价格与零售价格的确定，浮动价格、赊销价格、优惠价格的确定；影响价格变化的因素。⑤制定营销组合决策所需的信息。主要包括如何把上述开展市场营销的各种手段进行优化组合，使之相互协调，配合动作，产生较佳的组合效应，实现营销目标。

任务实施

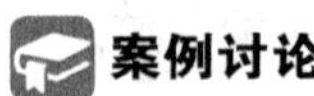

案例讨论

案例一 有一次，一位从事进出口贸易业务的人员收到了驻外机构寄来的一包最新资料。其中，有一条信息的内容是这样的：某国际市场上，A 原料产品的价格近期将会下跌。该业务员没有及时去查阅这些资料，更没有注意到这条信息的内容。过了不久，某市场上 A 原料产品的价格果然下降了 20% 左右。该业务员经营的 A 原料产品，由于没有得到及时处理，一部分只能降价出售，一部分只好在仓库积压，累计损失达几十万美元。后来，该业务员才发现，驻外机构寄来的信息中，已明确告知了新的价格动态。问题在于自己没有及时地在信息堆中“沙里淘金”。

思考题：

1. 这个事例带给我们什么启示？
2. 为什么说时效性是市场信息价值得以实现的关键？

案例二 面对一条信息，有的人仅仅把眼光和思路集中在这条信息上面，而有的人却善于看到这条信息的“反面”。美国的哈斯布罗玩具公司经营的名叫“美国大兵”，是一种畅销玩具，已经有 25 年的历史，平均每年的销售额达到 1.5 亿美元。后来，这种玩具的销售量逐渐减少。该公司想到：“大兵”不好销了，那么“大”的反面，“小”的可能会好销吧？于是，经过市场调查以后，它们新生产了一种叫“马西小娃娃”的玩具，一年就销售了 2500 万美元。该公司还有一种叫“战舰”的玩具，曾经连续几年在圣诞节畅销，尽管每个玩具的销售价格高达 100 美元。然而，这种玩具的市场也逐步萎缩。该公司想到：“舰”类玩具不好销了，那么“车”可能会好销吧？因而，经过市场调查以后，它们又生产出一种“超速电动玩具车”，很快在市场上走俏。

思考题：

1. 以此事件为例，说明如何理解市场信息的时效性。

2. 以此事件为例，说明一个企业的经营决策应建立在什么基础上。

实施范例指导

了解企业的营销问题

调研项目：徐州市卜蜂莲花超市自有品牌满意度调查研究。

具体任务：了解企业存在的营销问题。

该调研项目小组必须了解卜蜂莲花超市面临的营销问题。小组应对卜蜂莲花超市自有品牌满意度调查研究项目所涉及的调查背景信息有所了解，明确企业存在的营销问题。例如，对企业背景情况、自有品牌商品、企业消费者、企业竞争对手、企业客户、营销策略等信息背景有所了解的基础上，了解企业在自有品牌商品决策上面临的问题。

一、了解企业本身条件

1. 认识卜蜂莲花超市

正大集团是卜蜂莲花的总公司。1921 年，建立了正大种子店，正大集团显示出其集世界所有伟大工商业巨头的敏锐和创业者精神。抓住发现的任何机会，发展必要的经营管理和科技技能，并一直计划更好的未来，正大集团已“同亚洲一起成长”。现在，这个泰国商业集团已经在 20 多个国家和地区建立了 400 多家公司，聘用了超过 20 万名员工，是中国最大的外商投资的企业之一，且以亚洲领先的跨国企业形象活跃在世界的前沿。自 1997 年其第一家商店在上海浦东开张以来，卜蜂莲花已在中国开了多家购物中心。

徐州市卜蜂莲花超市（解放南路店）于 2004 年开业，地点位于中国矿业大学附近，占地面积达到 30000 平方米。超市主要辐射徐州南区，消费者主要为中国矿业大学的师生，江苏师范大学的师生，江苏建筑职业技术学院的师生，附近各中专、中学师生，附近企事业单位的职工、个体户以及附近的居民。卜蜂莲花超市依靠其先进的现代购物理念、舒适的购物环境和天天低价的高质量商品等优势，很快在徐州大型超市中脱颖而出，无论是经营规模还是经营效益均在全市大型超市中排在前列，在当时和徐州家乐福、徐州大富源、徐州新一佳、百惠佳美时成为徐州居民主要光顾的五家大型超市。

2. 认识卜蜂莲花超市的自有品牌

卜蜂莲花超市的自有品牌从粮食、食油和禽类、猪牛羊肉类、蛋类等食品入手，进而扩展到零食、饮料，再发展到日用品乃至小家电等，有“泉信”“好脉”等自有品牌。目前，卜蜂莲花超市的自有品牌数量占总数的10%以上，并且已经成为整个超市利润的重要来源。

（1）日用家居。包括洗护用品、纸品、清洁用品、一次性用品等，如电子秤、毛巾、衣架、浴帘、空气清新剂、防霉防蛀用品、家居床品、游戏地垫。

（2）办公用品。包括复印纸、传真纸、资料册、双面胶带、透明玻璃胶带、封箱带。

（3）厨房用品。包括砧板、厨房用刀、餐具、果汁杯、手套、抹布、果蔬筛、桶、调味格。

（4）家装。包括五金件、家装配线、节能灯、拖线板、电池。

（5）食品。包括食用油、米、杂粮、调味品、面、粉丝、干货、营养食品、零食、饮料、酒、茶等。

二、了解竞争对手

1. 家乐福自有品牌简介

成立于1959年的家乐福集团是大卖场业态的首创者，是欧洲第一大零售商，世界第二大国际化零售连锁集团。现拥有万余家营运零售单位，业务范围遍及世界30个国家和地区。集团以三种主要经营业态引领市场：大型超市、超市以及折扣店。此外，家乐福还在一些国家发展了便利店和会员制量贩店。

家乐福开发了大约2000个家乐福产品。这些自有品牌在家乐福门店以优惠的价格和严格的质量控制以及不同品牌形式出现，其中包括家乐福杂货自有品牌、家乐福生鲜自有品牌（家乐福质量体系）、家乐福家电自有品牌（福斯莱）、家乐福纺织自有品牌（欧蕴）。

（1）家乐福杂货自有品牌。

家乐福自有品牌于2004年投放市场。家乐福杂货品牌已有将近900个食品产品和非食品产品，外部实验室管理所有产品的质量审核与分析以确认符合家乐福的要求。

（2）家乐福生鲜自有品牌（家乐福质量体系）。

家乐福质量体系是家乐福生鲜自有品牌，该产品通过长期合作的形式确保产品在整个生命周期中符合特定的质量标准。产地和类型及可追溯性构成了供应链的主要质量体系。已应用质量体系的定牌产品有猪肉、三文鱼、柚子、荔枝、苹果、橙子。

（3）家乐福家电自有品牌（福斯莱）。

福斯莱是家乐福自有品牌，涵盖厨房家电、音响设备、影音设备。方便实用，设计精美，价廉物美使福斯莱产品很具吸引力。

（4）家乐福纺织自有品牌（欧蕴）。

欧蕴产品是家乐福纺织自有品牌，这一系列包括家居服、T恤、衬衫、裤子、内衣、鞋子、毛巾和床上用品，全部由优秀的法国设计师打造。

2. 大润发自有品牌简介

大润发流通事业股份有限公司由润泰集团于1996年在中国台湾投资成立，以直接、生活化的方式为消费者服务，网罗优秀的经营管理人才，运用电脑化营运系统，快速地拓展。1997年在上海成立上海大润发有限公司，借由成功的经验，在华北及华东地区已成立超过60家分店。

2001年大润发与法国具有丰富零售流通经验的欧尚（Auchan）集团合作，向国际化连锁事业跨进一步，在法国、卢森堡、西班牙、葡萄牙、意大利、波兰、匈牙利、俄罗斯、摩洛哥等地设分店，拥有跨国联合采购能力的欧尚，使大润发的商品及服务更具竞争力。

目前大润发自营商品以低价的“大拇指”品牌为主，品项有近2000种，和卖场内同等级产品相较更便宜。新推出的商品在与行业领导品牌竞争质量的前提下能便宜15%以上。

3. 沃尔玛自有品牌简介

沃尔玛公司由美国零售业的传奇人物山姆·沃尔顿先生于1962年在美国阿肯色州成立。

经过约60年的发展，沃尔玛公司已经成为顶级连锁零售商。目前，沃尔玛在全球开设了超过7800家商场，员工总数200多万人，分布在全球20余个国家。

沃尔玛1996年进入中国，在深圳开设了第一家沃尔玛购物广场和山姆会员商店。沃尔玛全球采购中心总部于2002年在深圳设立。经过多年的发展，目前沃尔玛已拥有沃尔玛购物广场、山姆会员商店、沃尔玛社区店三种业态。沃尔玛创造了数量巨大的就业机会。沃尔玛自进入中国就积极开展社区服务和慈善公益活动，年累计向各种慈善公益事业捐献物品和资金。沃尔玛十分重视环境保护和可持续发展，并把环保理念融入沃尔玛日常工作的每一个环节，同时沃尔玛也鼓励合作伙伴成为沃尔玛“环保360计划”的一部分，共同致力于中国的环境保护和可持续发展。

沃尔玛经营商品约50000种，其中自有品牌商品约3000种，根据沃尔玛中国官方网站，其自有品牌包含4大类。

（1）惠宜，包括糖果、饼干、小吃、巧克力、酒类、冷藏食品、冷冻食品、干货、纸品、清洁用品、灯泡类业务。

（2）沃集鲜，品类主要包括蔬菜水果、可溯源鲜肉、熟食、烘焙类商品等。

（3）George，品类涵盖服饰穿搭、家居家纺及餐厨用品等。

（4）Member's Mark，Member's Mark是沃尔玛旗下山姆会员商店自有品牌，目前有约700种商品，几乎涵盖所有品类。不仅是常见的生鲜食品，还包括酒水、衣袜、床具、宠物食品、文具、保健品、数码配件、洗手液、纸巾、口腔护理等品类。

三、了解企业存在营销问题

无论是国际巨头还是本地零售商，都把开拓自有品牌商品作为战略之一。在国内市场，除了沃尔玛、家乐福、乐购以及卜蜂莲花等外资零售巨头在自有品牌业务领域展开激烈的争夺之外，华润万家、人人乐等本土零售企业在自有品牌业务领域也面临着一场前所未有的“遭遇战”。

实施要求

1. 组建调研项目小组，成员应有着共同的调研兴趣，成员以5~8人为佳。
2. 讨论案例。
3. 各调研项目小组了解所调研项目的相关背景信息，了解企业面临的营销问题。
4. 做好记录，完成阶段成果表。

任务评价

测试

自我测试

1. 理论知识测试

(1) 市场信息的主要特征包括（　　）等方面。

A. 市场信息具有广泛的社会性

B. 市场信息具有明确的目的性

C. 市场信息具有高度的复杂性

D. 市场信息具有很强的时效性

E. 市场信息具有明显的系统性

F. 市场信息具有一定的价值性

(2) 按市场信息的产生过程不同，可分为（　　）。

A. 一手信息　　B. 二手信息

C. 宏观信息　　D. 微观信息

(3) 市场宏观信息包括的主要内容有（　　）。

A. 政策法规信息　　B. 社会经济信息

C. 科学技术信息　　D. 社会文化信息

E. 自然地理信息　　F. 人口环境信息

(4) 市场微观信息包括的主要内容有（　　）。

A. 消费者及其行为信息　　B. 客户信息

C. 市场需求信息　　D. 产品信息

E. 竞争信息　　F. 营销策略信息

2. 实践技能测试

（1）你是否选定了自己感兴趣的调研项目？

（2）你是否对所选调研项目的相关信息有了一定的认识？

评价方法

1. 评价标准

（1）任务能否及时完成。

（2）任务完成的质量。

（3）团队的表现。

2. 评价表

项目小组评价和个人任务评价分别如表 1－2 和表 1－3 所示。

表 1－2　项目小组评价 1

评分依据 / 组别	是否及时完成	质量	团队表现
第一组			
第二组			
第三组			
⋮			

表 1－3　个人任务评价 1

评分依据 / 成员	个人具体分工		个人表现		
	承担任务的质量	个人记录	教师评分	组长评分	组员互评
成员一					
成员二					
⋮					

任务二 明确市场调查问题

任务导入

学习情境

明确了营销决策问题后，几位营销同学形成了一个调查团队，将团队命名为“艾尚团队”，并且确定了参加大赛的调查主题：“徐州马市街艾尚饣它汤品牌推广调查研究”。团队主要从徐州马市街饣它汤新市场的开发问题入手，调研品牌如何在传承中创新，充分挖掘年轻消费者的市场，提升品牌知名度。

案例导入

“铱星”的陨落

曾经轰动一时的铱星公司已经渐渐淡出人们的视线了，但是它留给人们的教训却仍然时常被提起。1987 年，铱星公司开始了一项通信史上前所未有的大工程——“铱星系统”计划。该计划的目标是利用 66 颗卫星，组成一个包围地球的“卫星圈”，形成一个覆盖全世界的无线通信网络。整个工程历经 11 年才完成，累计耗资 50 多亿美元。1998 年，铱星公司的梦想得以实现，“铱星系统”成为世界上第一个大型低轨卫星通信系统，也是当时全球最大的无线通信网络。当年，“铱星系统”被美国的《大众科学》列为年度百项最佳科技成果之一，权威机构甚至将它评为 1998 年世界十大科技成就之一。但是，高昂的建设与维护成本以及昂贵的终端价格，使得它远离了市场需求。铱星通信终端每部售价高达 3000 美元，通话费也贵出普通移动电话数倍。过高的费用吓跑了许多崇尚高科技的手机消费者。按市场经验推算，铱星公司要实现盈利，至少要发展 65 万用户，但在铱星通信终端推向市场的前两个季度，仅吸引了 1 万多用户，亏损达到 10 亿美元。尽管铱星公司后来调低了收费标准，但为时已晚。“铱星系统”风险太大、成本过高，最终导致它在与其他通信商竞争时处于劣势，而且糟糕的通话服务也让用户怨言四起，潜在客户更是敬而远之。2000 年 3 月，铱星公司向法院申请破产。

“铱星”陨落的原因虽然是多方面的，但是缺乏对市场需求和竞争态势的谨慎而深入的调查与分析无疑是失败的主要原因。现代市场营销理论和实践的发展，使得市场信息对于市场营销决策乃至企业经营管理决策越来越重要。企业面临的市场环境和竞争环境的变化呈加速发展的趋势，消费者的需求呈现越来越明显的多样化和个性化。企业为了适应这样的变化，需要获得比以往更详尽、更精确的市场信息，因此，需要比以往更加重视市场调查的作用。美国著名营销学专家菲利普·科特勒认为：营销获胜的基础越来越取决于信息，而非销售力量。

思考题：

1. 市场调查对企业有什么作用？
2. 市场调查的内容有哪些？

任务要求

具体任务：对市场调查有感性认识。也就是要求项目小组必须对调研项目所涉及的市场信息采集有感性认识。例如，要对徐州市卜蜂莲花超市自有品牌满意度进行调查研究，就必须对顾客满意度的调查有感性认识。

面对日趋激烈的市场竞争，企业的经营决策离不开市场信息，那么如何获得市场信息呢？这就要通过市场信息采集来实现。通过市场信息采集，可以了解和满足消费者需求，可以评估竞争产品的市场表现，可以监测市场运营状况，可以发现市场空缺和市场机会，还可以分析行业发展态势。

表1－4为工作任务单。

表1－4　　工作任务单2

项目	具体内容
项目名称	如何确定市场调查的问题
任务名称	明确市场调查的问题
具体任务	掌握相关知识和技能，根据企业存在的营销问题，确定调查的问题
时间要求	本周内
工作步骤	• 各项目小组根据企业存在的营销问题，确定调查的问题，也就是确定调研方向，主要解决两个问题：①确定企业存在的问题或所需解决的问题；②明确项目小组调研方向。要求小组成员讨论、分工合作，进一步熟悉该调研方向的特点、方法和内容，最后填写过程、计划和阶段成果表 • 个人对该任务的学习进行总结，并且填写阶段性评价表
实施指南	参照该任务范例指导完成本次任务
工作场景	教室、机房、企业现场

续 表

项目	具体内容
工作成果	1. 小组会议记录表 2. 小组阶段性成果表 3. 个人阶段性成果表
评价标准	任务是否及时完成、团队表现如何、完成质量如何

任务分析

了解了企业存在的营销问题，就要把营销问题转化为市场调查的问题，也就是确定调查方向。

要确定市场调查的问题，就必须知道什么是市场信息采集？市场信息采集有哪些分类？市场信息采集的应用范围？要很好地完成本次任务，就必须进入理论学习环节。

任务学习

视频　市场调查

知识学习

一、市场调查的含义

市场是由具有一定支付能力的需求组成的，而形成需求和选择消费的权力都掌握在消费者手中，企业变被动为主动的唯一方法就是把消费者的注意力吸引到本企业的产品上来。这就要求企业在进行市场调查时，要弄清是何种因素在影响和支配消费者在众多的产品中做出选择，并以此调查结果为基础，研究开发符合消费者需求的产品，制定消费者最能接受的价格，提供消费者最满意的服务，选择消费者最认同的销售渠道和销售地点，用消费者认为最好的促销方式进行促销。同时，在目标消费者能接触到的和最喜欢的媒体上，以消费者最关心的产品特征为诉求点来进行广告宣传，最终达到引导消费者购买本企业产品的目的。市场调查是企业有效获取和利用市场情报、信息的主要手段，是企业开展市场营销活动的前提，对企业的决策有重大影响。

市场调查也称市场信息采集，是指个人或组织为某种特定的市场营销问题的决策所需开发和提供信息，从而引发的判断、收集、整理、分析和研究市场的各种基本状况及其影响因素，并获得结论性、系统性和针对性的活动与过程。简单来说，市场信息采集就是指根据市场研究的目的，运用科学的方法，有计划地采集、整理和分析市场信息资料的活动过程。

二、市场调查的特点

1. 市场调查具有目的性

市场信息采集总是在一定的背景和前提下来研究特定的市场问题，具有明显的目的性或针对性。利用市场调查的部门可以是企业、公司、团队及任何企事业单位的管理决策层，市场调查的目的是为管理部门制定长远性的战略规划和阶段性的具体政策或策略，做出营销决策或为经营管理决策提供信息支持和参考依据。

2. 市场调查具有全程性

市场信息采集不能仅停留在生产或营销活动前的市场研究阶段，而是要对生产经营活动的市场状况进行整体的、全程性的市场研究，包括事前、事中和事后。市场调查也不是单纯的市场信息资料收集过程，而是一个包括调查设计、采集资料、整理资料、分析资料和发布与运用资料在内的完整的过程。

3. 市场调查的内容具有广泛性

市场信息采集的内容涉及企业生产经营活动的各个方面和各种要素，既包括较为简单的调查项目，如被调查者的性别、年龄、职业和文化程度等基本情况，也可以包括较为复杂的问题，如被调查者的收入、支出、对某一事件的态度、个人爱好、参与某种活动的动机等。

4. 市场调查的方法具有多样性

市场信息采集的组织方式是多样的，收集资料的具体方法也是多样的。同样的调查课题，有多种调查方法可供选择，因而调查研究的方案设计也是多样的。例如，调查消费者对某电视广告收视效果的情况，可以采用面访、电话访问或调查问卷等方式，调查的地点可以在被访者家中、工作单位、购物场所和娱乐场所等。

5. 市场调查具有科学性

市场信息采集、整理和分析资料的方法，都是在一定的科学原理指导下形成的，并被实践证明是行之有效的，具有科学性和可行性。市场调查通过大量观察（样本）和对调查对象的精心设计安排，可以消除偶然性因素的影响，揭示出研究对象的必然性和本质特征，因而市场调查的结果是有效的。

6. 市场调查具有局限性

市场信息采集通常可以得到比投入费用高几倍价值的信息，但由于影响市场变化的因素众多，并具有不确定性，加之市场调查受时空范围和调查经费的约束，最终获取的信息是不完全的。与其他工作一样，市场调查也不可避免地会有误差和疏忽。因此，市场调查是有局限性的，只要对调查信息的价值没有严重的损害，这种局限性应当是被允许的。必要时，可以在解释调查结果时做些修正。此外，市场调查的结果是决策的重要参考依据，但不等于准确地给出了决策的答案。

三、市场调查的分类

1. 按研究性质分类

市场调查按研究性质，可分为探索性研究、描述性研究、因果关系研究和预测性研究四种类型。

(1) 探索性研究。

探索性研究的目的是通过提供一些资料帮助调查者认识和理解面对的问题，常常用在大规模的正式调查之前，帮助调查者将问题描述得更准确，将解决问题的方案设计得更明确，为问卷的设计提供更好的思路和更多的相关资料等。探索性研究的特征是灵活、多样，常常作为全部方案设计的前端部分，常用的方法有专家咨询或调查、试点调查、个案研究、二手资料分析等。

探索性研究得到的结果一般会透过所谓的结论性研究来证实。结论性研究的基本目的是检验假设和考察变量间的关系。一般要以大规模的有代表性的样本为基础，所得的资料要做量化分析。

(2) 描述性研究。

描述性研究的目的是描述总体市场的特征或功能。描述性研究的前提是假定调查者事先已对所研究的问题储备了许多相关的知识，一般以有代表性的大样本为基础。描述性研究的特征在于有事先设定好的具体的假设，有事先设计好的方案。常用的方法有二手资料分析法、抽样调查法、固定样本连续调查法、观察法、类比法等。

(3) 因果关系研究。

因果关系研究的目的是获取有关原因和效果之间关系的证据。企业的管理部门常常根据一些假设的因果关系做决策，例如“降价可以使销售量增加”“现场广告可以促进购买冲动”等。但这些假设应该通过正式的因果关系研究来检验其有效性。因此，一般要了解哪些是原因变量、哪些是结果变量以及它们之间关系的性质。因果关系研究的特征在于要处理一个或多个独立变量，要控制其他中间变量或间接变量。常用方法为实验法。

(4) 预测性研究。

预测性研究主要是针对商品市场所做的调研，是调查研究方法在市场预测中的应用。它将市场调查与市场预测有机结合，通过对市场现状的说明，充分考虑市场中各因素的影响程度，以达到说明市场变化趋势的目的，如某一产品或某一行业的发展前景调研。预测性研究的目的在于掌握市场时机，制订有效的营销计划。预测性研究结果具有较高的实用价值，是进行商品生产及销售的重要依据。

2. 按市场调查的主体分类

(1) 企业的市场调查。

在经营过程中，企业必然经常对各种营销问题做出判断和决策，从而决定是否需要进行市场调查。

（2）政府部门的市场调查。

政府部门在社会经济活动中承担着管理者和调节者的职能，在许多情况下还从事某种经营活动。但不管是实质性管理和调节，还是直接从事经营活动，都需要了解和掌握充分的市场信息。为此，政府部门经常开展市场调查活动。一般而言，政府部门的市场调查所涉及的范围比较广。

（3）社会组织的市场调查。

一些社会组织，如各种协会、学会等学术团体，各种中介组织、群众组织，为了学术研究、工作研究、提供咨询等需要，也会组织开展一些市场调查活动。这类市场调查通常具有专业性较强的特点。

（4）个人的市场调查。

个人由于种种因素，也需要进行市场调查。例如，个体业主由于个体经营上的问题，需要了解相关的市场信息，从而进行市场调查活动；有些研究人员为了开展研究，也需要进行市场调查；还有一些消费者，为了购买到称心如意的商品，也需要了解相关的市场信息，从而对市场的某些方面进行调查。

四、市场调查的基本步骤

1. 确定调查问题

市场调查的第一步也是最重要的一步就是确定调查问题和调查目标。首先，充分了解调查问题的背景，如企业以往的经营情况、销售量、市场占有率、利润等，在行业中的优势和劣势以及企业对市场前景的主观预测等。其次，进行充分交流和讨论，了解企业所面临的决策问题的性质，希望从市场调查中得到什么。最后，确定调查问题，调查是为了解决管理决策问题，调查什么信息、怎样获得这些信息，是企业要考虑的问题。

2. 设计调查方案和问卷

在明确了调查问题后，调查者要设计详细的调查方案。调查方案的内容包括组织市场调查的目的、总体范围、收集资料和信息的方法、调查人员、调查步骤、进度与工作内容、调查提纲、本次调查的必要性、调查过程中可能遇到的问题及解决办法。同时要确定调查资料的处理与分析方法，制订调查预算等。

调查方案设计好后还必须设计合理的调查问卷，因为无论采用什么方法去采集资料，都必须有合理的调查问卷作为采集数据的载体和依据。

3. 采集市场信息数据

设计好调查方案和调查问卷后，就可以选择合适的调查方法来采集市场信息数据了。调查方法包括文案调查法、抽样调查法、实地调查法和网络调查法。一般来讲，可以根据实际情况选择多种方法采集各种不同类型的数据资料。

4. 整理市场信息数据

调查完成后，接下来的工作包括回收和清点问卷、检查和校订问卷、编码、输入资料、处理缺失资料、统计预处理、制表、绘图和统计等。

5. 分析数据资料

市场信息数据整理完成后，应对整理好的数据和图表进行静态、动态和相关回归分析，以便揭示调查事物的现状和发展规律。

6. 撰写调查报告

就市场调查结果做出准确的解释和结论是市场调查的最后一个步骤。调查报告虽然有不同的类型和格式，但一般包含以下几个部分：一是报告的摘要，要求简短明了，一般包括调查的主要发现、主要结论和建议；二是报告的详细目录，包括正文和附录的每一部分的大、小标题；三是报告的正文，一般包括调查的基本情况、主要发现，对结果的讨论、总结和建议等；四是报告的附录，一般包括问卷、图表、技术细节说明、实施细节说明等。

五、市场调查的原则

企业在信息收集、处理以及整个信息管理过程中，都应贯彻及时、准确、适用的原则。一是及时性，企业管理信息时必须有较强的时间观念，有一种紧迫感，以最迅速、最灵敏、最简捷的方式和方法对信息进行收集、加工、传送和反馈。二是准确性，商场如战场，商情如战情。企业的经营管理活动所依赖的信息必须正确、如实地反映客观实际，否则，企业的经营管理活动就会在错误的前提和依据下展开，给企业带来损失。准确，一方面是对质的要求，即真实地揭示客观实际，排除错误的、含混的杂质；另一方面是对量的要求，即提高信息的精确度，明确数量界限，使信息明确、详细具体。三是适用性，企业对信息进行收集、加工、处理、传递，不是目的而是手段。信息管理是为了向企业输送正确的信息，协助企业的经营管理活动。因此，在信息管理过程中，必须以面向企业的经营管理活动为目的，输送适合经营管理需要的信息。

六、市场调查的应用范围

1. 市场需求研究

在市场研究中，需要通过调查和分析，估计某类产品或服务市场的现有规模和潜在规模；预测该市场的近期（有时需要预测中期或远期）需求；估计该类产品（或服务）各品牌的市场占有率；对目标市场进行进一步细分；了解消费者对该类产品（或服务）的消费形态及变化趋势；掌握有关该市场的促销和销售渠道方面的信息等。

2. 消费者行为研究

消费者行为研究主要是指对消费者的购买行为进行调查和分析，一般需要了解八个方面的信息，即6W与2H：为什么要购买（why）、购买什么（what）、购买者是谁（who）、何时购买（when）、何处购买（where）、信息渠道来自哪里（where）、购买多少（how much）、如何决策购买（how）。同时还需进一步了解有关消费心理和消费观念方面的信息等。

3. 品牌或企业形象研究

品牌或企业形象研究主要包括品牌或企业的知名度，品牌或企业的声望，消费者对品牌或企业的认知程度及认知途径，品牌或企业的基本形象和具体形象，评价品牌或企业的指标及指标之间的相对重要性，消费者对品牌或企业的名称、标志或商标的联想和印象，品牌的管理和消费者对品牌的忠诚度等。这类研究除了针对品牌形象和企业形象，有时还会涉及产品类别形象和品牌使用者形象等。

4. 消费者满意度研究

在消费者满意度研究中，需要调查消费者对有关产品或服务的整体满意度，对产品或服务的各个方面的具体满意度，满意或不满意的原因，对改进产品或服务质量的具体建议，对各竞争对手的满意度评价及比较。此外，还需要了解消费者的生活方式和消费观念方面的信息等。

5. 产品研究

产品研究主要指新产品的开发研究，也叫产品测试，包括对现有产品的开拓或改造。产品研究需要先调查了解消费者对产品的概念，如消费者对产品的各个属性的重要性的评价，对各种属性水平组合所形成的产品的偏好，并在此基础上做进一步的量化分析，以寻找产品属性水平的最佳组合，估计产品的预期市场占有率。产品研究还包括产品的概念测试、定价研究、名称研究、包装研究、家庭产品测试等。

6. 广告研究

广告研究内容包括以下几类：为广告创作而做的广告主题调查和广告文案测试；为选择广告媒体而做的广告媒体调查，包括电视收视率调查、广播收听率调查、报纸或杂志阅读率调查；为评价广告效果而做的广告前消费者的态度和行为调查，广告中接触效果和接受效果调查，广告后消费者的态度和行为追踪调查；为了解同行竞争对手的广告播放情况而做的电视、广播、报纸、杂志的广告媒体监测等。

7. 营销环境研究

营销环境研究一般要结合外在环境研究和内在环境研究的结果进行深入分析。外在环境研究主要是指市场研究、消费者研究、竞争对手研究、销售渠道研究、零售店研究（包括零售店的分布、规模，销售的商品种类、数量、型号、品牌、包装、设计、价格等）；内在环境研究主要是针对企业自身的销售情况（包括产品或服务的质量、数量、价格、销售渠道、广告、推销员的能力和素质以及企业雇员满意度等）进行分析研究。

知识拓展

调查分析师

调查分析师是运用定性和定量调查方法收集信息，进行数据处理和分析，为政府、企业和社会提供决策依据的专业人士。2005 年 6 月，北京教育考试院与国家统计局培训学院发布通知（京考自考［2005］39 号），正式决定在北京地区开考调查分析师证书。2006 年 4 月 29 日，中华人民共和国国家劳动和社会保障部①将调查分析师列入第六批新职业，正式向社会公布。

目前，调查分析师已经正式成为中华人民共和国人力资源和社会保障部认可的新职业。据了解，2005 年，全世界调查咨询业全年营业额达到了 230 亿美元。调查分析师未来就业前景非常广阔，市场需求缺口非常大，能够从事调查、研究、统计、预测、营销、咨询、分析、管理、统筹、策划、广告等多种工作，在许多行业的大中型企业中都能够谋求到岗位。

（一）初级调查分析师一般应具有的能力

（1）能够完成较小规模调查的方案设计；

（2）能够指导现场调查；

（3）能够进行信息收集及简单的数据处理工作；

（4）能够撰写简要的调查分析报告。

（二）中级调查分析师一般应具有的能力

（1）能够完成一般规模调查的方案设计、问卷设计和抽样设计；

（2）能够指导现场调查，组织相关技术培训；

（3）能够熟练进行信息收集、数据处理、分析与预测等工作；

（4）能够撰写较高质量的调查分析报告，提出有一定实用价值的决策建议；

（5）能够独立组织一般规模的调查研究活动，承担调查技术方面的咨询、管理协调和执行等工作，解决相关技术问题。

---

① 2008 年 3 月，中华人民共和国劳动和社会保障部撤销。

（三）高级调查分析师一般应具有的能力

（1）能够完成较大规模调查的方案设计、问卷设计和抽样设计；

（2）能够指导现场调查，组织相关技术培训；

（3）能够熟练运用现代统计分析方法进行信息收集、数据处理、分析与预测等工作；

（4）能够及时掌握行业动态，有针对性地进行分析研究活动，撰写高质量的调查分析报告，提出有决策价值的建议；

（5）能够独立组织较大规模的调查研究活动，负责调查技术方面的咨询、管理协调等工作，解决相关技术问题。

任务实施

案例讨论

案例一　乐百氏最初进入上海市场时，销售情况并不理想。当时乐百氏的全国销售平均年增长率在80%以上，而上海市场不到30%。为此，乐百氏集团请上海杰信公司为其做了前期调查和企业咨询。杰信公司经过调查，发现上海的整体消费市场是很成熟的，其儿童消费市场也很成熟，同时，乐百氏的主要消费群体是1~9岁的孩子，而这一群体的整体数量又在急剧下降。于是杰信公司建议企业对10岁以上的孩子展开情感攻势。他们策划了一系列旨在引起这一群体关注的活动，如“东华少儿绘画大赛”“与明星游泰国”“赞助艺术家大会”等，并针对年轻父母打出了“只有乐百氏才最适合您的孩子”的广告语。此外，还在具体营销行为上采取让利促销，提高超市、大卖场的走货量等手段。这一系列的措施，使得乐百氏在上海的销售额由1997年的5300万元上升到次年的7200万元。

思考题：

1. 乐百氏在上海成功的销售案例中，涉及了哪些市场调查内容？
2. 在涉及的市场调查内容中，关键的有哪些？

案例二　美国的玛瑞斯市场调研公司调查了许多消费者，消费者声称到餐馆的方便程度要比快捷的服务更重要。其中26%的成年人表示在选择餐馆时地理位置是最重要的因素。男性比女性更注重方便，他们的比例分别为31%和23%。而65岁以上的老年人并不像年轻人那样注重这一点。一般来说，除了餐馆地理位置，美国消费者还很看重食物本身。25%的被调查者说，在选择餐馆时，食物的品质是决定性因素。这可能意味着他们认为食物更重要，但也可能意味着他们更注重在不同时间、不同地点得到品质相同的食物。年轻人、老年人比其他人更注重食物的品质。12%的成年人是根据服务的速度来选择快餐，只有8%的成年人认为价格是决定性因素。由于25岁以下的成年人的收入低于平均收入，所以他们比一般消费者更注重价格，价格是影响他们选择餐馆的重要因素。中年人不大关注菜单上的内容，这可能是因为他们经常带着孩子，而孩子在任何时候要的食物基本上都是一样的。35～44岁的成年人中有3%的人声称他们的选择主要受孩子偏好的影响，这或许可以解释为什么他们不像其他年龄段的人那样关注食物的品质和菜单的内容，但他们非常关注价格和时间。与此同时，这一年龄段的人对价格的关注程度仅次于年轻人，对快捷服务的关注程度仅次于55～64岁的老年人。中年人最有可能根据品牌名称做出决策，这可能也是因为孩子的缘故。

思考题：

1. 你认为一家快餐公司会怎样利用以上信息？
2. 这个调查是描述性、诊断性的，还是预测性的？为什么？

实施范例指导

确定市场调查的问题

调研项目：卜蜂莲花超市自有品牌满意度调查研究。

具体任务：明确市场调查的问题，即确定调查方向。

该项目小组在了解该企业在自有品牌决策上面临的问题的基础上，确定对卜蜂莲花超市开展自有品牌满意度调查研究。这要求项目小组必须对超市自有品牌和满意度调查拥有感性认识，了解自有品牌的含义及内容，了解满意度调查的内容以及应用。

一、确定调查的必要性

自有品牌又称商店品牌。超市等零售商以自己的品牌销售产品，这样的产品既可以是零售商向供货商定制的，也可以是在现成的产品上使用零售商的牌子。由于自有品牌商品可以省去许多中间环节，节约交易费用和流通成本，再加上分销上的优势，所以零售商可以提供更具有竞争力的价格和更适合消费者的产品。近年来，随着我国零售业的迅速发展，不少国外零售巨头也相继进入我国，本土零售企业开始关注和尝试自有品牌战略。但是我国以超市为代表的零售商在实施自有品牌策略的过程中，出现了诸多问题，和国外的大型超市相比，国内大型超市的自有品牌营销策略还有许多值得改进的地方。消费者对国内超市自有品牌的满意与否、评价如何，是一个值得研究的课题。

二、确定调查的问题

该项目属于顾客满意度调查。顾客满意度是指消费者或用户通过对一种产品或服务的可感知的效果与他的期望值相比较后，所形成的愉悦或失望的感觉状态，满意度实际是顾客的可感知效果和期望值之间的差异函数。大量研究表明，顾客满意度越高，顾客对企业越忠诚，产品或服务的重购率越高。当用户重购率达到一定水平后，利润的增长会随重购率的增长而迅速增长，即“顾客满意是利润之源”。而顾客满意度的提高，是由企业内部员工的素质、工作效率、工作质量决定的，即由员工的满意度决定的。因此，员工满意和顾客满意是21世纪企业盈利模式的两个重要变量。

顾客满意度研究是指通过构造顾客满意度评价指标体系，从调查研究中获取顾客对本企业产品或服务的有关评价，在此基础上，对顾客的满意度进行综合性评定，分析其认知度、满意度、忠诚度或重购率水平的高低，剖析顾客缺憾及相应原因，揭示提升顾客满意度的关键因素，为企业制定提高顾客满意度的策略，减少顾客抱怨和顾客流失，提升顾客重购率，创造良好的品牌口碑，提升企业形象，确保稳定、持续的利润增长，提供信息支持的过程。

顾客满意度研究的主要内容如下。

1. 顾客满意理念导入

顾客满意理念导入，即通过培训、研讨等形式，将顾客满意理念的起源和发展、顾客满意与顾客忠诚的价值关系、顾客满意与员工满意的关系、以顾客为中心的价值观、顾客满意与企业利润链等思想引入企业内部，从而帮助企业树立顾客满意理念和行为意识。

2. 顾客满意调研

顾客满意调研，即建立系统、完备且有效的顾客满意度评价指标体系，其内容包括品牌认知、品牌购买、品牌使用、品牌美誉、产品质量、产品功能、产品外观、产品式样、产品包装、价格定位、产品安全性、产品可靠性、产品设计、企业信誉、服务质量、服务环境、服务规范、用户投诉、售后服务等诸多要素。在此基础上，企业设计顾客满意度调查问卷，通过访问顾客、销售人员或进行服务现场调查等方式获取信息。

3. 员工满意度调研

员工满意度调研，即建立系统、完备且有效的企业内部员工满意度评价指标体系，其内容包括企业的工作环境、用人机制、物质激励、精神激励、人际关系、劳资关系、发展期望、内部管理和员工的成就感、安全感、愉快感、信任感等要素，通过问卷调查、员工座谈等方法获取各种信息。

4. 满意度水平测定

满意度水平测定，即在顾客满意度和员工满意度调研的基础上，分别对顾客满意度和员工满意度水平进行测定，包括各项目满意度和综合满意度水平的测定。其中，顾客满意度可由认知度、满意度、重购率等指标反映，员工满意度测评可由员工满意度、忠诚度（员工安心率、流失率）等指标反映。

5. 满意度要素分析

满意度要素分析，即在满意度水平测定的基础上做进一步归纳和分析，包括将各要素的满意度归纳为高、中、低三种类型，借以揭示影响顾客和员工满意度、忠诚度的关键驱动因素，确定与企业资源和战略目标相吻合的顾客群体。针对企业的综合绩效，从内部和外部两方面对企业的产品与服务质量及其原因进行诊断，揭示企业目标与现实绩效的差异，明确企业的优劣环节，识别引起和影响这些问题的要素，为制定应对策略提供必要的信息。

6. 满意度策略研究

满意度策略研究，即在满意度分析研究的基础上，针对顾客和员工满意度较低的环节和绩效薄弱环节，提出改善企业内部流程、权限和方式的措施和高效配置有限资源的对策和方案，逐步提升满意度体系中关键因素的水平，从而提高顾客满意度和忠诚度，达到提升企业市场表现、市场地位、市场竞争力和经济效益的目的。

顾客满意度研究的流程可以归纳为：从企业内部到外部，从企业自身到竞争对手，从顾客满意到顾客忠诚，从单一研究到连续监测，从满意水平到要素诊断，从要素诊断到改进对策。顾客满意度研究涉及定性与定量等各种调研分析方法、满意度指标体系的确立与测量、关键满意要素的优劣判定以及针对满意水平的资源配置与产品服务策略的制订。因此，顾客满意度研究是一项综合性很强的市场调研。

本次调研项目是调查顾客对卜蜂莲花超市自有品牌商品的满意度，包括对卜蜂莲花超市自有品牌的认知度、满意度、重购率，针对性价比、服务、质量、环境、包装、商品的陈列等要素进行满意度的调查。

实施要求

1. 讨论案例。
2. 各项目小组认识调研项目所涉及的相关市场信息采集问题。
3. 做好记录，完成阶段成果表。

任务评价

自我测试

测试

1. 理论知识测试

(1) 市场调查的主要特征包括（　　）。

A. 市场调查具有目的性

B. 市场调查具有全程性

C. 市场调查的内容具有广泛性

D. 市场调查的方法具有多样性

E. 市场调查具有科学性

F. 市场调查具有局限性

(2) 市场调查的基本步骤是（　　）。

A. 确定调查问题　　B. 设计调查方案和问卷

C. 采集市场信息数据　　D. 整理市场信息数据

E. 分析数据资料　　F. 撰写调查报告

(3) 市场调查的应用范围是（　　）。

A. 市场需求研究　　B. 消费者行为研究

C. 品牌或企业形象研究　　D. 消费者满意度研究

E. 产品研究　　F. 广告研究

G. 营销环境研究

2. 实践技能测试

(1) 你是否明确所选调研项目属于哪种应用方向的调研?

(2) 你是否对该应用方向有一定的认识?

评价方法

1. 评价标准

(1) 任务能否及时完成。

(2) 任务完成的质量。

(3) 团队的表现。

2. 评价表

项目小组评价和个人任务评价分别如表 1 – 5 与表 1 – 6 所示。

表 1－5 项目小组评价 2

评分依据 / 组别	是否及时完成	质量	团队表现
第一组			
第二组			
第三组			
⋮			

表 1－6 个人任务评价 2

评分依据 / 成员	个人具体分工		个人表现		
	承担任务的质量	个人记录	教师评分	组长评分	组员互评
成员一					
成员二					
⋮					

项目二

如何进行市场调查设计

学习目标

1. 掌握设计市场调查方案的方法和技巧；
2. 掌握设计市场调查问卷的方法和技巧。

技能培养

培养学生设计市场调查方案、设计市场调查问卷的能力。

学习任务

任务三　设计市场调查方案
任务四　设计市场调查问卷

通过关于这两项任务的学习，你将会感受到团队合作的神奇力量，因为你将会和团队成员一起商讨，一起钻研。在这一过程中，也许会有分歧，也许会有争议，但是为了共同的目标，大家要团结奋进，最终完成任务。如果你认真学习理论知识、积极参与实践训练并且顺利地完成具体任务，就会惊喜地发现自己已经可以独立设计一套完整的调查方案和一份完整的信息采集问卷，有了可以展示的成果。

大家继续加油吧！

任务三　设计市场调查方案

任务导入

学习情境

上一任务中，艾尚团队明确了市场调查方向，就是要帮企业做马市街艾尚饨汤品牌宣传和推广的可行性的调查。确定了主题方向，知道了为什么调查，但是该怎么组织调查？向谁调查？用什么方法调查？调查什么内容？到哪里调查？什么时间去调查？人员怎么安排？面对诸多问题，团队必须基于此设计一套调查方案。

案例导入

第七次全国人口普查方案（节选）

一、普查目的

全面查清我国人口数量、结构、分布、城乡住房等方面情况，为完善人口发展战略和政策体系，促进人口长期均衡发展，科学制定国民经济和社会发展规划，推动经济高质量发展，开启全面建设社会主义现代化国家新征程，向第二个百年奋斗目标进军，提供科学准确的统计信息支持。

二、普查时点

普查的标准时点是2020年11月1日零时。

三、普查对象

普查对象是指普查标准时点在中华人民共和国境内的自然人以及在中华人民共和国境外但未定居的中国公民，不包括在中华人民共和国境内短期停留的境外人员。

四、普查内容和普查表

普查登记的主要内容包括：姓名、居民身份证号码、性别、年龄、民族、受教育程度、行业、职业、迁移流动、婚姻生育、死亡、住房情况等。

……

五、普查方法

普查采用全面调查的方法，以户为单位进行登记。

普查采用按现住地登记的原则，每个人必须在现住地进行登记。普查对象不在户口登记地居住的，户口登记地要登记相应信息。

普查登记采用普查员入户询问、当场填报，或由普查对象自主填报等方式进行。

普查数据采集原则上采用电子化的方式。采取普查员使用电子采集设备（PAD① 或智能手机）登记普查对象信息并联网实时上报，或由普查对象通过互联网自主填报等方式进行。

……

七、普查组织实施

（一）全国统一领导……

（二）部门分工协作……

（三）地方分级负责……

（四）各方共同参与……

……

十一、普查主要工作阶段

普查工作分三个阶段进行：

一是准备阶段（2019 年 10 月—2020 年 10 月）。这一阶段的主要工作是：组建各级普查机构，制订普查方案和工作计划，进行普查试点，落实普查经费和物资，准备数据采集处理环境，开展普查宣传，选聘培训普查指导员和普查员，普查区域划分及绘图，进行户口整顿，开展摸底等。

二是普查登记阶段（2020 年 11 月—12 月）。这一阶段的主要工作是：普查员入户登记，进行比对复查，开展事后质量抽查等。

三是数据汇总和发布阶段（2020 年 12 月—2022 年 12 月）。这一阶段的主要工作是：数据处理、汇总、评估，发布主要数据公报，普查资料开发利用等。

……

① PAD，常写为 Pad，指平板电脑。

思考题：

1. 根据上述案例分析设计调查方案有什么意义。

2. 试分析市场调查方案的内容有哪些。

任务要求

调查方案是整个调研工作的行动计划和纲领，对调查工作的顺利、有效开展具有重要的指导作用，决定整个调查活动的成败。项目小组确定调研项目后，应着手设计调查方案。因此本次任务要求项目小组必须针对调研项目设计调查方案。本次工作任务单如表 2－1 所示。

表 2－1　　工作任务单 3

项目	具体内容
项目名称	如何进行市场调查设计
任务名称	设计市场调查方案
具体任务	掌握相关知识和技能，根据调研项目，设计调查方案
时间要求	本周内
工作步骤	• 各项目小组根据项目调研方向及相关市场信息，设计调查方案，具体步骤：①确定调查目的；②确定调查对象；③确定调查项目；④确定调查时间；⑤确定调查方式。小组成员讨论、分工合作，设计调查方案，最后填写过程、计划和阶段成果表 • 个人对该任务的学习进行总结，并填写阶段性评价表
实施指南	参照教材中的任务范例指导完成本次任务
工作场景	教室、机房、企业现场
工作成果	1. 小组会议记录表 2. 小组阶段性成果表 3. 个人阶段性成果表
评价标准	任务是否及时完成、团队表现如何、完成质量如何

任务分析

要保证市场调查顺利开展，必须设计好调查方案。市场调查方案包括哪些内容呢？怎样设计方案？要想很好地完成任务，必须进行相关理论学习。

任务学习

知识学习

市场调查方案设计，就是根据调查研究的目的和调查对象的性质，在进行实际调查之前，对调查工作总任务的各个方面和各个阶段进行全盘考虑和安排，提出相应的调查实施方案，设计合理的工作程序。

一、如何设计市场调查方案

视频　市场调查方案

市场调查方案设计的主要任务包括以下几个方面。

1. 确定调查目的

确定调查目的是方案设计的首要内容，这主要是解决为什么要调查的问题。只有确定了调查目的，才能确定调查的范围、内容和方法，否则就会列入一些无关紧要的调查项目，漏掉一些重要的调查项目，无法满足调查的要求。例如，2020 年我国第七次人口普查的目的就规定得十分明确，即全面查清我国人口数量、结构、分布、城乡住房等方面情况，为完善人口发展战略和政策体系，促进人口长期均衡发展，科学制定国民经济和社会发展规划，推动经济高质量发展，开启全面建设社会主义现代化国家新征程，向第二个百年奋斗目标进军提供科学准确的统计信息支持。可见，确定调查目的，就是明确在调查中要解决哪些问题，通过调查要取得什么样的资料，这些资料有什么用途。衡量一个调查方案是否科学的标准，主要就是看方案是否满足调查目的，是否符合客观实际。

2. 确定调查对象和调查单位

确定了调查目的之后，就要确定调查对象和调查单位，这主要是为了解决调查谁和由谁来提供具体资料的问题。调查对象就是根据调查目的确定调查的范围以及所要调查的总体，它是由某些性质相同的调查单位组成的。调查单位就是所要调查的社会经济现象总体中的个体，即调查对象中的一个个具体单位，它是调查中要调查登记的各个调查项目的承担者。例如，为了研究某市各广告公司的经营情况及存在的问题，需要对全市广告公司进行调查。那么，该市所有广告公司就是调查对象，每一个广告公司都是调查单位。又如，在某市职工家庭基本情况调查中，该市全部职工家庭就是这一调查的调查对象，每一户职工家庭就是调查单位。

在确定调查对象和调查单位时，应该注意以下四个内容。第一，严格规定调查对象的含义。由于市场现象具有复杂多变的特点，在许多情况下，调查对象也是比较复杂的，必须以科学的理论为指导，严格规定调查对象的含义，并明确与其他有关概念的界限，以免造成调查登记时由于界限不清而发生的差错。例如，以城市职工为调查对象，就应明确职工的含义，划清城市职工与非城市职工、职工与居民等概念的界限。第二，调查单位的确定取决于调查目的和对象，调查目的和对象变了，调查单位也要随之改变。例如，调查城市职工本人基本情况时，调查单位就不再是每一户城市职工家庭，而是每一个城市职工。第三，调查单位与填报单位是有区别的，调查单位是调查项目的承担者，而填报单位是调查中填报调查资料的单位。例如，对某地区工业企业设备进行普查，调查单位为该地区工业企业的每台设备，而填报单位是该地区的每个工业企业。但在有的情况下，两者又是一致的，例如，在进行职工基本情况调查时，调查单位和填报单位都是每一个职工。在调查方案设计中，当两者不一致时，应当明确从何处取得资料，防止调查单位重复和遗漏。第四，不同的调查方式会产生不同的调查单位。如果采取普查方式，调查总体内所包括的全部单位都是调查单位；如果采取重点调查方式，只有选定的少数重点单位是调查单位；如果采取典型调查方式，只有选出的有代表性的单位是调查单位；如果采取抽样调查方式，则用各种抽样方法抽出的样本单位是调查单位。

3. 确定调查项目

调查项目是指对调查单位所要调查的主要内容，确定调查项目就是要明确向被调查者了解些什么问题，调查项目一般就是调查单位的各个标志的名称。例如，在消费者调查中，调查项目包括消费者的性别、文化程度、年龄、收入等，其中既有品质标志又有数字标志。品质标志表明事物质的特征，不能用数字表示，只能用文字表示，如性别、民族和文化程度；数字标志表明事物的数字特征，它可以用数字来表示，如年龄和收入。标志的具体表现是指在标志名称之后所表明的属性或数值，如消费者的年龄为30岁或50岁，性别是男性或女性等。

在确定调查项目时，除了考虑调查目的和调查对象的特点，还要注意以下几个内容。第一，确定的调查项目应当既能满足调查任务所需，又能较容易地取得答案，否则不应列入。第二，项目的表达必须明确，要使答案具有确定的表示形式，如数字式、是否式或文字式等。否则，会使被调查者产生不同理解而有不同的答案，造成汇总时的困难。第三，确定调查项目应尽可能做到项目之间相互关联，使取得的资料相互对照，以便了解现象发生变化的原因、条件和后果，便于检查答案的准确性。第四，调查项目的含义要明确，必要时可附调查项目解释。

4. 确定调查时间和调查工作期限

调查时间是指调查资料所属的时间。如果要调查的是时期现象，就要明确规定资料所反映的是调查对象从何时起到何时止的资料。如果所要调查的是时点现象，就要明确规定统一的标准调查时点。调查期限规定了调查工作的开始时间和结束时间，包括从调查方案设计到提交调查报告的整个工作时间段，也包括各个阶段的起始时间，其目的是使调查工作能及时开展、按时完成。为了提高信息资料的时效性，在可能的情况下，调查期限不宜过长。

5. 确定调查地点

调查方案中，还要明确规定调查地点。调查地点与调查单位通常是一致的，但也有不一致的情况。当两者不一致时，规定调查地点是非常必要的。例如，人口普查规定调查登记常住人口，调查地点即人口的常住地点。若登记时普查对象不在常住地点，或为不在本地常住的流动人口，均须明确规定处理办法，以免调查资料出现遗漏和重复。

6. 确定调查方式

调查方案中，还要规定采用什么组织方式取得调查资料。收集调查资料的方式有普查、重点调查、典型调查、抽样调查等。获得数据资料的方式有文案法、访问法、观察法和实验法等。在调查时，采用的方式不是固定和统一的，而是取决于调查对象和调查任务。在市场经济条件下，为准确、及时、全面地取得市场信息，尤其应注意多种调查方式的综合运用。

7. 确定调查资料的整理和分析方法

通过实地调查收集的原始资料大多是零散的、不系统的，只能反映事物的表象，无法深入研究事物的本质和规律，这就要求调查人员对大量原始资料进行加工汇总，使之系统化、条理化。目前这种资料处理工作一般由计算机进行，这在设计中也应予以考虑，包括采用何种操作程序能保证必要的运算速度、计算精度，满足特殊目的。随着经济理论的发展和计算机的运用，越来越多的现代统计分析手段可供我们在分析时选择，如回归分析、相关分析、聚类分析等。每种分析技术都有其自身的特点和适用性，因此，应根据调查的要求，选择最佳的分析方法并在方案中予以明确。

8. 确定提交报告的方式

调查活动结束后一般都需要提交调查报告，反映调查结果。调查报告主要包括四个方面：一是报告书的形式，如纸质文本、电子文本等；二是调查报告书的份数；三是报告书的基本内容；四是报告书的图表、附录。

二、检查市场调查方案是否可行

在对复杂社会经济现象进行调查时，调查方案通常不是唯一的，需要从多个调查方案中选取最优方案。同时，调查方案的设计通常也不是一次完成的，而要经过必要的可行性研究，对方案进行试行和修改。可行性研究是科学决策的必经阶段，也是科学设计调查方案的重要步骤。对调查方案进行可行性研究的方法有很多，下面主要介绍逻辑分析法、经验判断法和试点调查法三种方法。

1. 逻辑分析法

逻辑分析法能检查所设计的调查方案的部分内容是否符合逻辑和情理。例如，要调查某城市居民的消费结构，而实际的调查对象却是居民或职工，按此设计所调查出的结果就无法满足调查的要求，因为居民包括城镇居民和农村居民，城市职工也只是城镇居民中的一部分。显然，居民、城镇居民和职工三者在内涵和外延上都存在着一定的差别。又如，调查学龄前儿童的受教育情况，对没有通电的山区进行电视广告调查等，都是有悖于情理的，也是缺乏实际意义的。逻辑分析法可对调查方案中的调查项目设计进行可行性研究，但无法对其他方面的设计进行判断。

2. 经验判断法

即组织一些具有丰富调查经验的人士，对调查方案的可行性加以初步研究和判断，例如，在对劳务市场中的保姆情况进行调查时，就不宜用普查方式，而适合用抽样调查；在对棉花、茶叶等集中产区的农作物的生长情况进行调查时，就适宜采用重点调查。经验判断法能够节省人力和时间，在比较短的时间内得出结论。但这种方法也有一定的局限性，因为人的认识是有限的、有差异的，事物在不断发生变化，各种主客观因素都会对人们判断的准确性产生影响。

3. 试点调查法

试点是整个调查方案可行性研究中一个十分重要的步骤，对于大规模市场调查来讲尤为重要，其目的是使调查方案更加科学和完善，而不仅仅是收集资料。试点调查法包括两个方面的内容。一是对调查方案进行实地检验，判断调查方案设计是否切合实际，目标制定是否恰当，指标设计是否正确，哪些需要增加，哪些需要减少，哪些说明和规定要修改和补充。试点后，要分门别类地提出具体意见和建议，使调查方案既科学合理，又能解决实际问题。二是实战前的演习，了解调查工作安排是否合理，哪些是薄弱环节。例如，第二次全国工业普查，调查300多个指标，对500多个行业进行分类，涉及40多万个企业填报。因此，必须通过试点取得这方面的实践经验，把分散的经验集中起来，形成普查工作的各项细则，成为各个阶段、各项工作应当遵循的规则。

应用试点调查法应该注意以下内容。

（1）应建立一支精干有力的调查队伍，队伍成员应该包括有关领导、调查方案设计者和调查骨干，这是做好试点工作的组织保证。

（2）应选择适当的调查对象。要选择规模较小、代表性较强的试点单位。必要时可采取少数单位先试点，再扩大试点范围，然后全面铺开的做法。

（3）应采取灵活的调查方式。调查方式可以多用几种，经过对比后，从中选择适合的方式。

（4）应做好总结工作。要认真分析试点调查的结果，找出影响调查成败的主客观原因。不仅要善于发现问题，还要善于结合实际探求解决问题的方法，充实和完善原调查方案，使之更加科学和易于操作。

三、评价市场调查方案

一个调查方案的优劣，可以从不同角度加以评价，现结合第二次全国工业普查的情况，进行简要说明。

1. 方案设计是否体现调查的目的和要求

这一条是最基本的，例如，第二次全国工业普查从摸清我国工业家底的目的出发，根据方案确定的调查范围、调查单位、调查内容，据此设置的一系列完整的指标体系，反映了我国工业的现状和全貌。方案指标设置的重点基本上能够体现国家调整工业内部结构、发展科学技术、提高职工素质、提高经济效益等方面的要求。

2. 方案设计是否科学、完整和适用

例如，此次普查对生产、流通、分配和消费各个环节，设置了许多相互联系、相互制约的指标，形成了一套比较完整的指标体系，其特点是全面、系统和配套，适用性较强。

3. 方案设计能否使调查质量有所提高

影响调查数据质量高低的因素是多方面的，但调查方案是否科学、可行，对调查数据的质量有直接的影响，这次工业普查方案设计合理，调查的实际差错率大大低于20‰的规定。

4. 调查实效检验

评价一项调查方案设计是否科学、准确，最终还要从调查实施的结果中体现。即必须通过调查工作的实践检验，观察方案中有哪些符合实际，哪些不符合实际，产生问题的原因是什么。肯定正确的做法，找出不足之处并寻求改进方法，这样就可以使今后的调查方案设计更加接近客观、实际。

知识拓展

统计调查

统计调查是根据调查的目的与要求，运用科学的调查方法，有计划、有组织地收集数据信息资料的统计工作过程。

统计调查可分为以下几类。

第一，按调查对象包括的范围不同，可分为全面调查和非全面调查。全面调查是对被调查对象中所有的单位全部进行调查，其主要目的是取得总体、全面、系统、完整的总量资料，如普查。但全面调查往往要耗费大量的人力、物力、财力和时间。非全面调查是对被调查对象中一部分单位进行调查，如重点调查、典型调查、抽样调查和非全面统计报表等。全面调查和非全面调查是以调查对象所包括的单位范围不同来区分的，而不是以最后取得的结果是否反映总体特征的全面资料来区分。

第二，按登记时间是否连续，可分为经常性调查与一次性调查。经常性调查，是随着调查对象在时间上的发展变化，随时对变化的情况进行连续不断的登记，其主要目的是获得事物全部发展过程及其结果的统计资料。一次性调查指不连续登记的调查，是每隔一段时间后在一定时点上对事物的状态进行登记，其主要目的是获得事物在某一时点上的水平、状况的资料。一次性调查又分为定期调查和不定期调查两种。定期调查是每隔一段固定时期进行一次调查；不定期调查是时间间隔不完全相等，而且间隔很久才调查一次。

第三，按调查的组织方式不同，可分为统计报表制度和专门调查。统计报表制度是按照国家统一规定的调查要求与文件（指标、表格形式、计算方法等）自下而上地提供基础统计资料，是一种具有法律性质的报表制度。统计报表制度以全面调查为主，它是由政府主管部门根据统计法规，以统计表格形式和行政手段自上而下布置，而后由企、事业单位自下而上、层层上报、逐级提供基本统计数据。专门调查是为了某一特定目的而专门组织的统计调查，具体包括普查、抽样调查、重点调查、典型调查等。

（1）普查，是指为特定目的而专门组织的一次性全面调查，是对统计总体的全部单位进行调查以收集统计资料的工作。普查资料常被用来说明现象在一定时点上的全面情况。如人口普查就是对全国人口一一进行调查登记，规定某个特定时点（某年某月某日某时）为全国统一的统计时点，以反映有关人口的自然和社会的各类特征。

通过普查可以了解与掌握人力、财力、物资状况，为国家制定长远规划与政策提供可靠的依据。因此它是一种全面调查，具有资料范围全面、详尽、系统的优点。普查是一次性的专门调查，因为普查的工作量大，耗资也多，时间周期较长，一般不宜经常开展。

我国通过普查进行的统计调查内容和时间周期已经规范化、制度化。人口普查，每 10 年进行一次，逢“0”的年份进行；第三产业普查，每 10 年进行一次，逢“3”的年份进行；工业普查，每 10 年进行一次，逢“5”的年份进行；农业普查，每 10 年进行一次，逢“7”的年份进行；基本单位普查，每 5 年进行一次，逢“1”和“6”的年份进行，如 2011 年进行了中国第四次基本单位普查。

（2）抽样调查，是指从研究对象的总体中抽取一部分单位作为样本进行调查，据此推断有关总体的数字特征，是市场调查中最常用的调查方式。抽样调查根据部分实际调查结果来推断总体标志总量，属于非全面调查的范畴。它是按照科学的原理和计算，从若干单位组成的事物总体中，抽取部分样本单位进行调查、观察，用所得到的标志性调查数据代表总体、推断总体。

（3）重点调查，是在调查对象中选择一部分重点单位进行的一种非全面调查。这些重点单位虽然数目不多，但它们的标志总量在总体总量中占据了绝大部分。因此，当调查的任务只要求掌握事物的基本状况与基本的发展趋势，不要求掌握全面的准确资料，而且在总体中确实存在重点单位时，进行重点调查是比较适宜的。

（4）典型调查，是一种非全面的专门调查，是根据调查的目的与要求，在对被调查对象进行全面分析的基础上，有意识地选择若干具有典型意义的或有代表性的单位进行的调查。其主要作用是：第一，补充全面调查的不足；第二，在一定的条件下验证全面调查数据的真实性。典型调查同其他调查比较，具有灵活机动，通过少数典型即可取得深入、翔实的统计资料的优点，但这种调查在很大程度上受人们主观认识的影响，因此，必须同其他调查结合使用，才能避免出现主观片面性。

任务实施

案例讨论

居民住宅消费需求调查方案

一、调查目的

通过对××市部分居民的收入水平、住房现状、住宅消费与购房意向、存贷款观念等方面实地调查，分析金融机构开展住宅储蓄及购房抵押贷款业务的市场需求与潜力，为市银行房地产信贷部在这两项业务上推出新举措提供客观、可靠的依据。

二、调查内容

（1）被调查者及其家庭的基本情况。

（2）被调查者家庭的住房现状及改善意向。

（3）被调查者的储蓄观念。

（4）被调查者对住宅存、贷业务的看法。

（5）部分单位对其职员住房问题的计划。

三、调查对象及样本分布

1. 调查对象

经与委托方磋商，拟定××市城区近郊区的以下三类消费者群体为对象进行调查。

（1）中、高收入阶层。

该阶层人员收入水平较高，购房意向相对较强，是开展住宅存、贷业务的主要对象，也是本次调查的重点。具体包括私营业主、企业承包租赁者、经纪人、文艺工作者和三资企业高级雇员等。

（2）普通工薪阶层。

该阶层人员收入水平没那么高，目前尚不具备购买商品住房的能力。但这一阶层人数众多，对改善住房条件的要求很强烈，是发展住宅存、贷业务的潜在对象群。

（3）企、事业单位。

由于历史因素，过去我国各类职工的住房大部分由其所在单位解决。除自建房外，购房分给职工或租给职工已成为一种现实有效的方式。另外，企业以商品房奖励骨干的方式也日益盛行。企、事业单位购房是直接、现实的购买力，也是住宅存、贷款业务的可靠客户。因此，选取部分有代表性的企、事业单位，了解其负责人对职工住宅问题的看法，对开展住宅存、贷业务无疑是有帮助的。

2. 样本分布

根据××市银行房地产信贷部的意见及其他客观情况，拟将此次调查的样本量定为420个。

参考近年来××市居民家境调查资料和其他有关调查结果，拟采用分类取样方式，并按如下数量分配调查样本：中、高收入阶层100人（户），普通工薪阶层300人（户），企、事业单位20家。

3. 调查方法

对中、高收入阶层和普通工薪阶层采取分层、分区与随机抽样调查相结合的方法。对企、事业单位则采取分类与重点调查相结合的方法。

四、调查时间

1. 资料所属时间

时点为2019年7月1日零点，时期指标分项规定。

2. 调查期限

2019年7月—9月。

五、调查步骤及方法

1. 方案设计

方案内容主要包括调查对象的选定、样本抽取方法、调查问卷设计、组织实施步骤、采用方法及日程安排等。方案设计应务求系统、科学、可行。

2. 问卷印制及试调查

为保证调查顺利实施，提高调查质量，应于方案确定后印制问卷。此外，应摸索针对具体调查对象的访问技巧等，为全面开展调查做好准备。

3. 调查员培训

组织有经验的调查员进行培训，包括解说问卷内容、分配调查对象、掌握访问技巧、明确工作进程及质量要求等。其中应特别强调质量。

4. 正式调查

为提高效率、保证调查质量，本次调查采取多渠道、多方式的灵活调查方法。除常规的入户调查及街头访问外，还可选择一些重点调查点，如三资企业、演艺团体、出租车停车点、高级公寓、冷饮店、邮局、银行等，以提高调查针对性，减少被访者的外界干扰。此外，在不导致结果发生偏态的前提下，也可选取部分熟悉的对象进行访问，以提高调查结果的真实度。

为确保调查质量，有经验的调查员要现场指导填表，杜绝散发回收式问卷，并监督其他调查员的工作，一旦发现问题应及时解决。该阶段的工作量较大，是决定调查质量的关键，一定要妥善组织、加强监督。经审查合格的问卷，要及时编码，为下一步的录入、计算、分析工作做准备。

六、数据处理及简要分析

对合格的问卷进行录入、计算，得出可供分析使用的初步计算结果，进而对调查结果做出准确描述及初步分析，为进一步分析提供依据。数据处理及简要分析时需应用有关统计分析软件。

七、调查报告

将本次调查的实施情况、调查结果及初步分析结果付诸文字，形成《××市居民住宅消费需求调查报告》。

思考题：

1. 一个调查方案包括什么内容？
2. 设计调查方案时首先要考虑什么问题？

实施范例指导

卜蜂莲花超市自有品牌满意度调查方案设计

调研项目：卜蜂莲花超市自有品牌满意度调查研究。

具体任务：设计卜蜂莲花超市自有品牌满意度调查方案。

超市自有品牌商品的经营与开发是超市的一项重要利润来源。顾客对超市自有品牌的满意度直接影响着顾客忠诚度，关系到超市的成败兴衰，对超市自有品牌的满意度进行研究有重要意义。调查方案是整个调研工作的行动计划，对调查工作的顺利进行、有效开展具有重要的指导作用，决定了整个调查活动的成败。

1. 确定调查目的

明确调查目的是调查设计的首要问题，只有确定了调查目的，才能确定调查的范围、内容和方法。确定徐州市卜蜂莲花超市自有品牌满意度调查的调查目的，首先，要明确这项调查是为卜蜂莲花超市服务的，为超市提供决策依据；其次，要说明调查的意义，也就是为什么要进行卜蜂莲花超市自有品牌满意度的调查；最后，要确定调查自有品牌满意度时应了解的市场信息，例如消费者是否购买过卜蜂莲花超市自有品牌商品，购买过哪些商品，通过什么渠道获知相关信息，对卜蜂莲花超市自有品牌各个方面是否满意，是否会继续购买卜蜂莲花超市自有品牌的商品等。因此，卜蜂莲花超市自有品牌满意度调查的调查目的可以描述如下：了解消费者对卜蜂莲花超市自有品牌商品的认知度、满意度、重购率以及对卜蜂莲花超市自有品牌商品经营的期望和意见，以便于公司不断改进工作，提高服务水平，为超市经营和开发自有品牌商品提供科学的决策依据，最终提高顾客的忠诚度。

2. 确定调查对象

明确了调查目的之后，就要确定调查对象和调查单位。根据调查目的，要了解徐州市卜蜂莲花超市自有品牌的满意度，必须对徐州市卜蜂莲花超市的消费者进行调查。因此，此次卜蜂莲花超市自有品牌满意度调查的调查对象为徐州市卜蜂莲花超市（解放南路店）的消费者。徐州市卜蜂莲花超市（解放南路店）主要辐射徐州南区，消费者主要为中国矿业大学、江苏师范大学、江苏建筑职业技术学院，附近各中专、中学的教职工和学生，附近企、事业单位的职工、个体户以及附近居民。

3. 确定调查项目和调查问卷

卜蜂莲花超市自有品牌满意度调查的调查目的是了解消费者对卜蜂莲花超市自有品牌商品的认知度、满意度、重购率以及对卜蜂莲花超市自有品牌商品经营的期望和意见。因此，调查项目可以确定如下：第一，被调查者的基本情况，包括年龄、性别、文化程度、职业、家庭收入等；第二，被调查者对卜蜂莲花超市自有品牌商品的认知度，包括知道哪些自有品牌商品、对卜蜂莲花超市自有品牌的印象、购买过哪类产品、影响购买的因素有哪些、知晓的渠道等；第三，被调查者对卜蜂莲花超市自有品牌商品的满意度，包括对性价比、质量、包装、服务、摆放位置、宣传促销等方面的满意情况；第四，被调查者对卜蜂莲花超市自有品牌商品的重购率，是否继续购买以及原因，是否会给别人推荐，对卜蜂莲花超市自有品牌的意见和建议等。

4. 确定调查时间和调查期限

调查时间是指调查资料所属的时间。超市一般周末人流量最大，因此，调查时间宜定在周末，同时连续选择几个周末去调查，可以确保样本的代表性更高。例如，徐州市卜蜂莲花超市（解放南路店）自有品牌满意度调查期限可以设计为2009年11月8日—29日中的连续3个周末。标准时点为2009年11月8日，时期指标可以根据实际情况分项规定。

5. 确定调查的组织方式

调查的组织方式包括上述没有提到的事项，如明确调查地点、选择调查的组织形式等问题。卜蜂莲花超市自有品牌满意度调查的地点可以选在徐州市卜蜂莲花超市（解放南路店）。此外，还要选择合适的调查组织方式。为了便于调查，了解卜蜂莲花超市自有品牌商品的消费者的特征，可以进行简单随机抽样，采用问卷调查法、观察法、采访法等多种方式相结合进行调查。除此之外，还应规定数据的整理和分析方法。例如，在对徐州市卜蜂莲花超市自有品牌满意度调查中，可以使用有关统计分析软件将合格的问卷进行录入、计算，得出可供分析使用的初步计算结果，对所调查结果做出准确描述及初步分析，在进一步分析后，将本次调查的实施情况、调查结果及初步分析结果付诸文字，形成《徐州市卜蜂莲花自有品牌满意度调查报告》。

总之，卜蜂莲花超市自有品牌满意度调查是通过调查研究获取顾客对本企业产品或服务的有关评价信息，在此基础上，对顾客的满意度进行综合性评定，分析认知度、满意度、忠诚度或重购率水平的高低，剖析顾客缺憾，揭示提升顾客满意度的关键因素，为企业制定提高顾客满意度的策略，减少顾客抱怨和顾客流失，增加重购率，创造良好的口碑，提升企业形象，为确保稳定、持续的利润增长提供信息支持。顾客满意度调查是定期进行的，一般每隔半年就要进行一次，因此，在调查前设计一份合理的调查方案非常重要。

实施要求

1. 讨论案例。
2. 各项目小组参照范例针对所调研项目进行市场调查方案设计。
3. 做好记录，完成阶段成果表。

任务评价

测试

自我测试

1. 理论知识测试

（1）市场信息采集方案的主要任务包括（　　）。

A. 确定调查目标　　B. 调查对象

C. 调查项目　　　　　　　　　　D. 调查时间

E. 调查组织方式和方法

(2) 评价市场信息采集方案是否可行的方法有（　　）。

A. 逻辑分析法　　B. 经验判断法　　C. 试点调查法

(3) 评价市场信息采集方案的标准有（　　）。

A. 方案设计是否体现调查目的和要求

B. 方案设计是否科学、完整和适用

C. 方案设计能否使调查质量有所提高

D. 调查实效检验

2. 实践技能测试

(1) 你是否能独立设计一份完整的市场调查方案？

(2) 你是否能够进行市场调查方案的修改工作？

评价方法

1. 评价标准

(1) 任务能否及时完成。

(2) 任务完成的质量。

(3) 团队的表现。

2. 评价表

项目小组评价和个人任务评价分别如表 2-2 与表 2-3 所示。

表 2-2　　项目小组评价 3

评分依据 / 组别	是否及时完成	质量	团队表现
第一组			
第二组			
第三组			
⋮			

表 2-3　　个人任务评价 3

评分依据 / 成员	个人具体分工		个人表现		
	承担任务的质量	个人记录	教师评分	组长评分	组员互评
成员一					
成员二					
⋮					

任务四　设计市场调查问卷

任务导入

学习情境

前面，艾尚团队确定了品牌宣传和推广调查的相关方案，明确了调查目的、调查对象、调查方法、调查内容以及调查组织方式。但是接下来该如何向消费者展开调查？具体调查哪些内容？接下来的任务就是要设计一份市场调查问卷。

案例导入

徐州市××学院学生的生日消费情况调查问卷

亲爱的同学们：

每个人过生日的形式有所不同，为了了解现代大学生的生日消费情况，研究大学生的消费观念及其价值观，特做此调查问卷。希望你如实填写，答案没有对错，而且绝对保密，请你放心。同时，对耽误你的宝贵时间深表歉意，谢谢你的合作！

你的基本情况：

家庭收入____________（元/月），个人消费____________（元/月）。

（说明：1～15 题为选择题，每项只有 1 个最佳答案，请在你所认为的最佳答案上打"√"；16～19 题为填空题，请直接作答。）

1. 请问你过生日通常采用什么形式？

A. 开 Party（派对）　B. 吃饭　C. 郊游　D. 其他

2. 请问你通常和谁一起过生日？

A. 家人　B. 朋友　C. 同学　D. 一个人

3. 如果你以请客的形式过生日，你会选择什么地点？

A. 食堂　B. 校外一般餐馆　C. 比较有档次的酒店

4. 你对过生日请客的态度是？

A. 自己主动　B. 随波逐流　C. 被迫无奈

5. 你希望收到什么样的生日礼物？

A. 一般小礼品　B. 实用的东西　C. 昂贵的奢侈品　D. 现金

6. 过生日时你喜欢大张旗鼓地操办还是同好友小聚一场？

A. 大办一场　B. 小聚　C. 其他方式

7. 你过生日的开销一般为多少钱？

A. 50 元以内　B. 50 ~ 100 元　C. 101 ~ 200 元　D. 200 元以上

8. 过生日朋友间互赠礼物，你赞成这种“礼尚往来”吗？

A. 赞成　B. 不赞成　C. 没想过

9. 你认为生日礼物越贵重，代表的情义就越深吗？

A. 是　B. 应该　C. 不一定　D. 不是

10. 请问朋友过生日你一般选什么礼物？

A. 一般小礼品　B. 实用的东西　C. 现金　D. 其他

11. 送好友礼物时，你会不会注重其代表的意义？

A. 会　B. 有时会　C. 无所谓

12. 通常你为朋友过生日时的花费是多少？

A. 50 元以内　B. 50 ~ 100 元　C. 100 元以上

13. 朋友过生日收到礼物，他们更注重礼物本身还是来自对方的那份心意？

A. 前者　B. 后者　C. 不知道

14. 你记得父母的生日吗？

A. 记得　B. 只记得父（母）亲的

C. 不记得

15. 你父母过生日时，你送过生日礼物吗？

A. 送过　B. 没送过

16. 你有男（女）朋友吗？________。如果有，你为他（她）过生日一般支出________元。

17. 通常你一学期因同学朋友过生日产生的消费支出约为________元。

18. 请问你对当今大学生的生日消费观念有什么看法？

答：____

19. 你认为怎样过生日才算有意义？

答：____

思考题：

1. 调查问卷是由哪几部分构成的？

2. 调查问卷具有几种类型？

任务要求

各小组在确定调查方案后，必须设计一份适当的市场信息采集问卷，把需要采集的信息标准化。

具体任务：在调查方案确定后，设计一份市场信息采集问卷任务清单（工作任务单），如表 2－4 所示。

表 2－4　工作任务单 4

项目	具体内容
项目名称	如何进行市场信息采集设计
任务名称	设计市场信息采集问卷
具体任务	掌握相关知识和技能，根据调研项目，设计调查问卷
时间要求	本周内
工作步骤	• 各项目小组根据设计的项目调查方案，设计问卷，具体步骤：①确定标题；②确定说明信；③确定调查对象的基本情况；④确定主体内容（问题、答案）；⑤确定问题、答案编码，要求小组成员分工合作，设计调查方案，最后填写过程、计划和阶段成果表 • 个人对该任务的学习进行总结，并且填写阶段性评价表
实施指南	参照教材该任务范例指导完成本次任务
工作场景	教室、机房、企业现场
工作成果	1. 小组会议记录表 2. 小组阶段性成果表 3. 个人阶段性成果表
评价标准	任务是否及时完成、团队表现如何、完成质量如何

任务分析

怎样设计问卷呢？问卷的基本结构是什么？问卷应该包括什么内容？设计问卷有哪些技巧？

调查问卷成果见附录。

任务学习

视频　市场调查问卷

知识学习

一、市场信息采集问卷的结构

1. 问卷设计的概念

市场信息采集问卷是采集一手资料最常用的工具，无论采用哪一种方法收集资料，都需要设计一份适当的问卷，把需要收集的资料标准化。问卷设计的质量直接影响采集的质量。问卷设计就是根据调查目的，将所需调查的问题具体化，使调查者能顺利地获取必要的信息资料，便于进行统计分析。

2. 问卷的结构

一份完整的调查问卷通常包括标题、问卷说明、被调查者的基本情况、调查主题内容、编码、作业证明的记载等内容。

（1）标题。

问卷的标题用于概括说明调查研究主题，使被调查者对问卷有一个大致的了解。问卷的标题应简明扼要，易于引起被调查者的兴趣。例如，“大学生消费状况调查”“我与广告——公众广告意识调查”等。不要直接用“问卷调查”，它容易使被调查者产生不必要的怀疑而拒答。

（2）问卷说明。

问卷说明旨在向被调查者说明调查的目的和意义，有些还包括填表须知、交表时间、地点及其他事项说明等。问卷说明一般放在问卷开头，被调查者阅读后可以了解调查目的，消除顾虑，并按规定填写问卷。问卷说明既可采取比较简洁、开门见山的方式，也可在问卷说明中对调查目的进行一定的宣传，以引起调查对象对问卷的重视。下面举两个实例加以说明。

例 1

同学们：

为了了解当前大学生的学习、生活情况，并做出科学分析，我们特制定此项调查问卷，希望广大同学予以积极配合，谢谢。

例 2

女士（先生）：

广告对社会经济的发展起着积极推动作用，我们进行这次公众广告意识调查，其目的是进一步加强和改善广告监督管理工作。本次问卷调查并非知识性测验，您根据自己的实际态度选答即可，不必进行讨论。根据《中华人民共和国统计法》的有关规定，本次问卷调查将对您个人情况实行严格保密。请您在7月1日之前回寄到××省统计局，谢谢您的合作！

(3) 被调查者的基本情况。

指被调查者的一些主要特征，如自然人的性别、年龄、民族、家庭人口、婚姻状况、文化程度、职业、单位、收入、所在地区等。又如企业的名称、地址、所有制性质、主管部门、职工人数、商品销售额（或产品销售量）等。通过这些项目，可对调查资料进行统计分组、分析。在实际调查中，列入哪些项目，应根据调查目的、调查要求而定，并非多多益善。

(4) 调查主题内容。

指调查者要了解的基本内容，也是调查问卷中最重要的部分，主要以提问的形式提供给被调查者，这部分内容设计好坏直接影响整个调查的价值。主题内容主要包括：①对人们的行为进行调查，包括了解被调查者本人行为或通过被调查者了解他人行为；②对人们的行为后果进行调查；③对人们的态度、意见、感觉、偏好等进行调查。

(5) 编码。

编码是将问卷中的调查项目变成数据的工作过程，大多数市场调查问卷均需进行编码，以便分类整理，进行计算机处理和统计分析。所以，在问卷设计时，应确定每一个调查项目的编号，并为相应的编码做准备。通常是在每一个调查项目的最左边按顺序编号。例如：①您的姓名；②您的职业……而在调查项目的最右边，根据每一个调查项目允许选择的数目，在其下方画上相应的若干短线，以便编码时填上相应的数字代号。

(6) 作业证明的记载。

在调查表的最后，附上调查员的姓名、访问日期、时间等，以明确调查人员完成任务的性质。如有必要，还可写上被调查者的姓名、电话等，以便审核和进一步追踪调查。但对于一些涉及被调查者隐私的问卷，上述内容则不宜列入。

二、问卷设计的原则与程序

1. 问卷设计的原则

(1) 目的性原则。

问卷调查是通过向被调查者询问问题来进行调查的，所以，询问的问题必须是与调查主题有密切关联的问题。这就要求在设计问卷时，突出重点，避免可有可无的问题，把主题分解为细目，做成具体的询问形式供被调查者回答。

(2) 可接受性原则。

问卷调查表应设计得易于让被调查者接受。由于被调查者对是否参加调查有着绝对的自由，调查对他们来说是一种“额外负担”，他们既可以采取合作的态度接受调查，也可以采取对抗行为拒答。因此，请求合作就成为问卷设计中一个十分重要的问题。在问卷说明中应将调查目的明确告诉被调查者，让对方知道该项调查的意义和其自身回答对整个调查结果的重要性。问卷说明要亲切、温和，提问部分要自然、有礼貌且具有趣味性，必要时可采用一些物质鼓励，并为被调查者保密，以消除其心理压力，使被调查者自愿参与，认真填好问卷。此外，还应使用适合被调查者身份、水平的用语，尽量避免含有令被调查者难堪或反感的问题。

（3）顺序性原则。

顺序性原则是指在设计问卷时，要讲究问卷的排列顺序，使问卷条理清楚，顺理成章，以提高回答问题的效果。问卷中的问题一般可按下列顺序排列。

①容易回答的问题（如行为性问题）放在前面，较难回答的问题（如态度性问题）放在中间，敏感性问题（如动机性、涉及隐私等问题）放在后面，关于个人情况的事实性问题放在末尾。

②封闭性问题放在前面，开放性问题放在后面，这是由于封闭性问题已由设计者列出备选的全部答案，较易回答，而开放性问题需被调查者花费一些时间考虑，放在前面易使被调查者产生畏难情绪。

③要注意问题的逻辑顺序，如可按时间顺序、类别顺序等合理排列。

（4）简明性原则。

简明性原则主要体现在以下三个方面。

①调查内容要简明，不要列没有价值或无关紧要的问题，同时要避免出现重复问题，力求以最少的问题收集必要的、完整的信息资料。

②调查时间要短，问题和问卷都不宜过长。设计问卷时，不能单纯从调查者角度出发，而要从被调查者角度想。调查内容过多、调查时间过长都会招致被调查者的反感。通常调查的场合一般都在路上、店内或居民家中，应答者或行色匆匆，或不愿让调查者在家中久留，而有些问卷多达几十页，让被调查者望而生畏，一时勉强作答也只有草率应付。

③问卷设计的形式要简明易懂、易读。

（5）匹配性原则。

其是指要使被调查者的回答便于调查者进行检查、数据处理和分析。应事先考虑到能对问题结果做适当的分类和解释，使所得资料便于交叉分析。

2. 问卷设计的程序

问卷设计是由一系列相关工作所构成的，为了使问卷具有科学性和可行性，需要按照一定的程序进行问卷设计。

（1）准备。

根据调查问卷需要确定调查的范围和调查项目，将所需资料一一列出，分析哪些是主要资料，哪些是次要资料，哪些是调查的必备资料，哪些是非必需的资料，并分析哪些资料需要通过问卷来取得，需要向谁调查等，对必要资料加以收集。同时，要分析调查对象的各种特征，即了解各被调查对象的社会阶层、行为规范、社会环境等社会特征；文化程度、知识水平、理解能力等文化特征；需求动机、行为等心理特征；并以此作为拟定问卷的基础。在此阶段，应充分征求各类有关人员的意见，了解问卷中可能出现的问题，力求使问卷切合实际，能够充分满足各方面分析研究的需求。可以说，问卷设计的准备阶段是整个问卷设计的基础，是问卷调查能否成功的前提条件。

（2）初步设计。

在准备工作基础上，设计者可以根据收集到的资料，按照原则设计问卷初稿，确定问卷结构，拟定并编排问题。首先，要标明获取每项资料需要采用的提问方式，并尽量详尽地列出各种问题；其次，对问题进行检查，筛选、编排、设计每个项目，要充分考虑每个问题是否有必要，能否得到答案；最后，对调查项目进行编码，还需要向被调查者说明调查目的、要求、基本注意事项等。这些都是设计调查问卷时十分重要的工作，必须精心研究，反复推敲。

（3）试答和修改。

一般来说，初步设计的问卷难免存在一些问题，因此，需要将该问卷在小范围内进行试验性调查（试答），以便检测问卷中存在的问题，了解被调查者是否愿意回答以及是否能够回答所有的问题，是否存在问题表述不清、多余或遗漏等，问题顺序是否符合逻辑，回答时间是否合理等。如果发现问题，应做必要修改，使问卷更加完善。试验性调查与正式调查的目的是不一样的，主要是希望被调查者对问卷各方面提出意见，以便于修改。

（4）付印。

付印就是将最后定稿的问卷制成正式问卷，按照调查工作的需要印刷。

三、设计问卷的方法

视频　市场调查问卷设计技巧

问卷由若干个问题构成，问题是问卷的核心。在进行问卷设计时，必须仔细考虑问题的类别和提问方法，否则会使整个问卷产生很大的偏差，导致调查的失败。因此，在设计问卷时，应对问题有较清楚的认知，并根据调查目的和具体情况选择适当的询问方式。

1. 设计问卷的问题

（1）直接性问题和间接性问题。

直接性问题是指在问卷中能够通过直接提问方式得到答案的问题。直接性问题通常给被调查者划定明确的范围，询问的通常是个人基本情况或意见，例如“年龄”“职业”“最喜欢的洗发水品牌”等，这些都是可以获得明确答案的问题。这种问题比较方便统计分析。但采用这种提问方式调查一些可能涉及隐私的问题时，往往无法得到需要的答案。

间接性问题是指那些不宜直接回答，应采用间接提问方式得到所需答案的问题，通常指那些被调查者因对所需回答的问题产生顾虑，不敢或不愿真实地表达意见的问题。调查者不应为得到直接的结果而强迫被调查者回答，使他们感到不愉快。应采用间接提问的方式，使被调查者认为很多意见已被其他调查者提出来了，所要做的只不过是对这些意见加以评价罢了。这能排除调查者和被调查者之间的某些障碍，使被调查者有可能对已得到的结论提出自己不经掩饰的意见。

如果问：“您认为妇女的权利是否应该得到保障?”大多数人都会回答“是”或“不是”。而实际上，人们对妇女权利有着不同的看法。问卷中可以采用这样的提问方式。

A 观点：妇女权利应该得到保障，这一问题应该得到重视。

B 观点：妇女权利问题并不一定需要特别提出。

对 A 观点的意见：①完全同意；②有保留的同意；③不同意。

对 B 观点的意见：①完全同意；②有保留的同意；③不同意。

您对妇女权利持什么样的观点?

采用这种提问方式会比直接提问收集到更多的信息。

（2）开放性问题和封闭性问题。

①开放性问题，是指不列出答案，由被调查者自由作答的问题。开放性问题一般提问比较简单，回答比较真实，但结果难以做定量分析，在对其做定量分析时，通常是将回答进行分类。

②封闭性问题，是指已事先设计了各种可能的答案的问题，被调查者只要或只能从中选定一个或几个答案。封闭性问题由于答案标准化，不仅回答方便，而且答案易于调查者进行各种统计处理和分析。但缺点是被调查者只能在规定的范围内回答，无法反映其在规定范围外真实的想法。

（3）事实性问题、行为性问题、动机性问题和态度性问题。

①事实性问题要求被调查者回答一些事实。例如“您通常什么时候看电视”。这类问题的主要目的是获得事实性资料。因此，问题必须清楚，使被调查者容易理解并回答。通常一份问卷的开头和结尾都要求被调查者填写个人资料，如职业、年龄、收入、

家庭状况、教育程度、居住条件等，这些问题均为事实性问题，对此类问题进行调查，可为分类统计和分析提供资料。

②行为性问题是对被调查者的行为特征进行调查。例如“您是否拥有××”“您是否做过某事”。

③动机性问题是为了解被调查者行为的原因或动机问题。例如“为什么购买某物”“为什么做某事”等。在提动机性问题时，应注意人们的行为可以是有意识动机产生的，也可以是半意识动机或无意识动机产生的。对于前者，被调查者有时会因种种原因不愿真实回答；对于后两者，因被调查者对自己的动机不十分清楚，也会造成回答困难。

④态度性问题是了解被调查者的态度、评价、意见等的问题。例如“您是否喜欢××品牌的自行车”。

应该注意的是，在实际调查中，几种类型的问题往往是结合使用的。在同一个问卷中，既有开放性问题，也有封闭性问题。甚至同一个问题中，也可将开放性问题与封闭性问题结合起来，组成结构式问题。例如：“您家里目前有空调吗？①无；②有，是什么品牌的？”同样，针对事实性问题既可采取直接提问方式，对于被调查者不愿直接回答的问题，也可以采取间接提问方式。

2. 设计问题的答案

在市场调查中，无论是何种类型的问题，都需要事先对问题的答案进行设计。在设计答案时，可以根据具体情况采用不同的设计方法。

（1）二项选择法。

二项选择法也称真伪法或二分法，是指提出的问题仅有两种答案可以选择，即“是”或“否”，“有”或“无”等。这两种答案是对立的、互斥的，被调查者的回答非此即彼，没有其他选择。例如“您家里现在有吸尘器吗”，答案只能是“有”或“无”。又如“您是否打算在近五年内购买住房”，回答只能是“是”或“否”。这种方法的优点是易于理解，且可迅速得到明确的答案，便于统计处理，分析起来也比较容易。但回答者没有进一步阐明理由的机会。这种方法适用于互相排斥的两项择一式问题及较为简单的事实性问题。

（2）多项选择法。

多项选择法是指为所提出的问题事先预备好两个以上的答案，被调查者可任选其中的一项或几项。例如：

您喜欢下列哪种品牌的牙膏？（在□内画√）

□中华　□芳草　□洁银　□康齿灵　□美加净　□黑妹　□其他，________。

由于所设答案不一定能表达出填表人所有的看法，所以在问题的最后通常可设“其他”项目，以便使被调查者表达自己的看法。这个方法的优点在于答案有一定的范围，也比较便于统计处理，且较为缓和，被调查者在一定范围内可以表达自己的观点。但采用这种方法时，设计者要考虑以下几种情况：一是要考虑到全部可能出现的结果，尽量避免重复和遗漏；二是要注意排列顺序，有些被调查者常常喜欢选择第一个答案，使调查结果发生偏差；三是选项较多，容易使被调查者无从选择，或产生厌烦。一般这种多项选择，答案应控制在 8 个以内，当样本量有限时，多项选择易使结果分散，缺乏说服力。

（3）顺位法。

顺位法是列出若干项目，由被调查者按重要性决定先后顺序。顺位法主要有两种：一种是对全部答案排序；另一种是只对其中的某些答案排序。究竟采用哪种方法，应由调查者来决定。具体排列顺序，则由被调查者根据自己喜好和认识事物的程度等进行。例如：

影响您选购空调的主要因素是什么？（请将所给答案按重要性以 1、2、3……进行排序，序号请填写在□中）

价格便宜□　外形美观□　维修方便□　牌子有名□

经久耐用□　噪声低□　制冷效果好□　其他□

顺位法便于被调查者对其意见、动机、感觉等做衡量，进行比较性表达，也便于调查者统计调查结果。但调查项目不宜过多，否则容易分散，被调查者很难排序。同时选项的排列顺序也可能对被调查者产生某种暗示影响。这种方法适用于要求答案有先后顺序的问题。

（4）回忆法。

回忆法是指通过回忆，了解被调查者对不同商品质量、品牌等方面印象的强弱。例如，对于“请您举出最近在电视广告中出现的电冰箱品牌”这个问题，调查时可根据被调查者所回忆品牌的先后和快慢以及各种品牌被回忆出的频次进行分析研究。

（5）比较法。

比较法是采用对比提问方式，要求被调查者做出肯定回答的方法。例如：

请比较下列不同品牌的饮料，哪种更好喝？（在各项您认为更好喝的品牌□中画√）

1. 黄山□　天府□
2. 天府□　百龄□
3. 百龄□　奥林□
4. 奥林□　可口□
5. 可口□　百事□
6. 百事□　黄山□

比较法适合评价质量和效用等问题。应用比较法时要考虑被调查者对所要回答问题中的商品品牌等项目是否熟悉，否则可能导致空项的发生。

（6）自由回答法。

自由回答法是指提问时可自由提出问题，被调查者可以自由发表意见，并无已经拟定好的答案。例如“您觉得软包装饮料有哪些优、缺点?”“您认为应该如何改进电视广告?”等。这种方法的优点是涉及面广，灵活性大，被调查者可充分发表意见，为调查者提供某些意料之外的资料，缩短调查者和被调查者之间的距离，迅速营造调查氛围；缺点是由于被调查者提供答案的想法和角度不同，因此在答案分类时往往会出现困难，资料较难整理，还可能因被调查者表达能力的差异形成调查偏差。同时，由于时间关系或缺乏心理准备，被调查者往往放弃回答或答非所问，因此，此种方法涉及的问题不宜过多。这种方法适用于那些不能预期答案或不能限定答案范围的问题。

（7）过滤法。

过滤法又称“漏斗法”，指最初提出的是离调查主题较远的广泛性问题，再根据被调查者回答的情况，逐渐缩小提问范围，最后有目的地引向要调查的某个专题性问题。这种方法询问及回答比较自然、灵活，使被调查者能够在活跃的气氛中回答问题，从而增强双方的互动，获得被调查者较为真实的想法。这要求调查人员善于把握对方心理，善于引导并有较高的询问技巧。此方法的不足之处是调查时间不易控制。这种方法适合被调查者在回答问题时有所顾虑，或者一时不便于直接表达对某个问题的具体意见时所采用。例如，在涉及被调查者自尊或隐私的问题时，如收入、文化程度、女性年龄等，可采取这种方法。

3. 问卷设计应注意的几个方面

问卷设计的总要求是：问卷表达简明、生动，注意概念的准确性，避免提似是而非的问题。具体应注意以下几点。

（1）避免提一般性问题。

一般性问题对实际调查工作并无指导意义。例如：“您对某百货商场的印象如何?”这样的问题过于笼统，很难达到预期效果，可具体提问：“您认为某百货商场商品品种是否齐全、营业时间是否恰当、服务态度怎样?”

（2）避免用不确切的词。

避免用“普通”“经常”“一些”等词，以及一些形容词，如“美丽”等。对这些词语，每个人的理解往往不同。例如：“你是否经常购买洗发液?”被调查者不知“经常”是指一周次、一个月次还是一年次。可以将该问题细化为：“你上个月共购买了几瓶洗发液?”

（3）避免使用含混不清的句子。

例如：“你最近是出门旅游，还是休息?”出门旅游也是休息的一种形式，它和休息并不存在选择关系。正确的问法是：“你最近是出门旅游，还是在家休息?”

（4）避免引导性提问。

如果提出的问题不是“执中”的，而是在暗示被调查者，力求被调查者跟着某种倾向回答，这种提问就是引导性提问。例如：“消费者普遍认为××品牌的冰箱好，你的印象如何?”引导性提问会导致两个不良后果：一是被调查者不加思索就同意所引导问题中暗示的结论；二是引导性提问大多是引用权威或大多数人的态度，被调查者考虑到这个普遍的结论，会产生心理上的顺从行为。此外，对于一些敏感性问题，在引导性提问下，被调查者可能不敢表达其他想法等。因此，这种提问是调查的大忌，常常会引出和事实相反的结论。

（5）避免提断定性的问题。

例如：“你一天抽多少支烟?”这种问题即为断定性问题，被调查者如果根本不抽烟，就会无法回答。正确的处理办法是加一条“过滤”性问题，即“你抽烟吗?”如果回答“是”，可跳转至××题，否则提问终止。

（6）避免提令被调查者难堪的问题。

如果有些问题非问不可，也不能只顾自己的需要而对被调查者穷追不舍，应考虑被调查者的自尊心。例如：“您是否离过婚？离过几次？谁的责任?”又如，直接询问女士年龄也是不太礼貌的，可列出年龄段，由被调查者挑选。

（7）问题要考虑时间性。

时间过久的问题易使人遗忘，如：“您去年家庭的生活费总支出是多少?”“用于食品、衣服的支出分别是多少?”除非被调查者连续记账，否则很难一下子回答出来。一般可问：“您家上月生活费支出是多少?”显然，缩小时间范围，可使被调查者回忆起来较容易，答案也比较准确。

（8）拟订问句要有明确的界限。

对于年龄、家庭人口、经济收入等调查项目，通常理解起来会产生歧义。如年龄有虚岁、实岁，家庭人口有常住人口和登记人口，收入是仅指工资，还是包括奖金、补贴、其他收入等。如果调查者对此没有很明确的界定，调查结果的准确性也很难达到预期要求。

（9）问题要具体。

一个问题最好只问一个要点，一个问题中如果包含过多的询问内容，会使被调查者无从答起，给统计处理也带来困难。例如：“您为何不看电影而看电视?”这个问题包含了“您为何不看电影?”“您为何要看电视?”和“什么原因使您改看电视?”等小问题。防止出现此类问题的办法是分离语句中的提问部分，使一个语句只问一个要点。

（10）要避免问题与答案不一致。

所提问题与所设答案应做到一致，例如：“您经常看哪个电视栏目?”①《经济生活》；②《电视红娘》；③《电视商场》；④经常看；⑤偶尔看；⑥根本不看。其中，后三个答案与所提内容无关，应去掉。

四、态度测量

在营销研究中，态度主要有三方面的含义：一是指对某事物的了解和认识；二是指对某事物的偏好；三是指对未来行为或状态的预期和意向。测量是指根据预先确定的规则，用一些数字或符号来代表某个事物的特征或属性。直接询问的方法常常认不清人们的真正态度，因为有些人根本不知道自己的态度，或无法用语言、文字表达；观察法也不是衡量态度的有效方法，因为观察到的外在行为有时不能代表真实的态度。因此，运用某些特殊的态度测量技术是非常有必要的，这就是所谓的量表。

量表作为一种测量工具，是试图确定主观、抽象态度的定量化测量程序，即用数字代表测量对象的某一特性，并对测量对象的不同特性以多个不同的数字表示的过程。量表主要包括以下几类。

1. 评价量表

评价量表又称评比量表，提出问题后，以两种对立的态度为答案的两端点，在两端点中间按程度顺序排列不同的态度；由被调查者从中选择一种适合自己的态度。评价量表还可以用不同的数值来代表某种态度，目的是将非数量化的问题加以量化，而不是随意排列。

评价量表根据量表的形式分为以下几种。一是图示评价量表——要求被调查者在一个有两个固定端点的图示连续体上进行选择；二是列举评价量表——要求被调查者在有限类别的表格中进行选择。列举评价量表比图示评价量表容易构造和操作，在可靠性方面也比图示评价量表好，但是不能像图示评价量表那样衡量出客体的细微差别。

（1）图示评价量表。

图示评价量表——以计量水准为依据，在评价性的询问语句下，用一个有两个固定端点的图示连续谱来刻画备选答案或差距的量表。

例如：您认为A品牌沙发的舒适度怎么样？请在图2－1（图示评价量表）中标出您的评价结果。

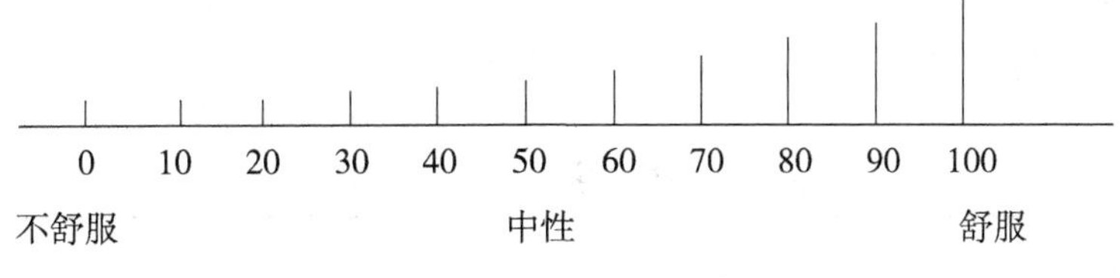

图2－1　图示评价量表

图示评价量表在市场调查方面应用很广。在问卷调查中，调查人员根据被调查者的可能态度，拟订有关问题的答案量表，量表的两端是极端答案，中间是中性答案，并且对每个答案都事先给定一个分数。图示评价量表的优点在于省时、有趣、用途广，可以用来处理大量变量。这种方法可能会产生三种误差：一是仁慈误差，有些人对客体评价时，倾向于给予较高的评价，这就产生所谓的仁慈误差，反之，则产生负向的仁慈误差；二是中间倾向误差，有些人不愿意给予被评价的客体很高或很低的评价，特别是不了解或难于用适当的方式表示出来时，往往倾向于给予中间性的评价；三是晕轮效应，如果被调查者对被评价的对象有一种整体印象，可能会导致系统偏差。

（2）列举评价量表。

以计量水准为依据，列出评价性的询问语句和备选答案，量表尺度的两端是极端答案，相反的备选答案数量相等（对称量表）。

常见的产品测试量表尺度的形式主要有以下几种。

质量：非常好、比较好、一般、比较差、非常差。

式样：非常时尚、比较时尚、一般、不时尚、很不时尚。

价格：非常贵、比较贵、一般、不太贵、很便宜。

满意度：很满意、比较满意、一般满意、不太满意、很不满意。

耐用性：非常好、比较好、一般、比较差、非常差。

可靠性：完全可靠、比较可靠、一般、不太可靠、非常不可靠。

2. 李克特量表

李克特量表是由一组与测量问题有关的陈述语和记有等级分数的答案组成的，并以总分作为评价依据的，主要用于测量态度等主观观指标强弱程度的社会测量表。它由一组句子构成，这组句子是从围绕所要测量的问题收集到的众多句子中，采用项目分析方法筛选出的辨别力较强的句子。调查者根据被调查者对这组句子的各项回答，使用总和计分方式，判明其态度的强弱。它的特点：①主要应用于测量态度意向等主观指标；②由一组陈述语及其等级分数答案组成；③答案一般分为五个等级，分别记为1、2、3、4、5，具有排序功能；④评判被调查者态度强弱的依据是他在所有陈述语上的得分总和。李克特量表有一个假设前提，即每一个叙述句在测定态度时均起同等作用，在表现态度的程度差别时，其能力是相同的。研究者在使用李克特量表所获结果时必须充分注意到这一点。

例如，某学期课堂教学质量满意度问卷如表2－5所示。

表2－5　　某学期课堂教学质量满意度问卷

序号	调查内容	完全同意	同意	基本同意	基本不同意	完全不同意
1	课堂让学生学到很多东西，开阔了专业知识面					
2	课堂提升了学生分析和解决问题的能力，实践技能得到锻炼					

续　表

序号	调查内容	完全同意	同意	基本同意	基本不同意	完全不同意
3	课堂激发了学生对专业的兴趣，学习积极性有所提高					
4	课堂助长学生的自学能力，学习主动性有所提高					
5	课堂助长学生的批判思维能力，逻辑分析能力有所提高					
6	课堂让学生学到如何参与讨论，人际交往能力有所提高					
7	课堂使学生能更自在地表达意见，气氛融洽有利于学习					
8	课堂让学生深深感到自己是此班级的成员，团结协作精神有所提升					
9	课堂教师工作认真负责，习作点评或批改对学生学习有帮助					
10	课堂教师教学的管理有效，课程教学满意					

注：请在相应的等级格中画“√”，谢谢！

3. 哥特曼量表

哥特曼量表是由哥特曼于1950年提出的，是单维的，即量表自身结构中存在着某种由强变弱或由弱变强的逻辑。因此它不会像李克特量表那样表现出分数相同而态度结构形态不同的现象，它的每一个量表总分，都只有一种特定的回答组合与之对应。

例如，下面是一组包含四个陈述句用来测量人们生活态度的哥特曼量表。

Q1：我认为工作远没有享受生活重要（工作 < 生活）。

Q2：我认为工作固然重要，但享受生活也很重要（工作 = 生活）。

Q3：我认为工作比享受生活重要（工作 > 生活）。

Q4：我认为工作对我来说比任何事情都重要（工作远大于生活）。

问题陈述强度逐渐加强，依据对生活的不同态度，被调查者对此做出的回答不同。“工作狂”与“生活至上者”的答案是截然不同的，反映了不同人对工作与生活的不同态度，如果采用直接量表法则很难反映态度的差异。

4. 瑟斯顿量表

瑟斯顿量表是瑟斯顿为构造品质态度测量方法而设计的，即从单一的维度测量态度。它由在测量态度的尺度上间隔相等排列的一组题目组成。实施时，被调查者就量表各项目表示赞同或不赞同，将每个被调查者赞同的量表项目依分数高低排列，选择居中的项目分数为该被调查者的态度分数。该量表的编制步骤：①收集与所研究的态度主题有关的广泛的观点；②通过大量判断把这些观点分到 11 个等级中去，这些等级是按对态度主题从最消极到最积极的次序排列的；③计算各条观点在 11 个等级中的次数分配，根据累积次数百分比图，决定每一项目的中位数与四分位数（Q 值），Q 值大的陈述句由于其意义不明确而被删除，再对剩下的观点进行内部一致性项目分析，把不一致的陈述句作为离题的项目删除；④从剩下的一致性高的、意义明确的观点中选择 Q 值小的观点构成量表，它们的量表值（评分中位数）是从 1 ~ 11 排列的。

5. 语义差异量表

语义差异量表是运用若干语义相反的极端形容词（短句）来调查被调查者的态度，实现了把个人的定性判断转换为可以定量分析的内容。语义差异量表包含了一系列反映研究对象的不同属性的相反的形容词，被调查者通过指出在连续序列中的定位来反映对每个属性的印象。在社会学和心理学等研究中，语义差异量表被广泛用于文化的比较研究，个人及群体间差异的比较研究，以及人们对周围环境或事物的态度、看法的研究等。语义差异量表以形容词的正、反意义为基础，标准的语义差异量表包含一系列形容词和它们的反义词，每一个形容词和反义词之间有 7 ~ 11 个区间，对观念、事物或人的感觉可以通过选择的两个相反形容词之间的区间反映出来，它要求人们记下对性质完全相反的不同词的反应强度。

语义差异量表能够度量不同特性在被调查者心目中的差别，通过累加各种特性所收集的分数可以得出该答案的总分数。首先要确定与被测量对象相关的一系列属性，对于每个属性，选择一对意义相对的形容词，分别放在量表的两端，中间划分为 5 个、7 个甚至 9 个连续的等级。被调查者被要求根据他们对被测量对象的看法评价每个属性，在合适的等级位置上做标记。语义差异量表看起来似乎是评级量表，可以作为等距量表来处理，但由于诸多属性形容词并没有可比性，所以最好当作顺序量表对待。

例如：请您对 A 品牌的汽车的不同项目的特性（语义差异量表见图 2 - 2）做出评价定位。

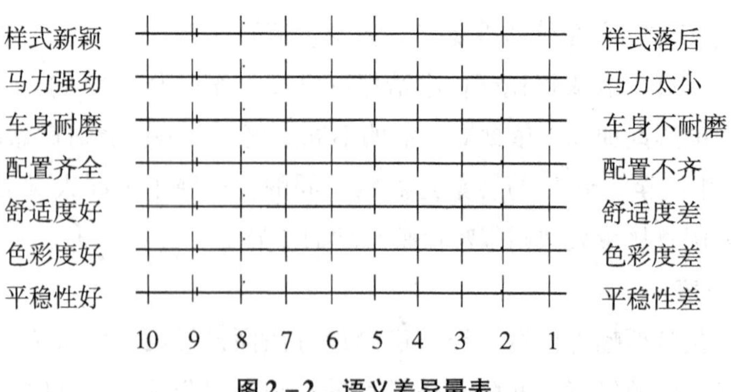

图 2 - 2　语义差异量表

6. 固定总数量表

给定一个分数（通常为100分），由被调查者根据自己的看法在两个或多个特性间根据各个特性的重要程度进行分数分配。

例如，请您对男性运动鞋的7个特性的相对重要程度进行分数分配，最重要的特性项目的分数应高一些，不太重要的特性项目的分数应低一些，全部特性项目的分数加起来应为100分。

运动鞋特性	分数
穿着舒适	________
耐用	________
知名品牌	________
透气性好	________
款式新颖	________
适于运动	________
产品价格	________
合计	100分

知识拓展

效度与信度

我们采用含有多个次目的量表来测量人们的意见、态度、看法等，这样得到的结果是否准确、可靠，是否有适用性？这就需要评价量表的效度和信度。

检验效度的主要方法涉及表面效度、准则效度和建构效度。在此以建构效度为例。

建构效度最核心的问题是：量表实际测量的是哪些特征？在评价建构效度时，调研人员要试图解释“量表为什么有效”这一理论问题以及考虑从这一理论问题中能得出什么推论。建构效度要求每个特征的测量背后都有足够的理论支持，并且这些被测量的特征之间应该有合理的关系。建构效度包括同质效度和异质效度。

同质效度是指量表测量同一特征的其他测量方法相互关联的程度。异质效度是指量表和测量不同特征的测量方法不同，但理论上有关特征的测量方法之间相互关联的程度。在设计量表时，先建立一个理论模型，然后从中导出一系列推论、测试，逐渐形成一个由几个特征系统联系起来的语意逻辑网。从表面上看，就是含有多个有关测量对象测量项目的量表。评价建构效度就是要在这个量表的背景下进行。

信度指的是如果重复测量，量表所测结果的一致程度。系统误差对信度没什么影响，因为系统误差总是以相同的方式影响测量值的，因此不会造成不一致。反之，随机误差可能导致不一致，从而降低信度。信度可以定义为随机误差 R 影响测量值的程度。如果 $R=0$，就认为测量是完全可信的，信度最高。

一般通过使用同一量表进行不同测量，分析各测量结果之间联系的方法来评价信度。如果联系密切，各测量结果具有一致性，则认为量表是可信的。评价信度的方法主要有再次测量、替换形式、内部一致。

（1）再次测量。

用同样的量表，对同一组访问对象在尽可能相同的情况下，在不同的时间进行两次测量。两次测量一般相距两周到四周。用两次测量结果间的相关分析或差异的显著性检验方法，可以评价量表信度的高低。结果越是相关，差异越不显著，则信度越高。

再次测量评价信度存在一些问题。第一，结果与时间间隔关系密切。在其他方面都相同的情况下，时间间隔越长，信度越低。第二，最初的测量可能会改变被测特征。例如，测量人们对低脂肪食品的态度可能会使他们更为关心健康问题，从而对低脂食品持更为肯定的态度。第三，实施重复测量有时是不可能的，例如测量消费者对某种新产品的反应。第四，第一次测量的答案可能会对以后的测量有影响。被调查者可能会试图回忆第一次受测时给出的答案。第五，在两次测量之间一个有利的信息可能会使被调查者的态度更为有利。第六，再次测量的相关系数可能会由于被测项目自身之间的相关而偏高。两次测量中，同一项目自身之间的相关性要比不同项目间的相关性高。因此，即使不同项目之间的相关性很差，也可能得到很高的再测相关系数。

（2）替换形式。

它指用两个形式不同的等价量表，对同一组被调查者在不同的时间（通常间隔两周到四周）进行测量。两次测量结果间的相关性被用来评价量表的信度。

这个方法存在两个主要问题。首先，构造等价的量表不但费时，而且花钱。其次，很难构造出完全等价的量表。两个量表在内容上应该等价。从严格的意义上说，两个量表的测量项目应具有相同的均值、方差和相关性，但即使这些条件都满足了，还是有可能出现内容不等价的情况。低相关可能是量表的信度不够造成的，也可能是量表形式不等价造成的。

（3）内部一致。

内部一致用于评价累加量表的信度。在这种量表中，各个测量项目的得分被累加，得到一个总分，每个项目都测量整个量表所要测量对象的某个方面，项目之间就它们各自的特征而言应该是一致的。该方法强调的是组成量表的一组测量项目内部一致性。

折半信度是测量内部一致性的简单方法。量表中的项目被分成两半并计算测量结果的相关系数。这两半相关系数高，则说明量表内部一致性高。量表的项目可按序号的奇偶性分为两半，也可以随机地分。问题在于划分两部分的方法可能会影响到评价结果。克服这一问题的常用方法是采用 X 系数。

X 系数，也称克朗巴哈 X 系数，是量表所有可能的项目划分方法得到的折半信度系数的平均值。X 系数的值在 0 和 1 之间。如果 X 系数不超过 0.6，一般认为内部一致信度不足。X 系数的一个重要特性是它的值会随着量表项目的增加而增加。因此，X 系数可能由于量表中包含多余的测量项目而被人为地、不适当地提高。

有些具有多个项目的量表在结构上是多维的，分为几组，每一组项目测量一个方面的特征。例如，商店的形象就是一种多维的结构，包括商品的花色种类、货与保修政策、人员服务、价格、商店位置、店面格局等。用于测量商店形象的量表就要包括以上每个维度（方面）的测量项目。这些维度之间是比较独立的，因此，在包含各个维度的整个表内，考察一致性是不适宜的。不过，如果每个维度是由几个测量项目组成的话，就可以计算每个维度的内部一致性。

信度是效度的必要条件，但不是充分条件。从理论的角度来看，量表应具有足够的效度和信度；从实践的角度来看，一个好的量表还应该具有实用性。实用性指量表的经济性、便利性和可解释性。

任务实施

案例讨论

案例一

女大学生化妆品消费状况调查问卷

亲爱的朋友：

为了了解女大学生消费化妆品的情况，我们特开展本次调查，以便分析女大学生化妆品消费行为、消费水平、消费动机以及影响因素。您的意见对我们的研究很重要，请您根据实际情况填写，我们会替您保密。非常感谢您的配合！

1. 请问您所在的年级是？

A. 大一　　B. 大二　　C. 大三　　D. 大四

2. 您的专业是什么？

A. 理工类　　B. 文史类　　C. 艺术类　　D. 经管类

3. 您家庭的月收入大约是？

A. 2000 元及以下　　B. 2001 ~4000 元　　C. 4001 ~6000 元

D. 6001 ~8000 元　　E. 8001 元及以上

4. 您买过哪类化妆品？（多选）

A. 护肤霜　B. 洁面乳　C. 唇彩、唇膏　D. 爽肤水

E. 眼霜　F. 防晒类　G. 美白类　H. 其他

5. 您平时使用哪些品牌的化妆品？（可多选）

A. 佳雪　B. 欧莱雅　C. 美宝莲　D. 玉兰油

E. 雅芳　F. 妮维雅　G. 丁家宜　H. 曼秀雷敦

I. 旁氏　J. 美肤宝　K. 其他

6. 为什么您喜欢用这个品牌的产品？

A. 效果好　B. 品牌知名度高　C. 价格很便宜　D. 其他

7. 您购买化妆品的渠道是什么？

A. 商场专卖店　B. 网上　C. 超市

D. 个人推销　E. 大众品牌连锁零售店

8. 平均每学期您的化妆品消费额为？

A. 100 元及以下　B. 101 ~ 200 元　C. 201 ~ 300 元

D. 301 ~ 400 元　E. 401 元及以上

9. 您使用的化妆品平均价格为？

A. 20 元及以下　B. 21 ~ 50 元　C. 51 ~ 100 元　D. 101 元及以上

10. 您使用化妆品的目的是什么？

A. 美化自己　B. 增加自信　C. 礼貌　D. 保持肌肤的健康

E. 找工作

11. 购买化妆品时您会首先考虑什么？

A. 品牌　B. 功效　C. 价格

D. 包装　E. 宣传促销　F. 其他

12. 下列哪些因素对您选择化妆品品牌具有影响？（限选三个）

A. 广告宣传　B. 促销活动　C. 美容讲座

D. 品牌知名度　E. 价格　F. 其他

13. 您购买化妆品会受什么因素的影响？

A. 个人财务状况　B. 季节的变化　C. 促销活动的开展

D. 个人喜好　E. 周边同学、朋友的影响

14. 你一般对哪些渠道得到的信息更为心动？

A. 电视广告　B. 朋友推荐　C. 手机上电商发布的促销活动

D. 亲自消费体验　E. 校园内的宣传　F. 其他

15. 您是否经常更换化妆品品牌？

A. 经常　B. 偶尔　C. 基本不换

16. 您在什么情况下会再次购买化妆品？

A. 用完　B. 打折　C. 其他

17. 如果您对某一化妆品效果还算满意，还会尝试使用其他品牌的产品吗？

A. 会　B. 不会

18. 什么样风格的化妆品对您最有吸引力？

A. 简单、自然　B. 时尚、新潮　C. 另类、个性

思考题：

1. 你认为这份问卷是否合理？

2. 你觉得怎样改进会更好？

案例二

××市居民室内装修消费状况调查问卷

尊敬的女士/先生：

您好！为了了解目前××市居民室内装修消费状况，准确把握居民的消费心理和消费习惯，从而更好引导装修行业发展，特制作此问卷，希望您能如实填写，谢谢您的参与！

1. 您的年龄是？

A. 30岁及以下　B. 31~45岁　C. 46~55岁　D. 56岁以上

2. 您的家庭年收入是？

A. 20000元及以下　B. 20001~40000元

C. 40001~60000元　D. 60001~80000元

E. 80001元及以上

3. 您要装修的住房面积是？

A. 100平方米及以下　B. 101~150平方米

C. 151~200平方米　D. 201平方米及以上

4. 您的装修预算为？（不含家具）

A. 20000元及以下　B. 20001~40000元

C. 40001~60000元　D. 60001~80000元

E. 80001元及以上

5. 您最可能选择的装修方式是？

A. 自己设计，请工人施工　B. 装修公司承包

C. 请专业人员设计，自己施工　D. 其他

6. 如果您不找装修公司承包，而找工人施工的话，请问是因为？
A. 感觉装修公司和自请工人质量差不多
B. 装修公司费用太高，自请工人价格很便宜
C. 以前请过工人，觉得效果好
D. 熟人介绍
7. 如果您曾经请过工人，您觉得满意吗？
A. 非常满意　　B. 满意　　C. 一般满意
D. 不满意　　E. 非常不满意
8. 请问，您不满意的地方是？（可多选）
A. 工程太慢　　B. 质量不行　　C. 服务不好
D. 信誉不高　　E. 其他
9. 您是怎样获得装修公司的相关信息的？
A. 广告媒体的宣传　　B. 他人介绍
C. 公司自己宣传　　D. 其他
10. 您选择装修公司更注重什么？
A. 资质　　B. 口碑　　C. 价格　　D. 装修效果
11. 您从哪些方面评价装修公司？（多选）
A. 公司信誉　　B. 公司人员服务态度
C. 公司规模　　D. 装修价格
E. 公司的广告宣传　　F. 公司的装修质量
12. 请问您选择的装修公司是________。
A. 四维　　B. 大自然　　C. 康盛　　D. 和氏
E. 北京明大　　F. 陈道明装饰　　G. 城市人家　　H. 红地球
I. 锦华　　J. 佳佳　　K. 其他________
13. 如果您曾选择过装修公司，您觉得满意吗？
A. 非常满意　　B. 满意　　C. 一般满意
D. 不满意　　E. 非常不满
14. 请问，您不满意的地方是？（可多选）
A. 工程太慢　　B. 质量不行　　C. 服务不好
D. 信誉不高　　E. 其他
15. 您在选择装修材料时，更看重哪个因素？
A. 价格　　B. 质量　　C. 品牌　　D. 其他
16. 您的装修材料是如何获得的？
A. 自己购买　　B. 由装修公司提供　　C. 半包

17. 您主要在什么地方购买装修材料？

A. 红星美凯龙　B. 家居乐

C. 新世纪建材　D. 升辉

E. 家附近的一些建材店　F. 其他

18. 您选择建材购买场所考虑的因素有哪些？（可多选）

A. 公司信誉　B. 服务水平　C. 价格

D. 质量　E. 广告宣传　F. 其他

19. 您最满意的建材卖场是？

A. 红星美凯龙　B. 家居乐

C. 新世纪建材　D. 升辉

E. 家附近的一些建材店　F. 其他

20. 您最不满意的建材卖场是？

A. 红星美凯龙　B. 家居乐

C. 新世纪建材　D. 升辉

E. 家附近的一些建材店　F. 其他

思考题：

1. 你认为这份问卷是否合理？

2. 你觉得怎样改进会更好？

实施范例指导

卜蜂莲花超市自有品牌满意度调查问卷

调研项目：卜蜂莲花超市自有品牌满意度调查研究。

具体任务：设计卜蜂莲花超市自有品牌满意度调查问卷。

尊敬的顾客朋友：

您好！

卜蜂莲花超市自有品牌从粮食、食油和禽类、牛羊猪肉类、蛋类等生鲜食品入手，扩展到零食、饮料，再发展到日用品乃至小家电，除了主品牌外还有“泉信”“好脉”等自有品牌。为了更好地满足顾客的需求，团队特开展本次调查，以便了解消费者对卜蜂莲花超市自有品牌商品的认知度、满意度、忠诚度以及对超市自有品牌商品经营的期望和意见，以便于公司不断改进工作，提高服务水平。望您在百忙之中如实填写此表，提出宝贵意见。非常感谢您的合作！

1. 您的性别？

A. 男 B. 女

2. 您的年龄？

A. 25 岁及以下 B. 26 ~ 35 岁 C. 36 ~ 45 岁

D. 46 ~ 55 岁 E. 56 岁及以上

3. 您的职业？

A. 学生 B. 企事业职员 C. 公务员 D. 个体经营者

E. 家庭主妇 F. 离退休人员 H. 其他

4. 您的文化程度？

A. 大专以下 B. 大专 C. 本科 D. 研究生及以上

5. 您的家庭平均月收入？

A. 2000 元及以下 B. 2001 ~ 4000 元 C. 4001 ~ 6000 元

D. 6001 ~ 8000 元 E. 8001 元及以上

6. 您对卜蜂莲花超市自有品牌熟悉吗？

A. 熟悉 B. 知道一点 C. 不知道

7. 请问，您通过何种途径知道卜蜂莲花超市自有品牌的？

A. 广告宣传 B. 熟人推荐 C. 其他

8. 您知道的卜蜂莲花超市自有品牌商品有哪些？（多选）

A. 零食 B. 办公用品 C. 生鲜类 D. 厨房用品

E. 日用家居 F. 服装 G. 家装 H. 其他

9. 您对卜蜂莲花超市自有品牌的印象如何？

A. 很好 B. 好 C. 一般

D. 不好 E. 很不好

10. 您购买过卜蜂莲花超市自有品牌的商品吗？

A. 买过 B. 没买过

11. 您经常购买卜蜂莲花超市自有品牌的商品吗？

A. 是 B. 否

12. 如果买过，请问引起您购买的最主要原因是什么？

A. 品牌形象佳 B. 价格便宜 C. 质量好 D. 其他

13. 您购买过哪类卜蜂莲花超市自有品牌的商品？（可多选）

A. 粮食 B. 食油 C. 生鲜类 D. 零食

E. 日用品 F. 服装 G. 小家电 H. 其他

14. 您对购买的卜蜂莲花超市自有品牌的商品满意吗？

（1）性价比 A. 非常不满意 B. 不满意 C. 一般 D. 满意 E. 非常满意

(2) 质量　A. 非常不满意　B. 不满意　C. 一般　D. 满意　E. 非常满意

(3) 包装　A. 非常不满意　B. 不满意　C. 一般　D. 满意　E. 非常满意

(4) 摆放位置　A. 非常不满意　B. 不满意　C. 一般　D. 满意　E. 非常满意

(5) 广告宣传　A. 非常不满意　B. 不满意　C. 一般　D. 满意　E. 非常满意

(6) 服务　A. 非常不满意　B. 不满意　C. 一般　D. 满意　E. 非常满意

15. 您还会继续购买卜蜂莲花超市自有品牌的商品吗?

A. 会　B. 或许会　C. 不会

16. 如果会继续买，请问您继续买的原因是?(最多选两项)

A. 品牌形象佳　B. 价格便宜　C. 质量好

D. 宣传促销　E. 服务好　F. 其他

17. 如果不会继续买，请问您不买的原因是?(可以多选)

A. 品牌问题　B. 价格问题　C. 质量问题

D. 包装问题　E. 服务问题　F. 其他

18. 您会给朋友推荐卜蜂莲花超市自有品牌的商品吗?

A. 会　B. 或许会　C. 不会

19. 请写出您对卜蜂莲花超市自有品牌的意见和建议。

____

____

20. 请写出您对卜蜂莲花超市的意见和建议。

____

____

实施要求

1. 讨论案例。
2. 各项目小组参照范例针对所调研项目进行市场调查问卷设计。
3. 做好记录，完成阶段成果表。

任务评价

测试

自我测试

1. 理论知识测试

(1) 一份完整的调查问卷通常包括（　　）。

A. 标题　　　　B. 问卷说明
C. 被调查者的基本情况　　　　D. 调查内容
E. 调查的组织方式和方法

（2）下列说法正确的是（　　）。
A. 事实性问题是要求被调查者回答一些有关事实性的问题
B. 行为性问题是对回答者的行为特征进行调查
C. 动机性问题是了解被调查者行为的原因或动机
D. 态度性问题是关于对回答者的态度、评价、意见等

（3）下面关于顺位法说法正确的是（　　）。
A. 列出若干项目，由被调查者按重要性决定先后顺序
B. 一种是对全部答案排序
C. 一种是只对其中的某些答案排序，究竟采用何种方法，应由调查者来决定
D. 具体排列顺序，则由被调查者根据自己所喜欢的事物和认识事物的程度进行排序

2. 实践技能测试

（1）你是否能独立设计一份完整的市场调查问卷？
（2）你是否能够进行市场调查问卷的修改工作？

评价方法

1. 评价标准

（1）任务能否及时完成。
（2）任务完成的质量。
（3）团队的表现。

2. 评价表

项目小组评价和个人任务评价分别如表 2－6 与表 2－7 所示。

表 2－6　　项目小组评价 4

评分依据 组别	是否及时完成	质量	团队表现
第一组			
第二组			
第三组			
⋮			

表 2－7　　个人任务评价 4

评分依据／成员	个人具体分工		个人表现		
	承担任务的质量	个人记录	教师评分	组长评分	组员互评
成员一					
成员二					
⋮					

项目三

如何采集市场信息数据

学习目标

1. 掌握用抽样调查法采集数据的知识；
2. 掌握用文案调查法采集数据的知识；
3. 掌握用实地调查法采集数据的知识；
4. 掌握用网络调查法采集数据的知识。

技能培养

培养学生用抽样调查法、文案调查法、实地调查法、网络调查法采集市场信息数据的能力。

学习任务

任务五　用抽样调查法采集数据
任务六　用文案调查法采集数据
任务七　用实地调查法采集数据
任务八　用网络调查法采集数据

通过关于这四项任务的学习，学生将体验各种采集数据方法，走向市场，走进企业，走近消费者。学生将会有一种全新的体验，也许会享受到成功的喜悦，也许会承受困难和挫折，但这些经历将会使人成长，给人留下深刻的记忆。所以无论遇到什么情况，一定要勇往直前，学会和团队成员一起分享、一起承担，顺利完成任务。一起好好努力吧！

任务五　用抽样调查法采集数据

任务导入

学习情境

上次任务中，艾尚团队确定了调查问卷。可是消费者人数众多，要对全部消费者进行调查吗？如果不调查所有消费者，那选择多少消费者进行调查较为合适？本次任务就是用抽样调查法采集数据。

案例导入

居民对某新产品接受程度的抽样调查

为了了解普通居民对某种新产品的接受程度，厂商可以派调查员在一个城市中抽选1000户居民开展市场调查，在每户居民中，选择1名家庭成员作为受访者。

1. 总体抽样设计

由于一个城市中居民户数可能多达数百万，除了一些大型的市场研究机构和国家统计部门，大多数企业都不可能对这么多居民展开全面调查。这种情况决定了抽样设计只能采取多阶段抽选的方式。根据调查要求，抽样分为两个阶段进行，第一阶段是从全市的居委会名单中抽选出50个样本居委会，第二阶段是从每个样本居委会中抽选出20户居民。

2. 对居委会的抽选

在统计或者民政部门的帮助下，调查员可以获得一个城市的居委会名单。将居委会编号后，用计算机产生随机数的方法，可以简单地抽选出样本居委会。如果居委会名单中包括了居委会户数等资料，则调查员在抽选时可以采用不等概率抽选的方法。Probability Proportionate to Size Sampling（容量比例概率抽样法）是一种“自加权”的抽样方法，它保证了在不同规模的居委会均抽选20户样本的情况下，每户样本的代表性是相同的，使一个居委会被抽中的概率与居委会的户数规模成正比，从而可以直接对最终的结果进行平均计算。当然，如果资料不充分，无法使用该方法抽样，那么利用事后加权的方法，也可以对调查结果进行有效推断。

3. 在居委会中的抽样

在选定了样本居委会之后，可以使用居委会地图抽选20户居民。此时，需要派出一些抽样员到各居委会绘制居民的分布图，抽样员需要了解居委会的实际位置、实际覆盖范围，并计算每一幢楼中实际的居住户数。然后，抽样员根据样本量的要求，采用等距法或者其他方法，抽选出其中的若干户作为最终的样本户。

4. 确定受访者

访问员根据抽样员选定的样本户，进行入户访问。以谁为实际的被调查者，是抽样设计中最后一个问题。

如果调查内容涉及的是受访户的家庭情况，则对受访者的选择可以根据调查内容结合成员在家庭生活中的特点确定，例如，可以选择使用计算机最多的人、收入最高的人、实际负责购买决策的人，等等。

如果调查内容涉及的是个人行为，家庭中每一个人都可以作为被调查者，此时就需要进行第二轮抽样，因为如果任凭访问员人为确定受访者，最终受访者就可能会偏向某一类人，例如，家庭中比较好接触的老人、妇女等。

在家庭中进行第二轮抽样的方法是由美国著名抽样调查专家Leslie Kish发明的，一般称为KISH表法。访问员入户后，首先记录该户中所有符合调查条件的家庭成员的人数，并按年龄大小进行排序和编号。随后，访问员根据受访户的编号和家庭人口数的交叉点，在表中找到一个数，并将这个数所对应的家庭成员作为受访者。

上述案例是一个典型的两阶段入户调查的现场抽样设计，从设计的全过程可以看到，随机性原则分别在选择居委会、选择居民户和入户后选择受访者等环节中得到体现。在任何一个环节中，如果随机原则受到破坏，都有可能对调查结果造成无法估计的偏差。调查中的抽样设计是一个复杂的技术环节，非专业的研究人员对此问题需要给予特殊关注。

思考题：

1. 根据上述案例，分析抽样调查有哪些重要的意义？
2. 抽样调查的特点有哪些？

任务要求

具体任务：各小组根据小组研究的目的和特点选择合适的抽样方法，确定调查的样本。例如，卜蜂莲花超市自有品牌满意度调查项目小组本次的任务就是要确定如何抽样，即选择什么方法抽取样本。工作任务单如表3-1所示。

在市场调查中，由于不可能对所有的调查对象一一进行调查，研究人员一般会采用抽样调查的方法。

表 3－1　　工作任务单 5

项目	具体内容
项目名称	如何采集市场信息数据
任务名称	用抽样调查法采集数据
具体任务	项目小组针对调研项目利用抽样调查方法采集数据
时间要求	一周内确定抽样调查方法，三周内完成采集数据任务
工作步骤	• 各项目小组根据小组调查方案和问卷，选择合适的抽样调查方法，并选择合适的调查时间和调查方式：①确定调查总体；②建立抽样框；③选择样本；④选择抽样方法；⑤实施调查。要求小组成员分工合作，选择合适的抽样调查方法，最后填写过程、计划和阶段成果表 • 注意：本次任务主要完成抽样调查方法的确定，具体任务实施（发放问卷的时间和形式）可以和实地调查或网络调查相结合，时间可以适当延长 • 个人对该任务的学习进行总结，并且填写阶段性评价表
实施指南	参照该任务范例指导完成本次任务
工作场景	教室、机房、企业现场
工作成果	1. 小组会议记录表 2. 小组阶段性成果表 3. 个人阶段性成果表
评价标准	任务是否及时完成、团队表现如何、完成质量如何

任务分析

明确任务后，怎样进行抽样调查呢？抽样调查的含义是什么？抽样调查的程序是什么？抽样调查有哪些方法？

各小组该怎样完成本次的任务呢？这就必须进入下一个环节的学习。

任务学习

知识学习

抽样是常见的行为和方法，在日常生活和工作中人们都在自觉或不自觉地应用抽样方法。例如，在购买一些食品时，人们通常会先品尝一块，再决定买不买；医生通过抽取血液来了解病人的身体健康状况；商家抽取一部分消费者，了解其消费需求及偏好。通过抽样可以获取能够反映总体信息的样本，由此我们可以根据样本来估计总体的特征。

一、抽样调查的含义和特点

视频 抽样调查技术1

1. 抽样调查的含义

抽样调查是按照一定的方式，从调查总体中抽取部分样本进行调查，用所得的结果说明总体情况的调查方法。抽样调查实际上是一种专门组织的非全面调查，是现代市场调查中的重要组织形式，是目前国际上公认和普遍采用的科学的调查手段。

2. 抽样调查的特点

（1）从经济上说，抽样调查节约人力、物力和财力。例如，对某校学生学习情况进行调查，该校共有12100名学生，若对总体进行调查，需对12100名学生逐一展开调查，而采取抽样调查，仅需调查几百名学生就可以了。

（2）抽样调查更节省时间，收效更快。由于抽样调查仅对总体中的少量单位进行调查，故能十分迅速地得出调查结论。

（3）抽样调查具有较高的准确性。抽样调查是建立在统计基础上的科学方法，由专门人员调查，可确保获取的信息资料具有可靠性和准确性。

（4）通过抽样调查，可使资料收集的深度和广度都大大提高。

尽管抽样调查具有上述优点，但其存在着局限性。由于抽样调查的结论是从抽取的样本中获取的信息资料推断出来的，不可避免地会存在抽样误差。另外，如果抽取的样本数目不足，也会影响调查结果的准确性。此外，如果抽取的样本与总体存在较大差距，会影响到抽样结果的准确性。

二、抽样调查的程序

1. 确定调查总体

总体是根据调查计划的目的所规定调查的全部对象。如对徐州市的个体商业单位进行抽样调查，则徐州市所有的个体商业单位就构成了一个总体。在一项具体的调查项目中，调查对象必须是明确的而不能是模糊的。在抽样调查中，总体一般也是明确的。

2. 建立抽样框

抽样框是供抽样所用的所有调查单位的名单。抽样框可以有多种形式，常用的有企业名录、电话簿、人员名册等。抽样框也可以是一张地图。不管是什么形式，抽样框中的单位必须是有序的，便于编号。抽样框的编制，要根据所取得的总体单位的资料而定。在没有资料可供使用时，往往只能编出总体单位的名单清单或地段抽样框，若有资料，则可以编制高质量的有序抽样框。高质量的抽样框应当提供被调查单位更多的信息，并且没有重复和遗漏。抽样框就是所有总体单位的集合，是总体的数据目录或全部总体单位的名单。在抽样框中，应该对每个单位进行编号，并由此按一定随机化程序进行抽样。在抽样后，调查人员也可以根据抽样框上所提供的信息找到被选中的样本单位，从而实施调查。

理想的完整抽样框，应具备以下几个条件。

（1）包含尽可能多的样本单位，而且总体是清晰的、易确定的。

（2）所有样本单位出现在这一集合中的概率相等。

（3）有时可以按照一定原则方法进行人为假定。

抽样框有两种处理方法，一是根据抽样框重新界定总体，如抽样框是电话簿，则家庭成员总体可以被重新界定为列入电话簿中的那部分家庭的成员；二是筛选个体，可以依据人口统计特征、产品的使用习惯特征等筛选被调查者，剔除抽样框中不适当的个体。

3. 选择样本

样本是总体的一部分，由从总体中按一定原则和程序抽出的个体组成。因此，与总体一样，样本也是一个集合。抽样调查中调查的具体实施是针对样本而言的，针对一个总体能选取不同的样本。样本容量是指样本内所包含的单位数。根据调查的目的和要求，可在一定的概率保证下，确定样本的容量，使抽样误差被限制在允许的范围内。

样本容量是对于研究的总体而言的，在组织抽样调查时，抽样误差的大小直接影响样本指标代表性的大小，而必要的样本数是保证抽样误差不超过某一给定范围的重要因素之一。

确定样本容量的大小是比较复杂的，既要有定性的考虑也要有定量的考虑。考虑因素有决策的重要性、调研的性质、变量个数、数据分析的性质、同类研究中所用的样本量、发生率、完成率、资源限制等。具体来说，越重要的决策，越需要更多的信息和更准确的信息，需要较大的样本容量；探索性研究需要的样本容量一般较小，而结论性研究，如描述性的调查，则需要较大的样本容量；收集有关许多变量的数据，样本容量就要大一些，以减少抽样误差的累积效应；如果需要采用多元统计方法对数据进行复杂高级分析，则需要较大的样本容量；如果需要特别详细分析，如做许多分类等，也需要大样本容量。针对子样本分析不只限于对总样本分析，所需样本容量要大得多。

确定样本容量有相应的统计学公式，不同的抽样方法对应不同的公式。根据样本容量计算公式，样本容量的大小不是取决于总体的多少，而是取决于以下因素：①研究对象的变化程度；②所要求或允许的误差大小（精度要求）；③要求推断的置信程度。也就是说，当所研究的现象越复杂、差异越大时，样本容量要求越大；当要求的精度越高、可推断性要求越高时，样本容量越大。

4. 选择抽样方法

抽样调查法可分为随机抽样和非随机抽样两种方法。

（1）随机抽样。

随机抽样指在目标总体中不按任何规则抽取一定数量的个体作为样本，在随机抽样的条件下，每个个体是否被抽中完全凭概率，排除了个人的主观因素的抽样方法。随机抽样是从总体中按照随机原则抽取一部分单位，同时，抽取的样本可以大致上代表总体。而且，随机抽样能够计算调查结果的可靠程度，可通过概率推算值与实际值的差异，将抽样误差控制在一定范围。

（2）非随机抽样。

非随机抽样指在目标总体中按某种规则根据一定主观标准抽取一定数量的个体作为样本，总体中的个体不具有被平等抽取的机会。非随机抽样可以充分利用已有资料，选择较为典型的样本，使样本更好地代表总体。同时可以缩小抽样范围，节约调查时间、调查人员和调查费用。当然，对于非随机抽样，由于样本被抽取的概率不一样，概率值的大小不清楚，无法借助概率计算推算值与实际值的差异，无法判断其误差，会影响调查结果的准确性。

随机抽样比较适合结论性调研，因为结论性调研为了保证结论（描述性结论或因果性结论）的严谨性，需要较精确地估计抽样误差，需要较大的样本，操作上应具备严格性。非随机抽样调查更适合探索性调研，因为探索性调研为了更快探明问题的原因和大胆地提出方案假设，需要灵活、小样本容量调查，而不必过多计较调查误差。事实上，调查误差可以通过方案评估过程中进行的结论性调研进行修正。

如果进行真正意义上的非随机抽样，如对人口进行配额抽样调研，结果通常是有效的。但是，由于其严格的要求，对大多数实际应用情况来讲，其成本太高，也太耗时。因此，必须对特定调研的抽样方法予以认真说明，给出其可接受的理由及提供精确数据的可能性。

5. 实施调查

实施调查就是对选中的样本进行调查，以取得第一手资料。

三、随机抽样调查技术

视频　抽样调查技术 2

随机抽样调查技术有简单随机抽样、等距随机抽样、整群随机抽样、分层随机抽样和多阶段随机抽样等。

1. 简单随机抽样

简单随机抽样也叫单纯随机抽样，是随机抽样调查中最简单的。其他抽样调查技术都是以简单随机抽样为基础发展起来的。简单随机抽样是不加任何分组、排序等，从总体中完全随机地抽取调查单位。它一般应用于调研总体中各个体之间差异程度较小的情况，或者调研对象不明，难以分组的情况。简单随机抽样可采用抽签法或查阅随机数表的方法得到样本。

（1）抽签法。

抽签法具体操作是先将调查总体中的个体编上号码，然后将号码写在卡片上搅拌均匀，任意从中选取，抽到一个号码，就选上对应个体，直到抽够预先规定的样本数目为止。此方法适用于调查总体中的个体数目较少的情况。

（2）随机数表法。

随机数表法也称乱数表法，其使用含有一系列级别的随机数字的表格，一般利用特制的摇码设备摇出随机数字，也可以用电子设备自动产生随机数字。另外，许多书刊上会提供一些随机数表，调查时可以根据需要选用。

2. 等距随机抽样

等距随机抽样也叫机械抽样或系统抽样，是先在总体中按一定标志把个体顺序排列，并根据总体单位数和样本容量计算出抽样距离（相同的间隔），然后按抽样距离选样本单位。排列顺序可用与调查项目有关的标志为依据，如在购买力调查中，按收入多少由低到高排列，也可用与调查项目无关的标志为依据，如按户口册、姓氏笔画排列。

抽样间隔计算公式：

$$抽样间隔 = 总体数（N）\div 样本容量（n）$$

例如，欲从 110 家企业中采用等距随机抽样选 11 家进行调查，可以先对 110 家企业从 1～110 进行编号，确定抽样间隔为 110/11 = 10（家）。随机抽出的起抽号为 2 号，则所抽的样本是编号为 2、12、22、32、42、52、62、72、82、92、102 的 11 家企业。

等距随机抽样与简单随机抽样的区别在于，可使中选单位比较均匀地分布在全部总体中，尤其当被研究现象的标志值的变异程度较大，而在实际工作中又不可能抽选更多的样本单位时更为有效。等距随机抽样在市场调查中应用最广。等距随机抽样有一定的局限性，具体表现在以下几点：第一，运用等距随机抽样的前提是具备总体每个单位的有关资料，特别是按有关标志排队时，往往要有较为详细、具体的资料，准备资料是一项复杂和细致的工作；第二，当抽选间隔和被调查对象本身的节奏性重合时，就会影响调查的精度，如对某商场每周的商品销售量情况进行抽样调查，抽取的第一个样本是周末销售量，若抽样间隔为七天，那么抽取的样本都是周末销售量，而往往周末商品销售量最大，这样就会发生系统性偏差，从而影响等距抽样的代表性。

3. 整群随机抽样

在实际工作中，为了便于调查，节省人力和时间，往往是批量抽取样本，每抽一批时，把其中所有单位全部加以登记，以此来推断总体的一般情况，这就是整群随机抽样。整群随机抽样的优点是组织工作比较方便，确定一组就可以抽出许多单位进行观察。但是，以群体为单位进行抽选，抽选单位比较集中，明显地影响了样本分布的均衡性。因此，整群随机抽样与其他抽样相比，在抽样单位数目相同的条件下，抽样误差较大，代表性较弱，在抽样调查实践中，采用整群随机抽样一般都要比采取其他抽样抽选更多的单位，以降低抽样误差，提高抽样结果的准确程度。

当然，整群随机抽样的可靠程度主要还是取决于群与群之间的差异的大小，各群体间差异越小，整群随机抽样的调查结果就越准确。因此，在大规模的市场调查中，当群体内各单位间的误差较大，而各群体之间的差异较小时，适合采用整群随机抽样。

4. 分层随机抽样

分层随机抽样在市场调查中采用较多，是在总体单位中先按照调查对象特征标识相关的标志进行分层（组），然后在各层（组）中采用简单随机抽样等，确定所要抽取的单位。分层时要注意各层之间要有明显的差异，以免混淆。各层中的单位数和比例应明确；分层的数目不宜太多，每层内个体应保持一致性等。只有这样，才能使抽取的样本反映该层的特征，提高样本的代表性，减少抽样误差。

分层随机抽样有两种形式。

第一种是等比例分层随机抽样。即按各个层（或各个组、各类型）中的单位数量占总体单位数量的比例分配样本数量。

例如，某地共有居民 20000 户，按经济收入高低进行分层，其中，高收入的居民为 4000 户，占总体的 20%；中收入为 12000 户，占总体的 60%；低收入为 4000 户，占总体的 20%。从中抽取 200 户进行购买力调查，则各层应抽取的样本单位数为：

$$\text{高收入的样本单位数} = 4000 \div 20000 \times 200 = 40\ (\text{户})$$

$$\text{中收入的样本单位数} = 12000 \div 20000 \times 200 = 120\ (\text{户})$$

$$\text{低收入的样本单位数} = 4000 \div 20000 \times 200 = 40\ (\text{户})$$

等比例分层随机抽样简便易行，分配合理，计算方便，适用于各类型之间差异不大的分层随机抽样。如果各类型之间差异过大，则应采用非等比例分层随机抽样。

第二种是非等比例分层随机抽样。它不是按各层中单位数占总体的比例分配样本单位，而是根据各层的变异数大小、抽取样本的工作量和费用大小等因素决定各层的样本抽取情况，即有的层可多抽些样本个体，有的层可少抽些样本个体。其大多适用于各类总体的个体相差悬殊或均方差较大的情况。在调研个体相差悬殊的情况下，如按等比例抽样，可能导致在总体个数少的类型中抽取样本个数过少，造成代表性不足的问题，此时可适当放宽，多抽些样本；同样，对均方差较大的情况，也可多抽些样本个数，这样可起到平衡均方差的作用。但是，在调查前，了解各层标志变异的大小是比较困难的。

分层随机抽样实质上是把科学分组和抽样原理结合起来，前者能划分出性质比较接近的各组，以减少标志值之间的变异程度；后者按照随机原则可以保证大多数法则正确运用。因此，分层随机抽样一般比简单随机抽样更为精确，能够通过对较少的抽样个体的调查，得到比较准确的推断结果，特别是当总体数目较大、内部结构复杂时，分层随机抽样常常能取得令人满意的效果。

5. 多阶段随机抽样

前面所述的抽样，从总体中进行一次抽样就可产生一个完整的样本。但在实际工作中，总体包括的单位很多，而且分布很广，要通过一次抽样抽选出完整样本是很困难的。在这种情况下，可将整个抽样过程分成若干个阶段，然后逐阶段进行抽样，以完成整个抽样过程。这称为多阶段随机抽样。例如，对我国农产量进行抽样调查可以分为以下几个阶段。第一阶段是从省抽县；第二阶段是从县抽乡；第三阶段是从乡抽村，再从村抽地块，最后从地块抽具体的样本点，并以样本点测量的实际资料来推算平均亩产和总产。世界上许多大规模的抽样调查，都是采用多阶段随机抽样，但因调查对象的性质和具体要求有所不同，划分抽样阶段也有差别。多阶段随机抽样一般划分为两个或三个阶段，至多四个阶段。

在多阶段随机抽样中，前几个阶段的抽样都类似于整群随机抽样。每个阶段都会存在抽样误差。各阶段可用同一种抽样方式，也可用不同的抽样方式，要视具体的情况和要求而定。

四、非随机抽样调查技术

非随机抽样（调查）是指抽样时不遵循随机原则，而是按照调查人员主观设立的某个标准抽选样本。在市场调查中，采用非随机抽样通常是出于以下几个原因。第一，客观条件限制，无法进行随机抽样；第二，想快速获得调查结果，提高调查的时效性；第三，调查对象不确定或无法确定，如对某一突发（偶然）事件进行现场调查等；第四，总体各单位间离散程度不大且调查人员具有丰富的调查经验。非随机抽样（调查）的方式主要为任意抽样、判断抽样、配额抽样、固定样本连续调查和滚雪球抽样。

1. 任意抽样

任意抽样又称便利抽样，是根据调查者方便与否来抽取样本。“街头拦人法”和“空间抽样法”是任意抽样的两种常见的方法。“街头拦人法”是在街上或路口任意找某个行人，将其作为被调查者，对其进行调查，如在街头向行人询问其对市场物价的看法，请行人填写某问卷等。“空间抽样法”针对非静止的空间内某一聚集的人群，从不同方位对他们进行抽样调查，如在商场内向顾客询问对商场服务质量的意见，在劳务市场调查外来务工人员打工情况等。

任意抽样简便易行，能及时取得所需的信息资料，省时、省力、节约经费，但抽样偏差较大，一般用于非正式的探测性调查，只有在调查总体各单位之间的差异不大时，抽取的样本才具有较高的代表性。但是在实践中并非总体中每一个体都是相同的，所以抽样结果偏差较大，可信度较低，它的样本没有足够的代表性，故在正式市场调查时，很少采用任意抽样。

2. 判断抽样

判断抽样又称目的抽样，它是凭调查人员的主观意愿，从总体中选择具有代表性的样本作为调查对象。判断抽样选取样本单位一般有两种方法，一种是选择最能代表普遍情况的调查对象，常以“平均型”或“多数型”为标准。所谓的平均型，是指在调查总体中，选定的样本可以代表平均水平，其目的是了解总体水平的大体位置；所谓的多数型就是在调查总体中选择能够反映大多数单位情况的个体为样本。而另一种是以“极端型”为标准，它较为特殊，指选择很好（高）或很差（低）的典型单位为样本，目的是分析研究造成这种异常的原因。

判断抽样在样本规模小及样本不易分门别类挑选时有较大的优越性。但由于其精确性依赖于调查者对调查对象的了解程度、判断水平和对结果的解释情况，判断抽样结果的客观性常受到人们的怀疑。

3. 配额抽样

配额抽样是非随机抽样中最流行的一种，配额抽样时，应将总体中的所有单位按其属性、特征分类。这些属性、特征被称为控制特性。例如市场调查中消费者的性别、年龄、收入、职业、文化程度等。然后，按各个控制特性分配样本数额，并在规定数额内由调查人员任意抽选样本。

配额抽样与分层随机抽样有相似之处，都是事先对总体所有单位按某种标准分层，将样本分配到各层中，但它们也有明显的区别。在配额抽样中，样本的抽取不是随机的，调查人员可以根据主观判断或方便原则抽取样本，所以配额抽样属于非随机抽样。分层随机抽样是按随机原则在各层中抽取样本，所以分层随机抽样属于随机抽样。

配额抽样与判断抽样也有区别。一是抽取样本的方式不同。配额抽样是分别从总体的各控制特性集合（各层）中抽取若干个样本，而判断抽样是从总体的某一层次中抽取若干个符合条件的典型样本。二是抽样要求不同。配额抽样注重“量”的分配，而判断抽样注重“质”的分配。三是抽样方法不同。配额抽样的方法复杂精密，判断抽样的方法简单易行。为了确保配额抽样顺利进行，需要事先设计好配额抽样控制表。配额抽样具体可以分为独立控制配额抽样和交叉控制配额抽样两类。

配额抽样的具体实施步骤如下。

第一，选择对总体进行分类的标准，即控制特性；

第二，按控制特性将总体分为若干个群体；

第三，将总的样本数在各个群体中进行分配，确定各群体中的样本数；

第四，按配额在各个群体中选定样本。

4. 固定样本连续调查

固定样本连续调查是指在随机抽样的基础上，对抽取的家庭或个人进行长时间追踪调查。这种方法在把握整个市场的变化、各种品牌的市场占有率、品牌转移状况、产品需求的季节性变化等方面有极为重要的意义。固定样本连续调查最主要的特点表现为资料的累积性，也就是说，能够从动态的角度了解和掌握样本对各种产品的需求及变动的趋势。例如，想要研究消费者的牙膏消费量和品牌忠诚度，可以分析被抽选家庭各时段购买牙膏的数量和品牌记录，得出牙膏购买量情况以及品牌转换情况。

（1）选择样本。

固定样本连续调查在制订调研方案时就要考虑如何选择样本，只有正确抽选样本，才可能通过样本的数据推断总体的情况。抽取样本应按照随机原则进行，确保每个样本被抽到的可能性一致。实际上，为了考虑到被抽到的样本拒绝、无响应等问题，最终要抽取的样本量会比计算的多一些，在经费有保证的情况下，这个量还要稍微大些。

（2）确认样本。

被抽选的样本最终是否能配合完成调查，还需要调研人员与其沟通后确认。确认过程中很重要的是运用正确的公关方法，并通过合同方式确保双方能够圆满合作。

（3）留填问卷。

绝大多数的固定样本连续调查是通过留填问卷的方式进行的，也就是调研人员将调查问卷留给被调查者去完成。过一段时间，调查人员返回收取完成的问卷。在收取时，调查人员应特别注意检查问卷有无差错，以便能够及早更正。

（4）样本轮换。

由于固定样本连续调查是长期跟踪调查，因多种原因，样本有需要更换的可能。比如，原先选中的样本离开了调查所在地，或者不愿再配合。又如，调查总体的结构发生了变化，为保证推断的有效性需要更换样本。但是，为了保证研究的可比性，样本轮换应遵循样本结构与总体结构一致的原则。每年应按一定比例轮换，每次更换的样本和新入选的样本应具有相同或相近的特征。

5. 滚雪球抽样

滚雪球抽样是调查人员先通过少数可以由自己确定的样本单位进行调查，再由这些样本单位提供其他同类单位，如此进行下去，像滚雪球一样越滚越大，直到发展到调查完所需要的样本单位数为止。

滚雪球抽样的运用条件是调查总体的各单位之间有一定的联系，否则难以往下滚动。滚雪球抽样通常是在对调查总体难以把握的情况下进行，往往应用于某些特殊消费群体的调查，如应用于调查保健器材的使用情况。

知识拓展

抽样估计与抽样误差

一、抽样估计

抽样估计（Sampling Estimation）又称抽样推断，也称参数估计，是在抽样调查的基础上所进行的数据推测，即用抽样调查所得到的一部分单位的数量特征来估计和推算总体的数量特征。抽样估计是对总体进行描述的一种重要方法，具有花费小、适用性强、科学性高等特点。因此，国内外在许多领域都广泛地运用抽样估计来分析统计资料。

抽样估计可以分为点估计和区间估计两种。点估计又称定值估计，就是用实际样本指标数值作为总体参数的估计值。点估计的方法简单，一般不考虑抽样误差和可靠程度，适用于对推断准确程度与可靠程度要求不高的情况。区间估计就是根据样本指标、抽样误差和概率保证程度去推断总体参数的可能范围。在统计实践中，通常用一个区间及其出现的概率来估计总体参数，并以一定的概率保证总体参数包含在估计区间。区间估计是较常用的抽样估计。进行区间估计要完成两个方面的估计：其一，根据样本指标和抽样平均误差估计总体指标的可能范围；其二，估计推断总体指标真实值在这个范围的可靠程度。

抽样估计运用的是归纳推理方法和概率原理，抽样估计的结论存在一定的抽样误差。

二、抽样误差

在抽样检查中，用样本指标代替全体指标所产生的误差可以分为两种：一种是由于主观因素破坏了随机原则而产生的误差，称为系统性误差；另一种是抽样的随机性引起的偶然的代表性误差。抽样误差仅仅是指后一种偶然的代表性误差，而不是指前一种系统性误差。

总体来说，抽样误差是指样本指标与全体指标之间的绝对误差。在进行抽样调查时不可避免会产生抽样误差，因为从总体中随机抽取的样本，其结构不可能和总体完全一致。虽然抽样误差不可避免，但可以运用大数定律的数学公式加以精确计算，确定它具体的数量界限，并可通过抽样设计对此加以控制。

抽样平均误差是反映抽样误差一般水平的指标，它的实质含义是指抽样平均数

（或成数）的标准差，反映了抽样指标与总体指标的平均误差程度。抽样平均误差的作用首先表现在它能够说明样本指标代表性的高低。平均误差大，说明样本指标对总体指标的代表性低；反之则高。抽样极限误差是指样本指标与总体指标之间的误差范围，抽样极限指标小则说明样本指标对总体指标的代表性高。平均误差说明了样本指标与总体指标差别的一般范围。这个范围实际上就是抽样极限误差。

任务实施

实施范例指导

卜蜂莲花超市自有品牌满意度抽样调查

调研项目：卜蜂莲花超市自有品牌满意度调查研究。

具体任务：卜蜂莲花超市自有品牌满意度抽样调查。

1. 确定调查总体

调查总体就是超市所有的消费者，主要包括附近小区的居民、附近学校师生以及附近企事业单位的职工。

2. 建立抽样框

南二堡、管道公寓、康乐园、铜山区税务局、师大公寓、师范学校、师大、建筑学院、管道二公司、矿大、民富园、金狮小区、干休所、九七医院、王杰医院、圆梦花园、铁路医院、民馨园、西苑、西苑商场、民安园、段南新村、湖滨新村、纺南小区、望湖大厦、银湖小区、东华园小区、金狮小区、民富园、铁五小、黄山新村、骆驼山桥、铁路二九（二七）宿舍、铁路医院、碧螺山庄、桃园小区、金山花园、金泰小区、鼓楼花园、荆南小区、华夏花园、王场新村、惠民花园等。

3. 选择样本

从经常光顾卜蜂莲花超市的附近小区的居民、附近学校师生以及附近企事业单位的职工中抽取一部分消费者作为样本。

4. 选择抽样方法

因为消费者太多，为了缩小抽样范围，节约调查时间和调查费用，减少调查人员。本次调查采用非随机抽样。为确保样本的代表性，地点选择在徐州卜蜂莲花超市，时间选择在人流量大的星期六、星期日，连续三周，总计调查了该超市 120 位顾客。

5. 实施调查

实施调查就是对选中的样本进行调查，取得一手资料。

实施要求

1. 实训练习。如果要在学校内进行学生学习情况的调查，该如何进行抽样？
2. 各项目小组参照范例针对所调研项目进行抽样方法的选择。
3. 做好记录，完成阶段成果表。

任务评价

自我测试

测试

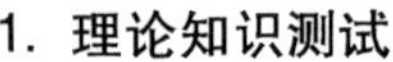

1. 理论知识测试

（1）抽样调查的特点包括（　　）。

A. 抽样调查节约人力、物力和财力

B. 抽样调查更节省时间，收效更快

C. 抽样调查具有较强的准确性

D. 可使资料收集的深度和广度都大大提高

（2）在实际工作中，为了便于调查，节省人力和时间，往往是批量抽取样本，每抽中一批时，登记其中所有单位，以此来推断总体的一般情况，这种抽样称为（　　）

A. 简单随机抽样　B. 分层抽样　C. 整群随机抽样　D. 多阶段抽样

（3）凭调查人员的主观意愿，从总体中选择具有代表性的样本作为调查对象的一种抽样方法是（　　）。

A. 任意抽样　B. 判断抽样　C. 滚雪球抽样　D. 配额抽样

2. 实践技能测试

（1）你在进行抽样调查任务过程中有哪些深刻的体验？

（2）你是否能够圆满完成项目小组交付给你的抽样调查任务？

评价方法

1. 评价标准

（1）任务能否及时完成。

（2）任务完成的质量。

（3）团队的表现。

2. 评价表

项目小组评价和个人任务评价分别如表3－2与表3－3所示。

表3－2　项目小组评价5

评分依据 组别	是否及时完成	质量	团队表现
第一组			
第二组			
第三组			
⋮			

表3－3　个人任务评价5

评分依据 成员	个人具体分工		个人表现		
	承担任务的质量	个人记录	教师评分	组长评分	组员互评
成员一					
成员二					
⋮					

任务六　用文案调查法采集数据

任务导入

学习情境

之前，艾尚团队进行了抽样设计，选择了抽样方法。但是如果还想进一步了解老字号、新媒体推广等相关研究现状，该用什么办法查找到相关资料呢?

任务要求

具体任务：各小组根据调研目的利用文案调查法获取相关的市场信息数据。例如，要做徐州市卜蜂莲花超市自有品牌满意度的调查，可以利用文案调查法采集卜蜂莲花超市的营销环境、行业情况、竞争对手情况以及企业经营情况等相关信息。

文案调查法采集的是二手资料。一般市场调查往往在采集一手资料数据之前，要利用文案调查法采集的二手资料评估现状。工作任务单如表3－4所示。

表3－4 工作任务单6

项目	具体内容
项目名称	如何采集市场信息数据
任务名称	用文案调查法采集数据
具体任务	项目小组针对调研项目利用文案调查法采集数据
时间要求	一周内确定文案调查方法，两周内完成采集数据任务
工作步骤	• 各项目小组根据调查方案和问卷，利用文案调查法采集相关数据：①确定调查主要内容；②拟订调查计划；③搜集资料；④过滤资料；⑤资料整理 • 要求小组成员分工合作，完成文案调查任务，最后填写过程、计划和阶段成果表 • 个人对该任务的学习进行总结，并且填写阶段性评价表
实施指南	参照该任务范例指导完成本次任务
工作场景	教室、机房、企业现场
工作成果	1. 小组会议记录表 2. 小组阶段性成果表 3. 个人阶段性成果表
评价标准	任务是否及时完成、团队表现如何、完成质量如何

任务分析

要完成任务，就必须了解什么是文案调查法，文案调查法的基本要求有哪些，文案调查的渠道有哪些，如何应用文案调查法；要很好地完成任务，就必须进入理论学习环节。

任务学习

视频 文案调查法

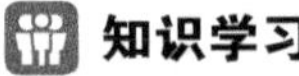

知识学习

一、文案调查法的含义和特点

文案调查指通过搜集各种历史和现实的资料，从中摘取与调查有关的信息，并对信息进行分析的调查方法，也叫间接调查法、资料分析法或室内研究法。

与实地调查相比，文案调查有以下几个特点。

第一，文案调查是收集已经加工过的文案，而不是收集原始资料。

第二，文案调查以收集文献性信息为主，具体表现为收集各种文献资料。

第三，文案调查所收集的资料包括动态和静态两个方面，尤其偏重于从动态角度，收集各种反映调查对象变化的历史与现实资料。

二、文案调查的渠道

文案调查应围绕调查目的，收集一切可以利用的现有资料。从一般线索到特殊线索，这是每个调查人员收集情报的必由之路。当着手正式调查时，调查人员寻找的第一类资料应为总体概况类，包括基本特征、一般结构、发展趋势等，随着调研的深入，资料的详细程度会越来越深，这个原则也适用于寻找具体事实的调研活动。

1. 内部资料的收集

内部资料的收集主要是收集调查对象活动的各种记录，主要包括以下四种。

（1）业务资料，包括与调查对象活动有关的各种资料，如订货单、进货单、发货单、合同文本、发票、销售记录、业务员访问报告等。通过对这些资料的了解和分析，可以掌握企业所生产和经营的商品的供应情况，了解不同地区、用户的需求变化情况。

（2）统计资料，主要包括各类报表，企业生产、销售、库存等各种数据资料，各类分析资料等。企业统计资料是研究企业经营活动数量特征及规律的重要定量依据，也是企业进行预测和决策的基础。

（3）财务资料，是由企业财务部门提供的各种财务、会计核算和分析资料，包括生产成本、销售成本、各种商品价格及经营利润等。财务资料反映了企业活劳动和物化劳动占用和消耗情况及所取得的经济效益，通过对这些资料的研究，可以确定企业的发展背景，考核企业经济效益。

（4）企业积累的其他资料，如平时的剪报、各种调研报告、经验总结、顾客意见和建议、同业卷宗及有关照片和录像等。这些资料都对调查有着一定的参考作用。例如，根据顾客对企业经营、商品质量和售后服务的意见，可以进行改进。

2. 外部资料的收集

对于外部资料，可以从以下几个主要渠道获取。

（1）统计部门以及各级、各类政府主管部门公布的有关资料。国家统计局和各地方统计局会定期发布统计公报等信息，并定期出版各类统计年鉴，内容包括人口数量、国民收入、居民购买力水平等，这些均是很有权威和价值的信息。此外，财政、工商、税务等各主管部门和职能部门，也都设有各种调查机构，定期或不定期地公布有关政策、法规、价格和市场供求等信息。这些信息具有综合性强、辐射面广的特点。

（2）各种经济信息中心、专业信息咨询机构、各行业协会和联合会提供的信息和有关行业情报。这些机构的信息系统化，资料齐全，信息灵敏度高，为了满足各类用户的需要，它们通常还提供资料的购买、咨询、检索和定向服务，是获取资料的重要来源。

（3）国内外有关的书籍、报纸、杂志所提供的文献资料，包括各种统计资料、广告资料、市场行情和各种预测资料等。

（4）有关生产和经营机构提供的商品目录、广告说明书、专利资料及商品价目表等。各地电台、电视台提供的有关信息。近年来，全国各地的电台和电视台为适应形势发展的需要，都相继开设了各种专题节目。

（5）各种国际组织、学会团体、外国使馆、商务会所提供的信息。

（6）国内外各种博览会、展销会、交易会、订货会等促销会议以及专业性、学术性经验交流会议上所发放的文件和材料。

3. 互联网资料的收集

互联网，是将世界各地的计算机联系在一起的网络，是获取信息的工具，对任何调查而言，互联网都是最重要的信息来源。互联网上的原始电子信息比其他任何形式存在的信息都更多，这些电子信息里面，有很多内容是调查所需要的。

（1）一般网页查询。

由于互联网发布信息容易，许多机构在互联网上公布大量的信息，因此调查工作可通过网页查询开始，如了解其产品种类的增减；通过查询其新闻发布内容，可以知道是否有新政策或新业务；点击一下招聘专栏，可以了解企业正在招聘哪些职位。

虽然在互联网上发现的东西许多是暗示性的和零散的，但这些东西可能揭示最后的答案。

通过互联网获取信息也有很多缺点，许多信息是没有用的，可能存在不准确、不完全的问题，还有许多信息过于陈旧。因此在多数情况下，要获得最新的信息还要依靠人际交流。因此，在调查中，互联网的主要作用是复查，用于证实一些事实，为获得更好的信息源提供启示。利用互联网调查最根本的目的不是发现重要信息，而是发现有关重要信息的线索。这些线索包括联系方式、研究文章、人员信息等。

（2）数据库查询。

数据库是信息收集的工具之一，是由计算机储存、记录、编制索引的信息资源，其功能相当于数字化参考书。电子数据库可以搜索到任何储存过的东西，电脑程序会根据输入的标题、作者、摘要和索引等在整个数据库档案里查找调查人员提出的单词。数据库不需要固定的索引，事实上文献数据库允许以任何条件查找。只要输入指令，计算机程序就会主动做其余的工作。如果该条件在数据库内存在，程序会找出所有包含该条件的记录。利用计算机化的索引作为研究工具，几乎获得了查找所需信息的无限能力。

数据库可以分为两类。一类是文字性的，另一类是数据性的。文字性的数据库包括来自报纸、杂志、电视或广播电台节目的文字、新闻稿、政府报告等，这些大多是二级信息，但其中也有一些一级信息。数据性的数据库包括专利、财经信息、广告、股票交易信息，这些信息都是未经过滤的、原始的，这些主要是一级信息，但也有一些二级信息。

许多服务公司，如我国的万方公司，会向客户提供最热门的数据库。许多数据库可通过购买得到，调查者很容易查询到数据信息，这些数据能帮助调查者增加对调查对象的历史背景的了解。

虽然数据库容易被查询，但它也有很多缺点。库中的信息不一定是最新信息。如果需要得到最新信息，数据库不一定是最好的信息源。有些数据库的信息常常是一个月甚至一年前的。因此，通过数据库获取的信息需要注意如下问题。

①日期。一篇文章出现在数据库中时，文章中的原始资料和信息可能有一年多了。当作者往杂志社，特别是学术杂志社投稿时，稿件可能需要 6 个月才能登出来。在数据库编写人员收到杂志后，又需要 1～2 个月的时间将文章录入数据库。

②数据库的选择。即使数据库声明其收录的文章来自某一杂志，也要谨慎，鉴别其真实性。

③收录重点。当不同的期刊和报纸刊登同类型的新闻文章时，数据库人员往往只选其中一篇录入，结果可能造成信息损失。由于不同记者的信息来源不同，因此所提供的信息自然有差异。

④更新周期的缺陷。这种情况常出现在财务导向的数据库里。如某个数据库每月更新一次，一个公司的月度财务报告在每月数据库更新的前一周截止，那么，数据库不会反映公司随后的最新财务信息，直到下月。需要最新信息的研究人员不能依靠这种数据库得到最新的报告。

三、文案调查法的步骤

1. 确定调查的目的及主要内容

明确市场调查的目的，厘清调查的主要内容。通常调查目的有以下几种。

（1）市场环境及产业状况研究。

①社会变动情况分析。

②经济变化分析。

③技术进展，导致市场机会或威胁增加。

（2）市场研究。

①市场潜在消费容量分析。

②市场习性及特征调查。

③市场竞争情况调查。

④消费者购买行为研究。

（3）企业行销策略评估。

①产品研究。

②行销通路研究。

③商品促销研究及广告研究。

④产品定价研究。

2. 拟定周详的调查计划

（1）详列各种调查内容并排列优先级。

（2）详列各种可能使用之资料及其来源。

（3）预计使用时间及最后完成日期等。

3. 查明可利用的数据文件的内容及其资料来源，积极、主动地展开资料收集

应从各种可能供应资料来源处所，按照其索引寻找可供利用资料和档案，必要时可采取主动函索资料。

（1）数据文件的来源：企业内部档案、书籍杂志及报社、图书馆、数据库。

（2）搜集资料基本方法：从一般性相关资料收集，逐步延伸至专门性资料收集；先求相关资料数量充足，再求品质完美。

4. 过滤资料，评估资料适用性并做必要摘要

过滤资料的目的是排除不可靠的资料及不必要的资料，将资料整理成一致的形式，以便进一步分析之用。

5. 资料调整、衔接及融会贯通

文案调查通常使用两种以上的文书档案，各种资料之间或有中断矛盾现象，或有互补作用；此时调查人员要加以调整、衔接及融会贯通，以增加调查内容及充实内涵。

知识拓展

定性调查

定性调查是指从定性的角度，对所研究的对象进行科学抽象、理论分析、概念认识等，而不对研究对象进行量的测定。

（1）焦点小组。

焦点小组（Focus Group）是近年来新发展的用来进行定性研究的重要手段。做法是选取一组（8~12 人）具有代表性的观察对象，在一个装有单向镜或录音录像设备的房间里，在主持人的组织下，就某个专题进行讨论，从而获得全部观察对象（总体）的特征，为进一步的定量调查奠定基础。应用范围包括：消费者使用态度测试、产品测试、概念测试、媒体研究等。

（2）深度访谈法。

深度访谈（In-depth Interview）是一种无结构的、直接的、一对一的访问形式。访问过程中，由掌握高级访谈技巧的调查员对调查对象进行深入的访问，用以揭示其对某一问题的潜在动机、态度和情感，常应用于探测性调查。应用范围包括：详细了解复杂行为、敏感话题或对企业高层、专家、政府官员的访问。

（3）专家意见法。

也称德尔菲法，是采用函询或现场深度访问的方式，反复征求专家意见，经过客观分析和多次征询，逐步使各种不同意见趋于一致。一般要通过几轮征询，才能达到目的。

（4）投影技法。

投影技法（PTM）旨在通过一种无结构、非直接的询问方式，激励被访者将他们所关心的潜在动机、态度和情感反馈给研究员。友邦顾问公司的统计专家与心理学家已将 PTM 调查发展为以下四种解决方案。

联想技法：在被调查者面前设置某一刺激物，然后了解其最初的联想事物，最常用的为词语联想法。

完成技法：给出一种不完全的刺激场景，由被调查者来完成，常用的有句子完成法和故事完成法。

结构技法：最常用的是主题幻觉法（Thematic Apperception Test），让被访者看一些内容模糊、意义模棱两可的图画，然后要求其根据图画编一段故事并加以解释，通过被访者的解释，了解其性格和态度及潜在需求。

表现技法：给被访者提供一种文字或形象化的情景，请他们将其他人的态度和情感与该情景联系起来，具体方法有角色扮演法和第三者技法。

实施范例指导

如何应用文案调查法

调研项目：卜蜂莲花超市自有品牌满意度调查研究。

具体任务：用文案调查法收集卜蜂莲花超市自有品牌满意度资料。

1. 卜蜂莲花超市自有品牌内部业务资料收集

卜蜂莲花早在 1999 年就开始推出自有品牌，旨在吸引消费者，为消费者提供性价比更高的商品，目前自有品牌数量已超过500余种。卜蜂莲花旗下的自有品牌包括卜蜂莲花、优选、泉信、珍仕、好脉、衡美、新鲜快车等系列，产品品种跨越食品、日用品、家电和服装等品类，具有以下主要特点。

（1）品质优异——追求一流的质量，制定严格的标准，为消费者创造更好的生活品质。

（2）品种丰富——包括食品、日用品、家电和服装等500多种产品。

（3）物超所值——节省广告和流通环节的费用，打造让消费者感觉心动的最低价格，让消费者体验超值的产品。

（4）厂商可靠——选择与知名的厂商合作，并全程监控生产过程。

2. 卜蜂莲花超市自有品牌质量控制内部资料收集

卜蜂莲花超市推出五层质量控制体系来确保对自有品牌商品质量的全程监控，如图3－1所示。

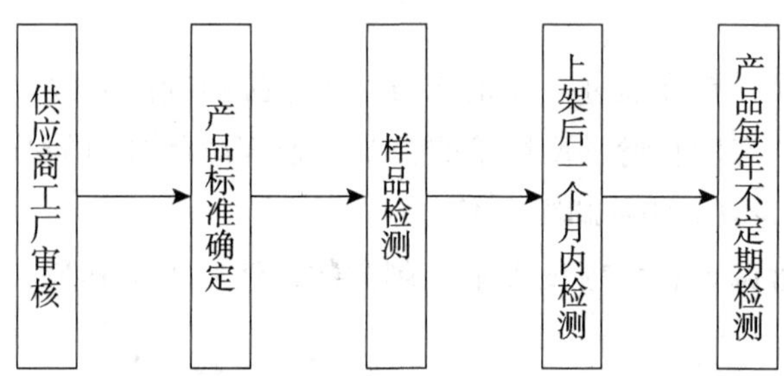

图3－1 卜蜂莲花超市自有品牌五层质量控制体系

（1）供应商工厂审核。卜蜂莲花对供应商工厂进行严格的资质审核和现场审核，工厂必须具备规定的生产资质，如卫生许可证、3C认证（中国强制性商品认证）、QS认证（质量安全）等；此外，工厂质量管理体系必须达到卜蜂莲花超市的审核标准，参照HACCP认证（危害分析的临界控制点）、ISO国际质量体系审核标准；卜蜂莲花超市倾向于选择那些具有良好信誉的大型知名企业作为供应商来确保产品的质量，卜蜂莲花超市自有品牌供应商如表3－5所示。

表3－5 卜蜂莲花超市自有品牌供应商

供应商	卜蜂莲花超市自有品牌
统一企业	卜蜂莲花果汁饮料
亚太酿造	泉信啤酒
正大茶叶	卜蜂莲花茶叶
旺旺	卜蜂莲花雪饼
维维乳业	卜蜂莲花牛奶

（2）产品标准确定。卜蜂莲花超市选择高档次高级别的产品，卜蜂莲花超市自有

品牌产品标准如表 3 -6 所示。

表 3 -6　　卜蜂莲花超市自有品牌产品标准

卜蜂莲花超市自有品牌	产品标准
泉信啤酒	符合 GB 4927 优级啤酒标准
卜蜂莲花拉面	符合推荐标准 SB/T 10068 一级品标准
卜蜂莲花纯正葵花籽油	符合 GB 10464 一级油标准

（3）三次检测。样品必须通过检测，才能上架销售；上架产品在一个月内做抽检，保证符合产品质量标准；每年不定期产品质量抽检，保证产品质量稳定。

卜蜂莲花超市的检测合作机构如表 3 -7 所示。

表 3 -7　　卜蜂莲花超市检测合作机构

专业的国家级检测机构	外资检测机构
国家加工食品质量监督检验中心（国家级）	英国 ITS（国际知名认证、检测机构）
广州市产品质量监督检验所（国家级）	瑞士 SGS（国际知名认证、检测机构）

卜蜂莲花超市一贯坚决执行国家相关规定，相关自有品牌供应商都已通过 QS 认证，并保证在 2005 年 7 月 1 日后生产的相关自有品牌商品全部都有 QS 标志。

3. 卜蜂莲花超市自有品牌顾客意见与反馈资料收集

（1）外部资料收集举例。

①年度调查报告。《2005—2006 年家乐福中国年度研究报告》以家乐福为主线，以沃尔玛、卜蜂莲花、乐购、好又多等其他外资零售企业作为参考坐标，通过大量的数据分析和实证研究，深度挖掘大型外资零售企业发展中的关键驱动力量和核心影响要素，竭力展示行业发展的未来趋势。《2005—2006 年家乐福中国年度研究报告》关于卜蜂莲花超市的相关目录举例：

8.6　卜蜂莲花（Lotus）

8.6.1　增长模式差异

8.6.2　竞争风险分析

图表 61：家乐福、卜蜂莲花门店规模增长差异对比

图表 62：家乐福、卜蜂莲花门店在城市中的分布对比

图表 64：家乐福、卜蜂莲花可比城市渗透率比较

图表 65：家乐福、卜蜂莲花可比城市顾客在门店停留时间比较

图表 66：家乐福、卜蜂莲花可比城市顾客在门店消费额比较

②来自经济信息中心、专业信息咨询机构、各行业协会和联合会提供的信息和有关行业情报，如第四届全国售后服务评价活动、2008 年顾客满意度测评活动等。

（2）互联网资料收集。

如卜蜂莲花主页、顾客满意度测评网、商品售后服务网、中国商业联合会、诚信交易网。另外，还有其他来自一般网页的相关评论。

（3）数据库资料搜集。

如中国期刊全文数据库、万方数据库、中国优秀博硕士论文全文数据库、中文科技期刊全文数据库等。在以上各种数据库查找自有品牌、顾客满意度等相关的论文。

实施要求

1. 各项目小组做好任务分工。
2. 各项目小组参照范例针对所调研项目进行文案调查。
3. 做好记录，完成阶段成果表。

任务评价

测试

自我测试

1. 理论知识测试

（1）文案调查的特点包括（　　）方面。

A. 文案调查是收集已经加工过的文案，而不是对原始资料的搜集

B. 文案调查以收集文献性信息为主，它具体表现为收集各种文献资料

C. 在我国，目前仍主要以收集印刷型文献资料为主

D. 案例调查所收集的资料包括动态和静态两个方面，尤其偏重于从静态角度

（2）内部资料的收集渠道有（　　）。

A. 业务资料　　B. 统计资料

C. 财务资料　　D. 企业积累的其他资料

（3）外部资料的收集渠道有（　　）。

A. 统计部门以及各级、各类政府主管部门公布的有关资料

B. 国内外有关的书籍、报纸、杂志所提供的文献资料

C. 各种国际组织、学会团体、外国使馆、商会所提供的国际信息

D. 有关生产和经营机构提供的商品目录、广告说明书、专利资料及商品价目表等

2. 实践技能测试

（1）你是否明确你在完成文案调查任务过程中的具体任务？

（2）你是否能够圆满完成项目小组交付给你的文案调查任务？

评价方法

1. 评价标准

（1）任务能否及时完成。

（2）任务完成的质量。

（3）团队的表现。

2. 评价表

项目小组评价和个人任务评价分别如表 3－8 与表 3－9 所示。

表 3－8　项目小组评价 6

评分依据 组别	是否及时完成	质量	团队表现
第一组			
第二组			
第三组			
⋮			

表 3－9　个人任务评价 6

评分依据 成员	个人具体分工		个人表现		
	承担任务的质量	个人记录	教师评分	组长评分	组员互评
成员一					
成员二					
⋮					

任务七 用实地调查法采集数据

任务导入

学习情境

上次任务中，艾尚团队收集了相关资料，对老字号、老字号餐饮、徐州老字号以及新媒体推广有了初步的了解，接下来打算开展实地调查，采访一下马市街饣它汤餐饮店老板、服务人员，访谈消费者。访谈前要做什么准备？被拒绝该怎么处理？除了访谈法，如果我们辅以观察法又该怎么收集信息？

案例导入

观察的效力

《美国文摘》曾经报道，恩维罗塞尔市场调查公司有个叫帕科·昂得希尔的人，是著名的商业密探。在进行调查时，他一般会坐在商店的对面，静静地观察来来往往的行人，与此同时，他的同事正在商店里进行着调查工作，他们负责观察在商品架前徘徊的顾客，目的是找出商店生意好坏的原因，了解顾客走进商店以后如何行动以及为什么许多顾客进行长时间挑选后还是失望地离开。通过他们的详细工作，许多商店在日常经营过程中做出了有效改进。

有一家音像商店由于地处学校附近，经常有大量青少年光顾。恩维罗塞尔市场调查公司调查后指出，这家商店磁带放置过高，个子不高的孩子们往往拿不到，因而影响了销售。昂得希尔指出应把商品放置高度降低，店家照做后销售量大大增加。

还有家叫伍尔沃思的公司发现商店的后半部分的销售额远远低于其他部分，昂得希尔通过观察，揭开了这个谜团，在销售高峰期，现金收款机前顾客排着长长的队伍，一直延伸到商店的另一端，妨碍了顾客从商店的前面走到后面，针对这一情况，商店专门安排了结账区，结果商店后半部分的销售额迅速增长。

思考题：

1. 观察法有什么作用？

2. 观察法的方法有哪些?
3. 观察法的内容有哪些?

任务要求

实地调查法包括访问调查法、观察法和实验法。本次任务要求各小组结合小组研究项目的特点和要求，选取合适的实地调查法，例如，卜蜂莲花超市自有品牌满意度调查项目小组本次的任务就是用访问调查法调查部分消费者或用观察法采集消费者、销售场所、柜台等相关信息。工作任务单如表 3-10 所示。

表 3-10　　工作任务单 7

项目	具体内容
项目名称	如何采集市场信息数据
任务名称	用实地调查法采集数据
具体任务	项目小组针对调研项目利用实地调查法采集数据
时间要求	一周内确定调查方法，三周内完成采集数据任务
工作步骤	• 各项目小组根据调查方案和问卷，选择实地调查法（主要是访问法和观察法）采集相关数据，具体步骤：①确定访问或观察的内容；②确定访问或观察的对象；③拟订访问或观察的计划；④实施调查；⑤整理资料。要求小组成员分工合作，完成实地调查任务，最后填写过程、计划和阶段成果表 • 个人对该任务的学习进行总结，并且填写阶段性评价表 注意：实地调查可以和抽样调查相结合，访问可以直接用问卷，也可以问问卷不能深入而又必须了解的问题，用不同的方法采集不同的数据
实施指南	参照教材该任务范例指导完成本次任务
工作场景	教室、机房、企业现场
工作成果	1. 小组会议记录表 2. 小组阶段性成果表 3. 个人阶段性成果表
评价标准	任务是否及时完成、团队表现如何、完成质量如何

任务分析

明确任务后，大家想一想，实地调查是什么？怎样进行实地调查呢？实地调查法有哪些技巧呢？各小组该怎样完成本次的任务呢？这就必须进入下一个环节进行学习。

实地调查部分成果如图 3-2 所示。

采访提纲

（1）访问经理问题提纲

采访经理前，要进行预约，并准备好访问提纲，按时进行访问，并做好记录。

1）请您给我们介绍一下马市街饦汤品牌的发展状况。

2）目前马市街饦汤餐饮企业的经营状况怎么样，可以给我们介绍一下吗？

3）请给我们介绍一下马市街饦汤主要产品。

4）疫情对我们马市街饦汤餐饮企业的影响大吗，我们企业是如何应对的？

5）请您给我们介绍马市街饦汤餐饮企业未来的规划和目标。

6）您对马市街饦汤开创年轻人品牌有什么期望和建议？

7）您觉得马市街艾尚饦汤品牌未来的市场潜力如何？

（2）访问消费者问题提纲

采访之前，要做好自我介绍，征得同意后按提纲进行访问，并做好记录。

1）请问您知道马市街饦汤吗？

2）请问您吃过马市街饦汤吗？经常去吃吗？

3）请问您对马市街饦汤产品系列、价格、口味、卫生、服务等方面的感觉怎么样？

4）请问您觉得马市街饦汤知名度高吗？

5）您觉得马市街饦汤品牌宣传推广做得好吗？有什么好的建议？

6）您觉得马市街饦汤有没有必要专门针对年轻人开创一个新品牌？为什么？

7）您对马市街饦汤开创年轻人品牌有什么期望和建议？

8）您觉得马市街艾尚饦汤品牌未来的市场潜力如何？

实地访谈照片

图 3－2　实地调查部分成果

任务学习

知识学习

实地调查法是在没有明确理论假设的基础上，研究者直接参与调查活动，收集资料，依靠本人的理解和抽象概括，从收集的资料中得出一般性结论的研究方法。实地调查法所收集的资料常常不是数字众多的材料而是描述性的材料，而且研究者对现场的体验和感性认识也是实地调查的特色。与人们在社会生活中的无意观察和体验相比，实地调查是有目的、有意识且更系统、更全面的观察和分析。

一、访问调查法

视频　访问调查法

访问调查法又称询问调查法，是指调查人员将所要调查的事项，以当面、电话或书面等不同的形式，采用访谈询问的方式向被调查者了解情况以获得所需要的调查资料的一种方法，也是在市场调查中收集第一手资料最常用、最基本的方法。下面重点介绍面谈访问法。

1. 面谈访问法的含义

面谈访问法，指调查者与被调查者面对面地交谈，被调查者一一回答问题，调查者将答案如实地记录下来以便于统计分析的方法。面谈访问时可以按事先设计好的调查表或提纲依次进行提问，也可以围绕调查主题进行自由交谈。

在应用面谈访问法时，调查人员不但可以直接了解被调查者对调查问题的态度、观点，而且可以观察到被调查者的表情、动作和调查现场的环境，这就为判断调查结果的准确程度提供了一定的依据。

2. 面谈访问法的分类

（1）入户访问。

它指调查人员按照抽样中选定的对象，到其所在的单位或家中与被调查者面对面地交谈。入户访问要求调查人员选好访问时间，确定被调查者在家或单位中；同时调查人员要具备较高的人际交往能力，让对方信任自己，否则，就可能被拒之门外。即使出现个别被调查者不支持调查工作的情况，调查人员也应尽可能说服对方或改时间再访，决不能灰心丧气，更不能打击报复。

在决定采用入户访问之前，调查人员要决定到哪些户（单位）去访问，应尽可能详细、具体地规定抽取户（单位）的办法，绝对不可以随意、主观地选取调查户（单位）。入户以后要确定具体访问的对象。如果到家中调查，调查的内容涉及整个家庭，则一般访问户主；如果调查的内容主要涉及个人，一般访问家庭中某一成员，或是按某种规定选取一位家庭成员进行访问。

（2）街头拦截访问。

它指调查人员在选定的街道或区域，按照一定的程序和要求，随机地选择符合条件的过往人员进行访问，问卷必须简短易答。街头拦截访问主要有两种方式：一种是由经过培训的访问员在事先选定的若干个地点，按照一定的程序和要求，选取访问对象，征得其同意后，在现场按照问卷进行简短面访调查。另一种叫中心地调查或厅堂测试，是在事先选定的若干场所内，根据研究的要求，摆放若干供被访者观看或试用的物品，然后按照一定的程序，拦截访问对象，征得其同意后，将其带到专用的房间内进行面访调查。它常用于需要进行实物展示或特别要求有现场控制的探索性研究，又或是需要进行实验的因果关系的调查。

3. 面谈访问法的操作技巧

（1）如何接触被调查者。

在接触被调查者的过程中需要注意以下两方面。

首先，应持有效证件。在调查时，最好带上有效的证件。例如，某公司市场调查员应持单位介绍信，学生应持学生证等。

其次，做简短的自我介绍。调查员要使用文明礼貌用语做简短的自我介绍，说明自己的来意，并尽量表明这次是专程走访，引起对方兴趣，争取对方的配合与支持。比如，调查员可以这样说：“被调查者是通过计算机随机抽样而决定的，您很幸运地被抽中了，只需耽搁您少许时间，我们了解几个简单的问题就好，希望能得到您的支持与配合。”如果是入户访问，必须很有礼貌地敲门，最好是选择在别人有空的时间到访，千万不能在别人的休息时间打扰。

（2）如何提问。

提问时，应做到语气和蔼，口齿清晰，语速适中，以保证被调查者能够理解每个问题。如果问题比较复杂或语句比较长，为了使被调查者充分理解问题的意思，调查人员可多次重复。提问时应具体注意以下几点。

第一，追问。对于封闭性问题，被调查者很容易确定答案；而对于开放性问题，则可要求被调查者发表自己的观点。此时，追问可以引导他们完整回答问题。在被调查者回答不能满足要求或回答不全面时，调查人员可以追问“还有别的吗？”直至得到某一问题的全部答案。

追问时需要注意：①完整如实记录被调查者的回答，不能加入主观想法；②不要使用暗示性的语言、提示性的面部表情和声音，调查人员必须处于中立立场，在被调查者无法回答时，不能帮助回答；③追问要适度，不要像审讯犯人一样，追问到底，如果被调查者确实已经回答较完整，就继续下一个问题，否则，追问过度，会引起被调查者的反感。

第二，澄清。当被调查者含糊其词、模棱两可，或者回答前后矛盾、不能自圆其说时，调查人员要予以澄清，让被调查者对其回答做出明确的解释。

第三，跳问。在问卷中，有些问题是无须回答的，或者在某些问题回答之前是无法回答的。这时，调查人员就必须跳过这些问题。

（3）如何记录答案。

对于封闭性问题，调查人员只需要在问卷上直接勾出被调查者的答案即可；但有些封闭性问题的选项中有“其他”一项，如果被调查者选择这一项，调查人员就要问他具体是什么，并用文字记录下来。至于开放性问题，记录的内容就比较多，要求调查人员有速记能力。记录这类问题的答案时，要尽可能一字不差地写出被调查者的回答内容，不要概括或简略记录其回答，书写要清楚，以便资料整理。

（4）如何结束访问。

结束访问时应先检查问卷是否有遗漏的地方，调查人员要真诚地感谢被调查者，赠送礼品后尽快离开。在离开前，调查人员还应附上一句：“为了保证问卷质量，我们有可能还会再次打扰您，也请您支持。十分感谢！”

（5）如何处理意外问题。

访问中，有时会遇到一些意外的情况，比如被调查者临时接到电话或有客人来访等。如果能继续访问下去，调查人员可以等待一会儿，此时，调查人员应耐心记录下被打断的地方，以便尽快地从被打断处再次开始询问；如果访问不能继续进行，也不要勉强，可以约定时间再来访问。

（6）如何对待拒访者。

在实际调查中，被调查者不愿合作的情况有很多，原因也各种各样。调查人员要有良好的心理素质，不要害怕遭到拒绝。遇到拒访时，调查人员应具体情况具体分析，并采取一定技巧应对这些情况。如为了消除被调查者的顾虑，可以事先告诉被调查者，调查完后会送他一件小礼品等；如果对方坚决拒绝，调查人员就要有礼貌地放弃本次调查。

二、观察法

视频　观察法

观察法是指在自然条件下，调查者依据调查目的，利用感觉器官或科学手段，通过对研究对象的观察，记录其言行，获得信息资料的一种调查方法。要了解人们在超市购物时的偏好、习惯、时间等，就可以利用观察法，调查人员可以直接装扮成顾客，对周围的其他顾客进行观察，记录其购物情况。通过观察，可以发现顾客购物习惯，如顾客喜欢的花色以及是否注意商品的包装、味道等。

1. 观察法的分类

（1）结构式观察与非结构式观察。

结构式观察是根据观察的目的预先规定观察的范围，并在实施观察时，对观察手段、技术、程序和记录方式实行标准化。

非结构式观察比较灵活，对观察手段、技术、程序等均不做严格限制，记录也可以采取随意的方式。

（2）人员观察、机器观察和实际痕迹观察。

人员观察是指调查人员不借助机器设备观察调查对象。如果调查人员想要了解某产品市场营销情况，可以到销售现场进行观察或到用户群体中进行观察，也可直接到生产厂家现场观察。这要求调查人员具有敏锐的观察力、较好的应变力和记忆力以及迅速记录的能力。人员观察不仅可以看到表面现象，有时还可以发现本质，有助于深入观察。

机器观察是通过机器设备来观察受访对象。如当警察在观察罪犯的动静时，可以借助望远镜或录像设备观察；而超市或银行里安装的监控装置，可以直接记录下顾客的行为。

实际痕迹观察是指调查者不直接观察被调查者的行为，而是通过一定的途径来了解其行为痕迹。如通过汽车修理厂可以了解到汽车不同零件的损坏率等，进而分析出汽车产品设计或制造中存在的问题等。

（3）纵向观察、横向观察、纵横结合观察。

纵向观察又称时间序列观察，是在不同时间对调查对象加以观察，取得一连串的观察记录，可以了解调查对象在时间上发展变化的过程和规律。如要了解某新开业商场的生意是否兴隆，可利用纵向观察，通过训练有素的观察人员或者商场门口的监控，记录下不同时间段进出商场的人数，说明其一般的情况。

横向观察是在某个特定时间内对若干个而不是单一的调查对象同时进行观察记录，通过对多个对象进行观察再将观察结果进行比较，从而更全面了解被调查对象的真实情况。如某调查机构要了解连锁超市是否受某地区顾客欢迎，如果仅选择某一家连锁超市进行观察，就有可能造成错误的结论，所以，应该在整个地区选择不同地段的几家连锁超市进行观察，才能得出较为准确的结果。

纵横结合观察，综合了上面两种观察，在时间上有延续，而且调查对象不单一，从而能取得更全面、可靠的资料，只是调查费用和时间相对增加。比如观察某新产品上市的销售情况，就需要在较长时间内，从销量、售后服务点的反馈信息等多个方面进行观察。

2. 观察法的操作步骤

（1）制订观察计划。

第一，明确观察目的。观察的首要任务是明确观察目的，就是明确通过观察要解决什么问题。

第二，明确观察对象和目标。根据观察目的，确定观察对象和目标。观察对象和目标可以是人，比如消费者、营业员等，也可以是物，比如超市、柜台、商品、广告等。

第三，确定观察重点与范围。明确观察的重点内容，比如观察营业员，就要观察营业员的仪表、言行举止等内容。

第四，设计观察记录表。为了将观察结果快速、准确记录下来，并便于随身携带，可将观察内容事先制成便于汇总的小卡片，制作卡片时，应先列出所有观察项目，经筛选后保留重要项目，再将项目根据可能出现的各种情况进行合理编排。

第五，确定观察时间和地点。选择便利的观察时间和地点，注意不要影响被观察者。

第六，选择观察工具。观察时除了可以利用人的不同感觉器官进行观察外，还可以利用观察仪器进行观察。因此要选择好观察工具。

第七，观察组织实施。必须做好组织实施工作，对调研人员的分工、观察的方法、观察的注意事项、应变措施做好安排。

（2）进入观察现场。

进入观察现场应取得有关人员的同意，或出示证件说明，或通过熟人介绍等。

（3）进行观察和记录。

选择合理的观察方法进行观察。观察时需注意以下几点：①尽可能不让被观察者注意到有人在观察自己；②不要先入为主，要尊重事实；③注意力要集中；④要有应变能力。

知识拓展

视频　神秘顾客

神秘顾客

神秘顾客检测最早出现在美国银行与零售业，用来防止员工偷窃行为；20 世纪 40 年代，“Mystery Shopping”（神秘购物、神秘顾客检测）一词正式出现，行业开始使用这种方法评估客户服务；20 世纪 70 年代与 80 年代，Shop'n Chek 公司普及了神秘顾客检测，为其开拓了广阔的发展空间；20 世纪 90 年代，得益于互联网的发展，神秘顾客检测经历了前所未有的快速增长阶段，并取得了公众的认可。

国内的神秘顾客监督方法最早是由肯德基、罗杰斯、诺基亚、飞利浦等一批跨国公司引进为其连锁分部服务的。有了严谨的标准，即制度，就需要客观检查。麦当劳曾表态，它们在全世界主要的市场都开展神秘顾客项目，在中国也一样。

该项目旨在从普通顾客的角度来考核麦当劳餐厅的食品品质、清洁度以及服务素质的整体表现。麦当劳还表示，神秘顾客项目帮助麦当劳管理者设立对表现杰出员工的奖励机制。一些市场的反馈显示这些奖励机制对于鼓舞员工士气及提升员工的工作表现非常有益。由于神秘顾客来无影、去无踪，而且没有时间规律，连锁卖场的经理、雇员时时感受到某种压力，不敢有丝毫懈怠，从而时刻保持饱满的工作状态，提高了员工的责任心和服务质量。

KFC（肯德基）的神秘顾客并不是由随意的人员扮演，他们必须经过 KFC 培训，熟知各个环节的标准制度，按照拟定的“消费计划”进行检查，并对检查的情况按照标准进行客观分值评述。各店根据评比进行比较检讨。

神秘顾客这个职业其实在欧美等国家早已经风行数十年，还有世界性的行业协会，该协会对神秘顾客的定义是：他们受雇于一家与商家签约的神秘购物公司，平时以一个普通消费者的身份，应一些企业的要求到其商店“购物”，通过实地观察体验，了解产品在市场上的受欢迎度及店面清洁、服务和管理等诸多方面的问题，然后将这些“情报”整理成报告，交给这家企业的老板。

扮演神秘顾客看似轻松惬意，其实也不那么简单，事先要经过培训，培训主要在网上进行。在一些“神秘顾客检测网”上面有些初级的培训内容，例如，神秘顾客入店检测时最需要注意的五大部分：清洁度、客户服务、质量控制、可能导致危害的因素、产品摆放和库存。其中，客户服务这一项规定：“这类检测一般用于入店后对店员给予的服务质量的检测，其中包括从神秘顾客入店到离开的每一个环节的服务质量。例如是否对顾客的光顾使用了问候语，是否仔细地询问顾客的要求并耐心地提出适合顾客要求的建议，是否在顾客离开时留下客户的联系方式，是否帮助顾客开门并说再见等。”

扮演神秘顾客并不轻松，最重要的是要有较强的观察力。有些客户会让神秘顾客假装投诉，看服务人员的态度；有的客户会要求神秘顾客在消费时表现出不满，观察服务人员的处理方式。另外，由于委托的任务细节很杂，做任务前要牢记问卷问题，这就需要超强记忆力。执行完任务后，神秘顾客要填写问卷调查报告，像快餐店这类任务算简单的，问卷有 20 ~ 30 道题，而有些任务，问卷可能多达十来页。

神秘顾客可对以下几个方面展开调查。

第一，现场销售人员在某种程度上扮演着“产品专家”的角色。所以神秘顾客调查的第一重点是考察现场销售人员的产品知识。当然产品知识不仅包括产品技术参数、基本性能，更重要的是现场销售人员应该能够阐明产品性能以及消费者使用的利益点。同时，产品主要卖点上与竞争对手相比较的优势也是考察重点。

第二，由于购买耐用消费品的消费者可能对购买产品的售后服务有所担心，销售人员对企业背景和售后服务支持应该有一定的了解。神秘顾客对企业的售中和售后服务可以起到很好的监督作用。

第三，耐用消费品的行业竞争异常激烈，价格战非常严重，耐用消费品行业各种形式的促销活动层出不穷，所以现场销售人员应该能够清楚明了地解释企业的促销活动内容，同时了解竞争对手的卖场活动。

第四，销售人员的态度、仪表也会给消费者留下印象分，也是调查的内容之一。当然神秘顾客同时可以收集相关的卖场信息，对企业掌握零售卖场的情况非常有帮助。为了使神秘顾客调查真正达到检查监督的作用，在设计该项目时应注意访员要有计划更换，以免被现场销售人员识破。另外，高峰时间和低峰时间都应安排神秘顾客到卖场开展调查，这样才能全面检查现场销售人员的服务状况。

任务实施

视频　模拟调查消费者

实施范例指导

视频　模拟调查企业经理

卜蜂莲花超市自有品牌满意度调查

调研项目：卜蜂莲花超市自有品牌满意度调查研究。

具体任务：卜蜂莲花超市自有品牌满意度实地调查法。

1. 采用访问法调查

视频　学生实地调查

（1）访问经理人员问题提纲。

采访经理前，要进行预约，并准备好访问提纲，按时进行访问，并做好记录。

①请您给我们介绍卜蜂莲花超市的企业背景。

②请您给我们介绍卜蜂莲花超市自有品牌的发展情况。

③请您给我们介绍徐州卜蜂莲花超市自有品牌的经营情况。

④请您给我们介绍徐州卜蜂莲花超市自有品牌实施的促销活动。

⑤请您给我们介绍徐州卜蜂莲花超市自有品牌的商品销售情况。

（2）访问超市消费者问题提纲。

采访之前，要做好自我介绍，征得同意后按提纲进行访问，并做好记录。

①请问，您知道卜蜂莲花超市自有品牌商品的种类有哪些？

②请问，您买过卜蜂莲花超市哪些自有品牌商品？

③用后对包装、价格、质量等方面的感觉怎么样？

④你最愿意买哪类自有品牌商品？为什么？

⑤你最不愿意买哪类自有品牌商品？为什么？

⑥超市自有品牌商品和其他品牌比较，最大的区别是什么？

⑦对卜蜂莲花超市自有品牌有什么意见和建议？

2. 利用观察法调查

（1）观察自有品牌商品柜台。

观察柜台自有品牌商品的种类、价格、包装、摆放位置、相关促销活动内容以及周围摆放商品的品牌、价格、包装以及相关促销活动内容，并做好记录。

（2）观察消费者行为。

在某自有品牌商品柜台附近观察，消费者挑选自有品牌商品的整个过程，并填好消费者观察记录表，如表3－11所示。

表3－11　　消费者观察记录表

时间	消费者			自有品牌商品		购买行为		是否购买
	性别	年龄	穿着	种类	价格	挑选时间	比较品牌	

（3）观察客流量。

在超市进出口处，由项目调研小组成员互相配合进行记录，调查观察进入超市的顾客，并进行记录。调查卡每小时使用一张或每半小时使用一张，将该时间内出入的顾客记录下来，顾客流量调查卡和卜蜂莲花超市顾客流量汇总如表3－12与表3－13所示。

表3－12　　顾客流量调查卡

被观察单位　　　　观察时间　　年　　月　　日　　时至　　时

观察地点　　　　观察员

人数	入向	出向

表3－13　　卜蜂莲花超市顾客流量汇总表

时间：2021年11月上旬　　　　单位：人

时间	周六	周日	周一	周二	周三
9：00	356	258	175	236	296
10：00	877	860	650	835	812
11：00	1822	1777	1186	1526	1477
12：00	2938	2923	1734	2232	2104
13：00	3644	3821	2170	2688	2511
14：00	4504	4544	2599	3094	2964
15：00	5417	5802	3055	3434	3606
16：00	6614	6635	3766	4372	4315
17：00	7936	7983	4488	5310	5209
18：00	9302	9203	5338	6136	6056
19：00	10498	10233	6230	6957	6832

续　表

时间	周六	周日	周一	周二	周三
20：00	11617	11126	6945	7298	7633
21：00	12619	11831	7664	8576	8284
22：00	13085	12162	7983	8933	8625

实施要求

1. 各项目小组讨论所调研项目的访问提纲，制作观察记录表。
2. 每人参照范例针对所调研项目选择观察法和访问法进行调查，五人次以上。
3. 做好记录，完成阶段成果表。

任务评价

测试

自我测试

1. 理论知识测试

（1）下列关于实地调查法的说法正确的是（　　）。

A. 实地调查所收集的资料常常不是数字而是描述性的材料

B. 研究者对现场的体验和感性认识也是实地研究的特色

C. 是有目的、有意识和更系统、更全面的观察和分析

D. 是人们在社会生活中的无意观察和体验

（2）下列关于面谈访问法的说法正确的是（　　）。

A. 面谈访问的交流方式可以按事先设计好的调查表或提纲依次进行提问

B. 也可以围绕调查主题进行自由交谈

C. 在调查中，调查人员可以直接了解被调查者对调查问题的态度、观点

D. 在调查中，可以观察到被调查者的表情、举止和调查现场的环境

（3）根据观察的目的预先规定观察的范围，并在实施观察时，对观察手段、技术、程序和记录方式实行标准化的观察法是（　　）。

A. 机器观察　　B. 人员观察　　C. 实际痕迹观察　　D. 结构式观察

2. 实践技能测试

（1）你在完成实地调查任务过程中有哪些深刻的体验？

（2）你是否能够圆满完成项目小组交付给你的调查任务？

评价方法

1. 评价标准

(1) 任务能否及时完成。

(2) 任务完成的质量。

(3) 团队的表现。

2. 评价表

项目小组评价和个人任务评价分别如表 3－14 与表 3－15 所示。

表 3－14　项目小组评价 7

评分依据／组别	是否及时完成	质量	团队表现
第一组			
第二组			
第三组			
⋮			

表 3－15　个人任务评价 7

评分依据／成员	个人具体分工		个人表现		
	承担任务的质量	个人记录	教师评分	组长评分	组员互评
成员一					
成员二					
⋮					

任务八　用网络调查法采集数据

任务导入

学习情境

上次任务中，艾尚团队进行了实地调查，共发放了 600 份问卷。请大家思考一下，如果我们有上千份问卷，而且在多个地方调查，该怎样开展调查？网络调查能不能解决这样的问题？网络调查又该如何操作？

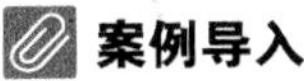

案例导入

网络调查的思考

一般认为，以网络为载体的调查公司不断涌现，极大地提高了市场研究的效率，同时，又因成本相对较低，可以给客户一个相对较低的报价，其发展空间是广阔的，但是由于网络调查的代表性一直受到质疑，不可能对传统的调查方式产生大的冲击。这不是针对一个人的印象，也不是针对一个公司的印象，而是几乎成为市场研究业多数不单独从事网络调查公司的基本印象。这使很多专门从事网络调查的公司做出各种尝试，试图为网络调查正名。

有几个现象值得大家一起思考。

（1）网络调查再方便，抽样也只能代表网民，那么其他方式能够代表什么？

①当面访、街访、电话调查、邮寄调查等几种方式的接触成功率、回收率不断下降的时候，代表性会成为网络调查受限制的一种壁垒吗？

②不少人以保护隐私为由拒绝调查，这导致很多调查的抽样（指随机抽样）具有系统偏差的特点，以代表性阻挡网络调查是否合乎时宜？

③配额抽样为代表的非概率抽样，无论怎么分散样本，都是非概率的。

这些问题的答案可能近期解不出来，但是其后果具有颠覆性。因为一个代表性问题不可能阻挡一个新的研究方式强势进入市场。

（2）网络调查成本低，是否可以替代其他方式？

①成本是客户关心的主要问题之一，是牺牲成本，还是牺牲一些所谓的代表性？这已经不是调查公司所能够左右的问题，客户的想法无从得知。

②成本低，同时被调查者居住分散、职业构成分散，网络调查可以收集到高收入群体的样本，这些优势至少会对街头拦访、一些配额抽样的调查产生较大的冲击。

③低成本，就可以扩大样本量，或者增加一些调查的地点，或者增加调查次数。

由此可以推断，客户接受网络调查只是一个时间问题，而一旦趋势开始，调查公司面临的客户价格压力将是空前的。

（3）作弊率与质控是否会催生一个全新的调查资料收集方式的结构？

①作弊率与质量控制一直是市场研究界最核心的话题，也是永恒的话题，现在的情况是研究公司与代理公司都投入大量的人力、物力、财力去与作弊行为作斗争，而

网络调查除了日常维护之外，几乎没有与作弊率打交道的机会。如果研究公司可以从这一点上降低成本，调查资料收集方式的报价体系是否会发生变动?

②如果研究性的公司和客户将一部分调查转给新型的网络调查公司，是否意味着一些地方的代理公司会减少营业额? 当然这是在静态的条件下考虑问题，而动态上其实是调查业务在持续增加。但是静态的趋势如果发展较猛，其冲击力不容小觑。

③调查资料收集方式的结构转变不可能是剧变的，更可能是一种慢火煮青蛙式的消耗战。

有与无的竞争是不可能的，因为在质控、作弊这类话题上，几乎没有网络调查的影子，不争与争的竞争结果会怎么样? 结果显而易见。

(4) 什么是效率?

①调查有时非常需要效率，无论是民意测验，还是市场竞争性研究，网络调查的效率至少不会低于电话调查，而电话调查对其他方式资料收集方式的影响是显而易见的，那网络调查呢?

②同时性的巨大样本回收所具备的影响是无法估量的。

从效率的角度，我们需要重视网络调查。

(5) 国际发展的巧合。

①2000 年是日本“网络调查元年”，因为一些专门从事网络调查，创建自己的可访问样组的公司出现。2007 年，网络调查的营业额已经占到 28%，而这 7 年中，许多公司都出现了业务量猛增、营业额增幅很小的状态。这是一个简单的巧合，还是说明了一个量增价低的趋势?

②澳大利亚的网络调查已经成为最重要的资料收集方式。

③美国的网络调查迅猛发展。

④中国从事网络调查的专业公司数量逐年增加。而网上可访问样组调查的使用公司数量也在逐年激增。

这些不是巧合，是需要仔细分析的趋势。网络调查，尤其是以可访问样组为核心的调查对整个行业的发展具有全局意义，它所带来的颠覆性是全球性的。

综上所述，以网上可访问样组调查为核心的正在对中国市场研究资料收集方式产生巨大的冲击，同时延伸到效率、价格体系、服务的规范体系，乃至市场研究业的结构，其颠覆性是全局的，需要引起各类公司的注意。

资料来源：www. chinasurvey. cn/thinker/4. htm

思考题：

1. 你认为网络调查有什么作用?

2. 你认为网络调查存在的问题有哪些?

任务要求

利用网络调查法收集市场信息。例如，卜蜂莲花超市自有品牌满意度调查项目小组本次的任务就是要完成网络问卷的设计和发布，通过网络调查采集信息。工作任务单如表 3 – 16 所示。

表 3 – 16　工作任务单 8

项目	具体内容
项目名称	如何采集市场信息数据
任务名称	用网络调查法采集数据
具体任务	各小组针对调研项目可以选择利用网络调查法采集数据
时间要求	一周内完成采集数据任务
工作步骤	• 各项目小组根据设计的项目调查方案和问卷，考虑是否选择网络调查法，如果不选择，要求掌握在专业调查网站设计发布问卷的步骤但不需发送 • ①选择专业调查网站；②设计发布问卷；③发送问卷（利用 QQ、E – mail 等）；④小组成员分工合作，完成任务，最后填写过程、计划和阶段成果表 注意：项目小组可以根据实际情况确定是否选择网络调查，如果选择和抽样调查相结合，就不用发放纸质问卷，而是利用网络调查问卷形式采集数据
实施指南	参照教材中该任务的范例指导完成本次任务
工作场景	教室、机房、企业现场
工作成果	1. 小组会议记录表 2. 小组阶段性成果表 3. 个人阶段性成果表
评价标准	任务是否及时完成、团队表现如何、完成质量如何

任务分析

要完成任务，就必须了解什么是网络调查以及网络调查的具体方法。

网络调查成果如图 3 – 3 所示。

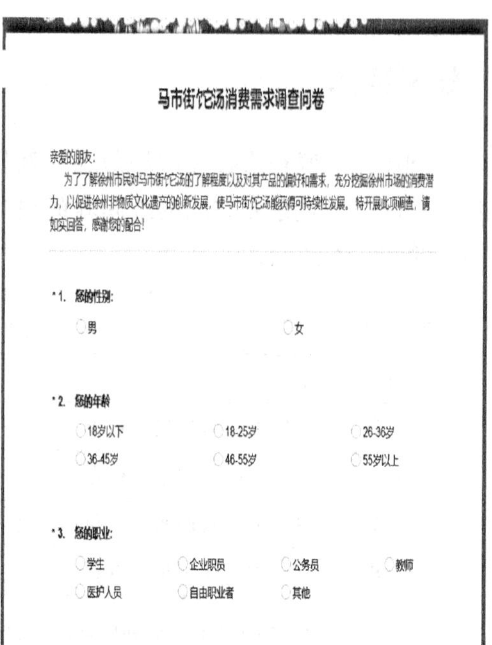

马市街饣它汤消费需求调查问卷

亲爱的朋友：

为了了解徐州市民对马市街饣它汤的了解程度以及对其产品的偏好和需求，充分挖掘徐州市场的消费潜力，以促进徐州非物质文化遗产的创新发展，使马市街饣它汤能获得可持续性发展，特开展此项调查，请如实回答，感谢您的配合！

*1. 您的性别：

○男　○女

*2. 您的年龄

○18岁以下　○18-25岁　○26-36岁

○36-45岁　○46-55岁　○55岁以上

*3. 您的职业：

○学生　○企业职员　○公务员　○教师

○医护人员　○自由职业者　○其他

图 3-3　网络调查成果

任务学习

知识学习

随着计算机和互联网的普及和发展，网络调查也随之发展起来。因其具有成本低、时效性高、覆盖面广等特点，与传统的调查方法相比，具有无可比拟的优越性。

一、网络调查法

网络调查法是指在网络环境下，以互联网为信息传递工具，进行调查设计、资料收集、分析咨询等活动。网络调查既是基于传统的统计调查理论，又注入了现代计算机和通信技术的新鲜血液；既具有传统调查的一般性，又具有现代网络的特殊性。迄今为止，网络调查主要有以下方法。

视频　网络调查法的概念和特点

1. 利用电子邮件进行问卷调查

以被调查者的电子邮件地址作为样本框，把设计好的问卷以文件的形式随机抽样发到被调查者的电子邮件信箱里，被调查者在方便时填好问卷内容，再通过电子邮件反馈给调查机构。调查机构通过专门的程序对答卷进行自动检查和编辑，再进行数据收集、整理、分析。在样本框相对全面的情况下，这种调查结果可获取调查对象总体的多方面的资料。

2. Web 站点法

Web 站点法是将调查问卷设置在访问率较高的一个或多个站点上，由浏览这些站点并对该项调查感兴趣的网上用户按照个人意愿完成问卷的调查方法。调查网站可以对众多的访问者设置一些过滤问题，在问卷填写前确认其是否符合调查对象的要求，对不符合的，程序将自动判断并拒绝其填写问卷，这样就可以防止大量的无效问卷的产生。这种调查只能反映对该项调查感兴趣的网民群体的态度。

3. Net-meeting 法

Net-meeting 法（即网络会议法）指调查者把设计好的调查内容以网页的形式在固定网站上公布，并在调查对象总体中征集与会者，在约定的时间内进行网上座谈。网络会议法是将分散在不同地域的被调查者通过互联网视频会议功能虚拟地组织起来，在调查者的引导下讨论调查问题的调查方法。

二、网络调查法的特点

传统调查方法主要有面访调查、电话调查、邮寄调查、小组座谈调查、文案调查等。网络调查法与传统调查法相比具有不同特点。

1. 成本费用低

网络调查法只需一次性的问卷设计，其问卷的变动成本为零，被调查者自主填写，数据自动存入数据库，成本费用低。而传统的调查法需要进行问卷设计、问卷印刷、问卷发放、问卷回收，并专门组织调查者，对最终数据进行专门录入，成本巨大。

2. 时效性强

网络调查法不受时间和地域限制，时效性较强。传统调查法受调查的地域范围的限制，范围越大，调查工作的周期越长。

3. 调查范围广

网络由于自身没有空间限制，决定了调查范围可以是全国乃至全世界。而由于调查成本费用的限制，传统调查一般范围较小。

4. 调查样本的代表性较差

由于网络调查法的对象只能是网民，所以对于一些调查项目来说，样本代表性较差。传统调查法的对象是广大普通公民，因此样本代表性较好。

5. 调查数据的质量不高

虽然有技术优势，但在实际应用中受各方面的局限使网络调查数据质量可靠性较低。传统调查中调查者和被调查者可以面对面地交流和沟通。被调查者能更好地理解问题和作答，有利于数据质量的提高。

由此可见，网络调查法和传统调查法各有优缺点，在实际的应用中，两者可以结合使用以达成调查的目的。

三、利用网络调查法进行信息采集的方法

1. 如何使用电子邮件进行问卷调查

电子邮件通常也用作问卷调查。根据用户电子邮箱地址可以形成较详细的调查对象，使用随机抽样方法抽取样本，对样本框架里的电子邮件发放调查表，被调查者通过电子邮件，把已填好的调查表返回给调查者，调查者可利用有关软件系统对回答进行自动检查和处理。电子邮件问卷调查是一种更为主动的调查形式，具有邮寄问卷的性质。使用电子邮件进行问卷调查具有以下优点。首先，调查成本低，不用另外付费；其次，方便快捷，只要知道对方的电子信箱，即可向对方发送问卷，必要时还可以向被调查者“群发”问卷；最后，可以设置被调查对象的身份、数量，使调查结果更加科学、合理。如果没有回复，还可以再次发送，直至被调查者回复。还有，随着电子信箱容量的变大，发送的问卷文件可以很大，大型的定量社会调查也可以实施。因此，电子邮件调查问卷是一种比较理想的社会调查方法。现在有许多网站通过商业运作，为客户提供此类调查。

2. 利用网络群聊进行问卷调查

群的结构非常简单，分为创立者、管理员以及群成员。与社会群体所不同的是，群聊规模较小，是群成员之间根据兴趣、爱好、性格而形成的小的亚群。群成员之间的关系可以是联系紧密的，也可以是联系松散的，甚至在同一个群内可能有群成员从未进行过交流。有些群不像社会群体，倒更像集体。如英语聊天室，群成员没有特别的联系和约定。人们可以随时来，也可以随时走。群成员在虚拟社会中的身份也是复杂的，其名字多种多样，五花八门，令人眼花缭乱，有的根本就没有名字，干脆用账号做名字。当然，有些群就大不相同，比如，以班集体形成的群，联系就比较密切，是班级成员交往形式的扩展。正是由于 QQ 群的这种“人以群分”的属性特点，可以通过这种在线交流的方式来对特定的对象进行网络调查。可以把制作好的网络调查问卷表的链接地址发在 QQ 群中，群成员做好之后，对问卷进行收集。此外，有些群成员还可以就调查的内容发表自己的看法，或在整个群内展开讨论，这也有助于发现问卷调查的设计问题和结果的准确性。

3. 通过博客进行网络问卷调查

“博客”一词是从英文单词 Blog 翻译而来。Blog 是 Weblog 的简称，而 Weblog 则是由 Web 和 Log 两个英文单词组合而成。Weblog 就是在网络上发布和阅读的流水记录，通常称为“网络日志”。

Blog 的实质其实就是一个网页，通常由简短且经常更新的帖子构成，这些帖子一般是按照年份和日期倒序排列的。而 Blog 的内容，可以是你纯粹个人的想法和心得，例如

你对一日三餐、服饰打扮的精心记录等，也可以是在基于某一主题的情况下或是在某一共同领域内由一群人集体创作的内容。Blog并不等同于“网络日记”，网络日记是带有很明显的私人性质的，而Blog则是私人性和公共性的有效结合，它不仅仅是纯粹个人思想的表达和日常琐事的记录，它所提供的内容可以用来进行交流并为他人提供帮助，是可以包容整个互联网的，具有极高的共享精神和价值。

简言之，Blog就是以网络作为载体，用户可以简易、迅速、便捷地发布自己的心得，及时有效地与他人轻松进行交流，是集丰富多彩的个性化展示于一体的综合性平台。在Blog上发布的言论，会得到持相同观点者的支持，也有可能得到持相反观点者的反驳，这些支持或者反驳的言论，会使得用户在思维上有更好的提升。同时，用户也可以通过Blog认识更多的朋友，扩大交流范围。

Blog的功用日渐扩展，有人用Blog来进行招聘，企业用Blog来宣传公司的产品或服务，当然也有人利用Blog攻击竞争者。之所以如此，是由于Blog作为综合性的网络交互性平台，它的辐射面广，影响力大，各个阶层的人都可以发表自己的观点。在Blog上附上网络调查的链接，可以收集到来自各个社会层面的信息，使调查不再局限于某一群人，而是把散在各个角落的不同受众的观点和看法通过这一形式综合在一起。调查的结果也更加有普遍性。

4. 借助专业调查网站发布调查问卷

在网络上经常会看到一些个人或团体发布的在线调查表，志愿者填写调查表后调查者可以收集与调查内容相关的信息。现今有不少网站供人制作在线调查表，人人都能轻松做网络调查。用户进入注册页面，按照提示填写相关注册信息后，即可完成注册。然后就可以开始编辑调查表了。在“问题”框中输入问题描述，然后再分别给出A、B、C、D四个候选答案，一个调查问题就制作好了，单击“添加新的问题”选项可以按照相同方法继续添加其他调查问题。当所有的调查问卷都编辑好后，单击页面上方“复制地址”选项即可将你的测试主页地址复制到剪贴板中，然后再通过论坛、QQ等途径将地址发布出去。当被调查者登录测试主页答完题后，单击“我要交卷”即可提交。这样就可以大致了解被调查者对某一问题的看法了。

这种方式是目前最简单也是应用最广的一种网络问卷调查法。

四、网络调查的优势及局限性

1. 优势

网络调查对于调查行业来说是一把双刃剑。与传统的调查方法相比，网络调查的优势主要表现在以下几个方面。一是它的时效性高，样本量大。由于网络调查能24小时不停地自动运行，并能很快得到反馈，所以能在短时间内得到足够多的样本以便进行数据分析，有些网络调查甚至可以即时得出推断总体的频率分布结果。随着越来越多的人使用互联网，网上调查所获得的样本也是超乎想象的多。这显然是传统的调查方法难以做到的。二是其低成本，且具有便捷性。网络调查不需要派调查人员，不需要印刷问卷，繁重的信息采集和录入工作分布到众多网络用户的终端完成，省去了调查实施过程中访员的费用等人工介入成本。而且，普通人也可以按照一定的调查原则来自主设计调查题目，以低成本进行调查研究。三是其具备客观性和可靠性。由于网络匿名性的特点，被调查者可以毫无顾虑地回答一些敏感性问题，从而使调查结果更加客观、真实可靠。四是不受时空的约束性。网络调查可以不分时间、地点，通过世界性的服务器询问成千上万的人，从而提高样本的质量。

2. 局限性

网络调查的局限性也是显而易见的，主要表现在以下几个方面。一是它无法监控调查过程，存在回答率、覆盖率低以及网络调查这一方法所要求被调查者一定是网络注册用户而带来的样本代表性问题。只有在网络覆盖率极高的特殊总体的情况下，才能消除以上覆盖率问题的顾虑。但是，就算达到了高覆盖率，低回答率的难题还是不能解决。研究表明，网络调查获取的回答率是各类调查中最低的。网络调查缺少高质量抽样框，同时网络调查样本也与电话调查样本在许多态度性题目上存在明显的差异。二是网络调查的价值也受到人们填答意愿的限制。网络用户对网络调查可能干脆不理睬或是单纯为了获得奖励胡乱填写，甚至一人填多份问卷，也可能受其内容、主题、娱乐性、当时心情或其他特性影响，做出不参与调查的决定，也有一些技术会过滤掉网页上自动弹出的问卷。三是建立一个完备的抽样调查网络系统是一项艰巨而又富有挑战的工作，需要足够的资本、技术和人力投入。要开发出各种计算机技术保证被调查者的随机性和回收问卷的有效性；还要对网络调查问卷设计者培训，使他们掌握一定的抽样理论和问卷设计的技巧以提高网络调查的质量和问卷回答率。

五、解决方法

网络问卷调查的优势和局限性上面已作大致描述，下面主要说明如何克服其缺点。

1. 提高被调查总体的覆盖面

要提高被调查总体的覆盖面就要使更多的人参与调查，要想达到这一效果，主要是通过各种广告进行宣传，如单独在搜索引擎中注册调查网页、在点击率高的网站上建立链接、在 BBS 上发布消息、在传统媒体上做广告等。应该指出的是，尽管这几年来，网络用户数量飞速增长，但也正是由于这一点，网络用户和非网络用户在文化、生活习惯、性别、年龄等方面存在一定差异，网络调查样本的代表性仍不容乐观，所以，网络调查只适用于上网较频繁的群体。显然，如果调查能够使用概率抽样的方法，则可以推断总体目标量的置信区间和抽样误差，还可以通过统计上网的人所占人口比例或其他变量来解决覆盖率与回答率误差问题，并与其他传统调查方式结合应用或进行比较。

2. 设计一份好的调查问卷

一般来说，问卷的设计不但要遵循一些基本的抽样原则，而且要充分考虑被调查者的行为特征及心理特点。通常，网络用户对新奇事物比较感兴趣，他们阅读速度较快，容易变得不耐烦，并且与不常上网的被调查者相比，往往容易轻视问卷，他们常常是眼到手到，点击飞快，这时就很容易点错或漏掉一些问题。以下我们主要从被调查者的行为特征和心理特点角度提出几点问卷设计原则。第一，在问卷入口发出显眼的邀请参与调查的动画或声音信息，并且承诺给予奖品或分享调查结果，以此来调动被调查者的积极性，引起被调查者的兴趣。由于很多被调查者回答问卷的目的在于找到解决问题的建议，所以分享调查结果可以说是对被调查者的最好回报。第二，设计界面友好的问卷。把问卷与图片、声音、动画结合起来，可以引导被调查者在没有失去兴趣前填写完所有的问题；注意问卷不宜过长；问句应简洁易懂，定义清楚，与被调查者有紧密关系，让他们从填写问卷的过程中获得某种自我满足；尽量采取选择答案方式；敏感的问题应婉转迂回地提出，不要让被调查者产生反感；注意问卷的视觉效果，这点对自填回答方式来说尤其重要。第三，由于互联网交互机制的特点，网上调查可以采用一种传统调查无法实施的方式，即调查问卷分层设计。这种方式适合过滤性的调查活动，因为有些特定问题只面向一部分调查者，所以可以借助层次的过滤寻找适合的回答者。

一些学者通过实验找出了部分与回答率相关的因素。局部拒答率常常受支持网站和调查主题影响，但和每页问卷中题目的数目无关。在拥有大量固定用户的网站做调查，回答率较高。和回答率相关的因素主要有四点。第一，问卷上出现的被调查公司商标会影响测量误差，出现商标时，如果调查问卷采用赋值评价法，则一般情况被调查者选中间部分的点的概率低于不出现商标情况下的概率。第二，被调查者的自我满足感非常重要，它会影响下一次调查的回答率。而调查的主题和网络调查单元的随意性对被调查者的自我满足感有强烈影响。第三，应注意电子邮件调查的适用性。乱发问卷通常只会招致反感，在商业调查中，使用电子邮件调查最好是对老顾客进行，一来他们对被调查公司有一定信任，二来如果他们知道他们的意见会对被调查公司的经营产生影响，从而使被调查公司可以更好地为他们服务，并且他们填表后还有可能得到一定物质奖励的话，往往是很愿意填写问卷的。而且，他们对被调查公司的了解也较充分，回答会比较中肯。第四，保证调查的客观性。这一步骤是市场调查能否发挥作用的关键，它与传统调查的方法一样，也是要尽量排除不合格的问卷，这就需要对大量回收的问卷进行综合分析和论证。可以采取技术分析手段排除不合格问卷，如对有疑问的问卷回访，对一定时间间隔内来自同一 IP 地址的答卷只算一份答卷等。

知识拓展

电话访问员

电话是电话访问员与客户每日沟通的唯一工具，同时也局限了电话访问员与客户接触的方式。如何利用电话与客户沟通是电话访问员订单成功的决定性因素。一个优秀的电话访问员不仅要遵守规范的电话访问操作流程，保证订单的准确率，而且应该能够在有限的时间内使得信息顺畅地达到客户端，并从客户端得到市场对产品的反馈信息，还应该懂得如何与客户进行心与心的双向交流，从而建立起客户对公司的依赖及忠诚。电话访问员的工作看上去简单，实际上包括了很多需要注意的细枝末节，对电话访问员的性格、人格及知识水平都有一定的要求。

第一，专注聆听。在通话过程中，切忌客户话没说完就将其打断。专注地听完客户的叙述是电话访问员与客户建立友好关系的第一步。从客户的叙述中抓住有价值信息是了解市场趋势的重要途径。专注聆听，可以使客户被重视的心理得到满足，最先实现的效果是客户不再排斥。另外，当客户情绪出现较大波动，说话偏激时，电访员的素质在此时就被充分地凸显出来，对交流成功至关重要。如果电话访问员控制不住自己的情绪与客户发生冲突，火上浇油，那么小事就会变成大事，客户甚至可能因此对整个公司失去信任；而如果电话访问员愿意并且乐意做客户的听众，尊重他所说的客观事实，不计较他的语言态度，等他宣泄完毕恢复理智时，再与他心平气和地进行交流，那么原本他的抵触心理可能就此缓解甚至打消，反而会积极配合，向你反映市场上的一些情况。

第二，微笑应答。微笑是对客户的尊重，不要以为客户看不到就不知道你的态度。一般来说，在无法面对面的情况下发自内心的微笑更容易被对方所感知。微笑是优质服务的具体内容，是真诚的表现。如果说微笑服务需要的是电话访问员的耐心、专心、热心等心理素质，那么应答就是电话访问员技术、经验、品牌、库存等业务知识方面的综合表现。由于通话时间的限制，要求电话访问员对客户问题能够快速反应，不能等客户提出问题后，再去查找报表、资料。对于品牌的外形、内在品质、价位、产地等相关信息，电话访问员应该相当了解，这是一个电话访问员应该具备的最基本的专业素质。有了充分的准备，电话访问员才会胸有成竹，沉着应答。当然总会有意料不到的事情发生，正确处理突如其来的问题，是对电话访问员应变能力的考验，尤其是在问题比较尖锐的情况下，切忌进一步激化客户情绪。此时，电话访问员就是公司的代言人，灵活婉转地调整气氛，以客户的角度理解问题，再以客户的利益为切入点，将客户往好的方向引导，最终才能达成共识。这样做，就算不能完全解决问题，也可以达到人情上的理解和沟通。随着时间的积累，你会与之建立相互帮助的朋友关系，逐步提高客户对公司的忠诚度，日积月累，就形成了坚实的网络实体，使公司的利益和客户的利益紧密地结合起来，达到双赢的良好发展状态。

第三，积极询问。电话访问员不是单纯的记录员，一个优秀的电话访问员需要通过积极主动地询问来获知市场需求/发现市场动态，用询问的方式打开客户的心扉，达到真正意义上的心与心的交流。询问可实现由被动方变为主动方的微妙转化，这要求电话访问员具备一定的技巧，电话访问员需了解怎么问、如何问才能够引导客户的谈话，因为谈话是得到明确市场信息的关键。电话访问员要对自己访问的客户十分了解，在此基础上，针对其性格的差异采取不同的询问方式，有重点地进行询问，才能事半功倍。要尽量以简短、启发的询问来引导客户回答，而不要以“是非题”的形式让客户回答“是”或“否”。询问的目的是得到市场对公司的信息反馈，电话访问员在日常的工作中不断总结、积累经验，逐步形成与客户无阻碍沟通的能力。

任务实施

视频　利用专业平台做网络调查

实施范例指导

卜蜂莲花超市自有品牌满意度网络调查方法

调研项目：卜蜂莲花超市自有品牌满意度调查研究。

具体任务：卜蜂莲花超市自有品牌满意度网络调查法。

自己利用软件设计并找网站发布网络问卷比较复杂，一般都会借助一些专业的调查网站，这些网站会提供相关的模块，有明确的导航指导用户设计修改问卷，无须编程，简单易行，并且不需要重新寻找发布的网站空间，成本低。问卷设计好之后可以直接发布在这些专业调查网上。借助专业调查网站设计并发布网络调查问卷，是目前最为普遍也最受欢迎的方法。

1. 设计问卷

下面以卜蜂莲花自有品牌商品市场调查问卷为例，项目小组在某网络调查网站上设计问卷，主要实施步骤如下。

（1）登录调查网站，并注册为网站用户，这样才有权限管理和发布问卷。

（2）既可以选择满意且符合主题要求的模板，对问卷进行修改；也可以设计新问卷。

（3）新问卷目录下有满意度调查、市场调查、讨论股票、信息登记等内容，项目小组设计的问卷属于市场调查类，所以选择市场调查。

（4）可选择行业分类模板，如服装行业、手机行业、电脑行业等，也可以选择空白模板。如果选择空白模板，在最上方可选择设置背景。单击“请输入您的问卷标题”，并输入“卜蜂莲花超市自有品牌满意度调查问卷”。

（5）在相关问卷说明中输入此次调查的简单描述：尊敬的顾客朋友，您好！卜蜂莲花自有品牌从粮食、食用油和肉类、蛋类等生鲜食品入手，扩展到饮料，再发展到日用品乃至小家电，除了“卜蜂莲花”为主外还有“泉信”“好脉”等自有品牌。为了更好地满足顾客的需求，特开展本次调查，以便了解消费者对卜蜂莲花自有品牌商品的认知度、满意度、忠诚度以及对卜蜂莲花超市自有品牌商品经营的期望和意见，以便于公司不断改进工作，提高服务水平。望您在百忙之中如实填写此表，提出宝贵意见。非常感谢你的合作！

（6）设置性别选项。

（7）增加题目，如单选题（列表框或下拉框）。

（8）相似的问题可参照上一步进行设置。如有其他选项，可选中右侧“允许填写其他答案”前面小方框。

（9）验证选项中选中必答前面的小方框，则在相应的题目后面出现红色的“*”符号。

（10）出现多选题时，可在题目类型中选择多选题（复选框）。

（11）如果在增加题目选项中选择“矩阵题”，可以输入性价比、质量、包装、摆放位置、宣传促销、服务等，此时，注意应竖排，还可选择选项样式。

（12）如果限制用户选择答案的数量时，可在要求用户最少选中几项，最多选中几项中填上相应的数字。如问卷的某一题，要求最多选择两项时，可分别在方框内输入：最少 1 项，最多 2 项。这样问卷的问题后面会出现“用户可选择 1 ~ 2 项”。

（13）如果是问答题，则在题目类型中选择“问答题（多行）”，可设置文本高度和最多可容纳的字数。本问卷的最后两道题都是问答题。

2. 发送问卷

问卷设计完成后，系统会自动保存，可点击预览，预览确认后点击发布按钮，这时会弹出一个有关该问卷主题的页面，为了让更多的人参与到问卷调查中来，点击“发送问卷”，可以把问卷以邮件、群组等方式通知给调查对象，也可把链接发到个人主页或博客上，进行问卷调查。

至此，设计并发表调查问卷就完成了。根据用户的需求，还应进行相关的维护和调查结果的下载。这些专业网站不仅可以收集相关市场信息，还支持标准问卷分析和交叉问卷分析，支持棒状图、饼状图、3D 柱状图、线形图等多种图表类型，对收集的信息进行可视化分析。

实施要求

1. 小组讨论设计文本问卷，在此基础上设计网络调查问卷，认识两者之间的区别与联系。

2. 以小组为单位，在网站上设计并发布问卷。

3. 把问卷链接地址通过电子邮件、博客、QQ 等形式发送出去，并收集有效问卷，利用网站专业分析工具对有效问卷进行分析。

任务评价

测试

自我测试

1. 理论知识测试

(1) 下列关于网络调查法的说法正确的是（　　）。

A. 它无法监控调查过程，存在回答率、覆盖率低的问题

B. 网络调查的价值也受到人们填答意愿的限制

C. 受时空的约束性

D. 成本较高

(2) 网络调查法的特点包括（　　）。

A. 成本费用低　　B. 时效性强

C. 调查范围广　　D. 调查样本的代表性较差

E. 调查数据的质量不高

(3) 网络调查是（　　）。

A. 指在网络环境下，以互联网为信息传递工具，进行调查设计，资料收集、分析咨询等活动

B. 既具有传统调查的一般性，又具有现代网络的特殊性

C. 网络调查基于传统的统计调查理论

D. 网络调查注入了现代计算机和通信技术的新鲜血液

2. 实践技能测试

(1) 你是否能在网上独立设计并发布问卷？

(2) 你是否能发送网络问卷？

评价方法

1. 评价标准

(1) 任务是否及时完成。

(2) 任务完成的质量。

(3) 团队的表现。

2. 评价表

项目小组评价和个人任务评价分别如表 3－17 与表 3－18 所示。

表 3－17　项目小组评价 8

评分依据 组别	是否及时完成	质量	团队表现
第一组			
第二组			
第三组			
⋮			

表 3－18　个人任务评价 8

评分依据 成员	个人具体分工		个人表现		
	承担任务的质量	个人记录	教师评分	组长评分	组员互评
成员一					
成员二					
⋮					

项目四

如何整理市场信息数据

学习目标

1. 掌握数据的审核、编码、录入方法；
2. 掌握各类数据的汇总方法；
3. 掌握各类数据的图示方法；
4. 掌握各类数据的制表方法。

技能培养

培养学生对数据进行审核、编码、录入、汇总、图示、制表的技能。

学习任务

任务九　预处理数据

任务十　整理市场信息数据

如果说采集信息阶段是在外边“闯荡”，那么整理阶段就需要在机房奋斗。通过这两项任务的学习，将会对数据审核、编码、录入、汇总、图示、制表工作有了解，也许这个工作有些枯燥和辛苦，但经过努力奋斗，会惊喜地发现，那么多零散的数据资料变得有条理，并且可以用直观、清晰的图表展现出来，是多么值得自豪的事情，让我们好好努力吧！

任务九 预处理数据

任务导入

学习情境

艾尚团队已经完成了为期一周的调查任务。问卷收回后，他们面对几百份问卷，该怎么处理？数据有问题怎么办？怎么输入计算机？

案例导入

人口普查的录入工作

有这么一些人，从进行普查宣传开始，到普查登记、数据审核、数据录入、质量评估，起早贪黑，没有休息一天，尤其在忙碌的月份，天天加班到深夜，中午不休息，天天吃快餐，这就是面对百万级人口的邵东县经济普查工作者，他们既是基层普查员和普查表培训老师，又是各个区域的普查总指导员，既要负责指导各个区域的普查，又要对全县24000多户个体经营户，3000多家法人单位的数据进行审核录入工作。他们既要忙于数据审核、录入，又要忙于抽样调查、数据分析、评估和修订。截至5月下旬，邵东县经济普查各项表格及数据、编码、审核、录入、抽样调查、数据评估修订工作已全部完成。那一张张真实的普查表，就是邵东县普查办和统计局18位同志的心血。

思考题：

1. 数据审核工作有哪些重要的意义？
2. 数据编码、录入工作的特点有哪些？

任务要求

各小组在完成采集任务后，就进入市场信息的整理环节。而审核数据是整理环节中的一项重要内容。各小组在审核完数据后，还必须进行数据编码、数据录入等工作，为数据整理做好准备。例如，要做徐州卜蜂莲花超市自有品牌满意度调查研究，本次的任务就是对采集来的徐州卜蜂莲花超市自有品牌满意度相关数据进行审核、编码和录入。工作任务单如表4－1所示。

表4－1　　工作任务单9

项目	具体内容
项目名称	如何整理市场信息数据
任务名称	预处理数据
具体任务	掌握相关知识和技能，对项目小组市场信息数据审核、编码和录入
时间要求	本周内
工作步骤	• 当采集数据的任务完成后，各小组本次任务就是对采集回来的数据进行预处理具体操作步骤为：①审核问卷；②对问卷进行编码；③录入数据，要求小组成员分工合作，预处理数据，最后填写过程、计划和阶段成果表 • 个人对该任务的学习进行总结，并且填写阶段性评价表 注意：利用网络调查采集数据的项目小组，不需要审核，只需要编码，同时录入相关评价数据
实施指南	参照教材该任务范例指导完成本次任务
工作场景	教室、机房
工作成果	1. 小组会议记录表 2. 小组阶段性成果表 3. 个人阶段性成果表
评价标准	任务是否及时完成、团队表现如何、完成质量如何

任务分析

明确任务后，大家想一想怎样审核问卷呢？数据审核包括哪些内容呢？数据审核有哪些方法呢？怎样进行数据编码？数据编码的方法有哪些？最后通过什么方法录入数据？

各小组该怎样完成本次的任务呢？数据编码成果如表4－2所示。

表4－2　　数据编码成果

题号	变量	变量值	备注
1	Q1	1，2	
2	Q2	1，2，3，4，5，6	
3	Q3	1，2，3，4，5，6，7	

续　表

题号	变量	变量值	备注
4	Q4	1，2，3，4，5，6，7，8	
5	Q5（1），Q5（2），Q5（3），Q5（4），Q5（5），Q5（6），Q5（7），Q5（8），Q5（9）	0，1	0 表示没有选该项，1 表示选该项
6	Q6（1），Q6（2），Q6（3），Q6（4），Q6（5），Q6（6）	0，1	0 表示没有选该项，1 表示选该项
7	Q7	1，2，3	
8	Q8（1），Q8（2），Q8（3），Q8（4），Q8（5），Q8（6），Q8（7），Q8（8）	0，1	0 表示没有选该项，1 表示选该项
9	Q9	1，2，3，4	
10	Q10	1，2，3，4，5	
11	Q11（1），Q11（2），Q11（3），Q11（4），Q11（5），Q11（6）	0，1	0 表示没有选该项，1 表示选该项
12	Q12	1，2，3，4	
13	Q13（1），Q13（2），Q13（3），Q13（4），Q13（5），Q13（6），Q13（7），Q13（8）	0，1	0 表示没有选该项，1 表示选该项
14	Q14（1），Q14（2），Q14（3），Q14（4），Q14（5），Q14（6），Q14（7），Q14（8）	1，2，3，4，5	此题是矩阵题型 1 表示很不满意，5 表示很满意
15	Q15	1，2，3，4	
16	Q16	1，2，3，4，5	
17	Q17	1，2，3，4，5，6	
18	Q18	1，2，3	
19	Q19	1，2，3，4	

续　表

题号	变量	变量值	备注
20	Q20（1），Q20（2），Q20（3），Q20（4），Q20（5），Q20（6），Q20（7），Q20（8）	0，1	0 表示没有选该项，1 表示选该项
21	Q21	1，2，3，4，5，6	
22	Q22	1，2，3	
23	Q23	1，2，3，4，5，6，7，8，9，10	
24	Q24	1，2，3	
25	Q25（1），Q25（2），Q25（3），Q25（4），Q25（5）	0，1	0 表示没有选该项，1 表示选该项

任务学习

视频　数据审核

知识学习

统计数据的预处理是数据整理的前期准备工作，是对数据分组汇总前的必要工作，主要包括数据审核、数据编码和数据录入工作。

一、如何进行数据审核

1. 数据审核的作用

数据审核是对市场调查获取的各种资料（原始资料和整理资料）进行审查和核实。市场调查数据审核对获取有效的、有价值的信息有重要意义。

（1）大型市场调查的调研项目多、数字多、信息量大，为了保证信息前后一致，不出现逻辑的、登记的、计算的错误，十分有必要对资料进行审查，贯彻信息的一致性、客观性和有效性。

（2）在资料整理之前进行市场调查资料审核，可以提高工作效率，避免重复劳动。如果信息资料不经过审核而直接进行整理，一旦有误，则前面做的信息整理工作将前功尽弃，既费时、费力和增加成本，又不利于对信息的及时补充。

（3）有利于提高信息资料的质量。汇总整理对资料进行审核，可以及时对有误的信息做恰当修正，在此基础上进行的汇总信息，只要汇总质量可以保证，则最终的数据资料质量就是可以保证的。

2. 数据审核的内容

数据审核包括完整性审核、准确性审核、一致性审核和及时性审核四个方面的内容。

（1）完整性审核。

完整性审核应该包括被调查的单位是否都已调查，问卷或调查表内的各项目是否都填写齐全，也就是检查是否有单位未回答或项目未回答。如果发现有的问题未回答，可能是被调查者不能回答或不愿回答，也可能是调查人员的疏忽所致，应立即修正，填补空白问题。如果问卷中出现“不知道”的答案占比重过大，就会影响调查资料的完整性，应采取适当措施处理并加以说明。

（2）准确性审核。

主要是看调查资料的口径、计算方法、计量单位等是否符合要求。剔除不可靠的资料，才能使资料更加准确。调查资料应清楚易懂，即如果所记录的回答字迹模糊，或者除调查员以外谁都不明白，则应返回问卷，让调查员校正或写清楚。

（3）一致性审核。

主要是看被调查者的回答前后是否一致，有无逻辑错误。调查人员在审核调查问卷时，如果发现某一被调查者的回答前后不一致，或者一个资料来源的数字与后来从其他资料来源收集的数字不一致，这就需要调查人员深入调查，探询原因，剔除或调整资料，使之真实、准确。

（4）及时性审核。

主要是看各被调查单位是否都按规定日期填写和送出问卷。填写的资料是否是最新资料。现代市场活动节奏越来越快，只有代表市场活动最新状态的市场信息才是使用价值最高的信息。切勿将失效、过时的信息引入决策中。此外，要剔除不必要的资料，把重要的资料筛选出来。

3. 数据审核的主要方法

数据审核包括经验判断、逻辑检查和计算审核三种方法。

（1）经验判断。

经验判断就是根据已有经验，判断数据的真实、准确。例如，如果被调查者将年龄填为151岁，根据经验判断肯定有误。又如，某小杂货店营业面积2000平方米，根据经验判断肯定与事实不符。

（2）逻辑检查。

逻辑检查就是根据调查项目之间的内在联系和实际情况，对数据进行逻辑判断，看是否有不合情理或前后矛盾的情况。例如，某被调查者的年龄填写18岁，而婚姻状况却填“已婚”，其中必有一项是错误的。又如，某位被调查的消费者前面说“不知道”某调味品，后面却说“每天都在使用”，显然前后矛盾。

（3）计算审核。

就是对数据资料的计算技术和有关指标之间的相互关系进行审查，主要看各数字在计算方法和计算结果上有无错误。常用的计算检查方法有加总法、对比法、平衡法等。例如，在家庭的收支结构调查中，家庭总收入远小于总支出与储蓄之和，这种情况肯定是有错误的。

4. 数据审核时应注意的问题

访问调查的审核工作一般包括两个阶段，即实地审核和中心办公室审核。这两个阶段的审核工作应各有侧重。

（1）实地审核。

实地审核属于初步审核，一般包括调查员审核和督导审核。调查员在调查结束后，应及时审核问卷，检查其完整性、正确性、一致性以及是否清楚易懂。如果被调查者对于某项问题无回答，则应注明原因。另外，还应标明资料的可信度，例如，可信的、可以参考的、不可信的等。这样，在利用资料时，特别是具体引用文字资料时，可酌情处理。实地督导审核应在收到问卷后立即开始，其主要目的是检查数据是否有明显的遗漏与错误，使数据通过审核，控制调查误差，此外还可以及时发现并纠正调查员对调查程序或具体问题的误解。

（2）中心办公室审核。

这一阶段的审核工作应在资料搜集工作结束后立即开始。中心办公室审核比实地审核更完善、确切和仔细，要求审核员的目光更加锐利，审核时应更加认真、仔细。为保证处理方法的一致性，审核工作最好由同一个人完成。如果工作量过大或花费时间太长而必须分工，应该按照问卷结构分工，而不是按照问卷份数分工。

5. 市场调查资料审核的基本步骤

以最常见的问卷调查的中心办公室审核为例，简单介绍接收核查问卷、编辑检查、采取相应处理措施三个步骤。

第一步，接收核查问卷。

接收核查问卷又称一审。从不同地区、不同调查员交回的问卷，都应该立即做好登记和编号工作。尤其是对于大规模的调查更应如此。一般负责接收问卷的工作人员要事先设计好登记表格，上面列有调查员姓名和编号、调查地区和编号、调查实施的时间、交付的日期、实发问卷数、上交问卷数和问卷编号、未答或拒答问卷数、丢失问卷数、其他问卷数以及合格问卷数等。回收的问卷应分别按照不同调查员和不同地区（或单位）放置，问卷表面应写有编号或注明调查员和调查地区等。否则，大量的问卷混在一起，容易丢失，且不易查找。接收问卷时，工作人员应对所有的问卷检查一遍，将无效的或不能接收的问卷剔除。

无效的问卷主要指以下几种情况。

（1）回答不完全，有相当多的问题没有填写答案。

（2）被调查者因没有理解问卷的内容而错答问题，或没有按照指导语的要求回答问题，例如，要求跳答的问题没有按要求去做，单选题却选择多个答案等。

（3）回答可疑，例如，针对所有答项，被调查者的回答全是一致选项。

（4）缺损的问卷，即有一页或多页丢失，或是无法辨认。

（5）在截止日期之后收回的问卷。

（6）由不属于调查对象的人填写的问卷，例如，在一项药品市场调查中，调查对象是患有某项疾病并曾经接受过治疗的人，因此，没有患有此项疾病或患有此项疾病但没有治疗过的人填答的问卷都属于无效问卷。

（7）前后矛盾或有明显错误的问卷，例如，年龄为20岁，工龄为30年。

第二步，编辑检查。

编辑检查又称二审，是对问卷进行更为准确和精确的检查，主要检查的仍是问卷回答的完全性、准确性、一致性以及是否清楚易懂等。例如，在消费品市场调查中，某被调查者的家庭人均月收入仅500元，却经常在一些高档商场购物，这是不合理的；又如某题的选项模糊，让人难以确定，无法做出选择。

第三步，采取相应的处理措施。

对于检查出来的无法令人满意的问卷，常用的处理方法为退回实地重新调查、视为缺失数据或者放弃不用。

（1）退回重新调查，即把不满意的问卷退回去，让调查员再次调查原来的被调查者。这种处理方法主要适用于规模较小，被调查者很容易找到的商业或工业市场调查。但是，调查的时间不同，调查的方式不同（例如，第一次是面访调查，第二次可能只是通过电话询问），都可能会影响二次调查的数据。

（2）视为缺失数据，一般是在无法退回问卷时，把令人不满意的回答作为缺失值来处理。这种方法主要适用于：①有令人不满意回答的问卷数较少时；②这些问卷中令人不满意的回答比例很小；③有令人不满意的回答的变量不是关键变量。

（3）放弃不用，即简单放弃有令人不满意的回答的问卷。这种方法主要适用于：①令人不满意回答的问卷在全部问卷中比例很小；②样本量很大；③有令人不满意回答的被调查者与令人满意的被调查者在人口特征、关键变量等方面的分布没有显著差异；④准备放弃的问卷中令人不满意回答在全部回答中的比例较大；⑤对关键变量的回答是缺失的。

但是，如果有令人不满意回答的被调查者与令人满意的被调查者在人口特征、关键变量等方面的分布存在显著差异，或者判断一份问卷是否令人满意是主观的，简单放弃有令人不满意回答的问卷也可能会产生系统偏差。因此，如果调研者决定放弃一些问卷，则应当在报告中说明放弃的问卷数量以及判别这些问卷的程序。

二、如何进行数据编码

视频　数据编码录入

1. 数据编码的作用

编码就是将问卷信息（包括调查问题和答案）转化为统一设计的计算机可识别的代码，以便于对其进行数据整理与分析。编码是信息转换的重要手段之一，在市场调查中，编码是一个不可忽视的重要环节。从问卷设计中的编码设计，到数据处理阶段的编码过程，都有可能伴随着编码误差，直接影响调查的数据质量。编码的作用主要有以下几点。

（1）减少数据录入和分析的工作量，节省费用和时间，提高工作效率。

（2）将定性数据转化为定量数据，把整个问卷的信息转化为规范标准的数据进而可以利用统计软件，采用统计分析方法进行定量分析。

（3）减少误差。量化的数据简单易懂，不像文字资料容易丢失重要信息，还可以利用编码修正回答误差，替代缺失值，都有助于减少调查误差。

2. 编码设计的内容与分类

编码设计即确定各问卷、问卷各项目和答案对应代码的名称、形式、范围以及与原数据的对应关系。

（1）编码设计的内容。

编码设计的具体内容包括问卷的代码、变量的定义。问卷的代码主要包括区代码、街道代码、居委会代码、调查员代码以及问卷代码等。例如，某问卷的代码为“1051202”，第一位数字“1”表示北京市，“05”表示调查员代号，“12”为居委会代号，最后两位代码“02”表示该调查员在此居委会成功调查的第二份问卷。

对问卷变量和取值的编码设计比较复杂。一份市场调查问卷通常包含若干问题。为了统计处理方便，在数据输入计算机之前，必须先给每一个问题或变量起一个变量名称。变量名称一般是用英文字母和数字的组合，可以用B（Background）代表“背景”部分，而B1代表背景部分的第一个问题，以此类推。可以用Q（Question），代表“主体问题”，而Q1代表第一个主体问题，以此类推。可以用S（Sift）代表问卷的“筛选问题”，而S1代表第一个筛选问题，以此类推。

（2）编码设计的分类。

根据编码设计的时间与方法不同，可分为前设计和后设计两种。前设计编码主要针对答案类别事先已知的问题，如结构式问卷中的封闭题和数字型开放题，在问卷设计的同时设计编码表。这种编码设计简单易行，但有可能由于问卷选项的设计缺少某重要选项，或设置多余选项，而影响数据质量。后设计编码主要针对答案无法事先确定类别的问题，如非结构式问卷和结构式问卷中的文字型开放题，要在数据收集完成后，根据被调查者的回答设计编码表。这种编码表的分类可能相对更准确、有效。但比较复杂，而且费时、费力。

3. **前设计编码的方法**

编码的设计与问卷设计密切相关，前设计编码可以归入问卷设计之中。前设计编码要求事先已知问题的答案类别，主要应用于结构式问卷中的封闭题。

（1）对单项选择题只需规定一个变量，取值为选项号。例如：

Q1 你的性别？

1. 男　　　　　　2. 女

变量的取值范围为1、2或9，其中1表示男，2表示女，9表示缺失值。缺失值编码不能与合理回答重复。

（2）对多选题须规定多个变量。通常是将各个可能回答的答案选项都设为0和1，如被调查者选择了该答案，此显示为1，否则为0。例如：

Q2 您选择建材购买场所考虑的因素有哪些？

1. 公司信誉　2. 服务　3. 价格　4. 质量　5. 广告宣传　6. 其他

问题变量可以设为Q21，Q22，Q23，Q24，Q25，Q26，问题答案，即各变量值分别为0和1。如果被调查者选择了第2、第3和第4项。那么相应的答案为：

Q21	Q22	Q23	Q24	Q25	Q26
0	1	1	1	0	0

这种方法的优点是便于分析，编码的结果不用经过转换，可直接分析。缺点是不便于录入，变量随选项增多而增多，对于大样本，录入工作负担较重，而且录入时，录入值与问卷答案不同，很容易出错。改进的方法是：该0~1变量为真时，取值为对应选项号，这样录入时出错率低一些，但工作量仍较大。

（3）对排序题同样需规定多个变量，与多选题类似。有两种方法，这两种方法对应的问题形式略有差异。

第一种方法：变量个数即选项个数，按照选项排列顺序，分别定义各变量为对应选项所排次序号，取值即为次序号。例如：

Q3 您选择去某一商场购物主要考虑的最重要的因素是（　　），其次是（　　），再次是（　　）。

1. 服务水平　　2. 地理位置　　3. 商品质量　　4. 价格因素

按照这种题型对所有选项排序，采用此法比较可行，问卷设计时对应各选项统一留出位置填写次序号。但如果仅取前几名排序，采用此法与多选题一样，优点是可以直接进行分析，但录入工作量大。

第二种方法：变量个数为要求排序的项数，依照次序号排列顺序，分别定义各变量为各次序号对应的选项项数，取值即为选项号。仍以上题为例，但改变其形式。

Q4. 您选择去某一商场购物最重要的因素是（　　），其次是（　　），再次是（　　）。

1. 服务水平　　　2. 地理位置　　　3. 商品质量　　　4. 价格因素

如果问题只要求取前几名排序，与多选题一样，采用此方法便于录入，减少工作量，降低出错率，但分析时要先进行数据转化。

4. 后设计编码的方法

后设计编码指的是给某个没有事先编码的答案分配一个代码。通常需要事后编码的有封闭式问答题的“其他”项和开放式问答题。

后设计编码的方法是根据问题的回答确定各答案类别。选取问卷有两种方式：一种是阅读所有问卷对该问题的回答，这种方法适用于样本量较小的情况；另一种是抽取部分问卷，抽取方法可以随机选取，也可以分层系统选取，还可以主观选取，尽量使其分布分散一些，此方法适用于样本量较大的情况。选定问卷后，仔细阅读每个被调查者对该特定问题的回答，每遇到一个新的答案类别就记录下来，同时记录各答案类别出现的频数，以此类推。这里要注意的是答案除表面含义，可能还有引申、隐含的含义，应注意区分。最后应结合调查分析目的对分类的要求，对各答案类别进行整理归纳，突出分析重点，尽量包含所有信息且互不交叉，将不能编码或个数较少、可不予考虑的答案归入“其他”项。此外，注意留出位置准备修改，如果后期发现较多或较重要、有新意的类别，可以增加或细化类别。

三、如何录入数据

录入数据就是将实际数值和编码通过录入设备录入到计算机存储介质上。如果用 Excel 软件处理数据时，就必须把问卷的实际数据和编码录入 Excel 文件上。Excel 文件的每一列输入问卷问题的编码，也就是变量，每一行输入同一份问卷中的所有答案，也就是变量值。数据录入结果如图 4 -1 所示。

	A	B	C	D	E	F	G	H	I	J
1	卜蜂莲花自由品牌商品市场调查问卷									
2	Q1	Q2	Q3	Q4	Q5	Q6	Q7	Q8(1)	Q8(2)	Q8(3)
3	2	1	1	3	2	2	2	0	0	1
4	2	1	1	3	5	2	1	1	1	0
5	2	1	1	2	2	2	1	0	0	1
6	2	1	1	2	4	2	3	1	1	1
7	2	1	1	2	2	1	1	0	0	1
8	2	1	1	3	1	3	3	0	1	0
9	2	1	1	1	1	2	1	0	0	0
10	1	1	1	2	9	2	1	0	1	0
11	1	2	4	1	2	2	1	1	1	0
12	1	5	6	3	2	1	9	0	0	0

图 4 -1　数据录入结果

知识拓展

市场调查员

市场调查员是指通过调查、统计分析等方法获得全面、准确的市场信息和分析结论，为企业管理决策提供强有力支持的专业人员。具体而言，调查员负责拟定调研方案或评估调研企业提供的方案，制订市场调研计划，组织、实施市场调研项目，对宏观环境及行业状况、企业内部营销环境、消费者及用户进行调查分析。经理级从业者还要负责监控调研流程和数据、信息质量，以确保调研工作符合企业要求。

调查员的工作内容具体可归纳为以下几项：①开展对企业战略计划、新产品、新服务的可行性的市场调研和分析；②跟踪和研究国家宏观经济政策的走向，对国家重大政策和法律法规的变动方向做出判断，并提出相应的调整建议；③对市场进行深入调查研究，把握行业动向，并就产品开发、市场销售、客户服务、经营管理等专题提出专题调查报告或策划方案；④负责调研方案的具体实施，按时执行调研项目的每个环节，保证数据和信息的充分和真实；⑤撰写能够真实反映调研结果的调研报告等。

市场调查经理的工作内容更偏重于活动的策划与组织管理、方案评估与组织实施方面：①拟定调研方案或确定调研企业提供的方案，制订市场调研计划，组织策划市场调研项目；②组织进行宏观环境及行业状况调研，对企业内部营销环境、消费者及用户调研；③监控调研流程和数据与信息质量，确保调研工作符合公司要求；④在必要情况下指导和改进调研流程和方法；⑤组织收集各类市场情报及相关行业政策与信息；⑥建立完善的营销信息系统，为本部门和其他部门提供信息决策支持。

调查员作为一个企业获取信息的“利器”，不仅要做好自己本职工作，还要配合其他部门提供所需数据与分析，为其他部门各项工作开展提供有力支持。从职责角度，我们可以把各级别的市场调查工作者的工作内容进行重新总结划分，以明晰其权责：①服从分配，听从指挥，并严格遵守企业的各项规章制度和有关规定；②负责对市场开拓调查工作；③负责对产品市场销售潜力的调查和分析；④负责对同业、客户的调研工作；⑤负责对产品在广告宣传效果的调研分析；⑥负责为新增营销点的环境、人口、布局等事项的调查；⑦负责新增点做好前期调查研究工作；⑧对调查结果撰写可行性分析报告；⑨协助做好营销广告策划工作；⑩做好分析研究营销策略工作；⑪对所承担的工作全面负责。

调查员要求从业者有高度的责任感和吃苦耐劳的精神，有出色的与人沟通的能力。

调查员需具备的能力素质如下：①思维活跃，能对产品开发创意进行创新性的拓展；②很强的研究能力，能就某一产品的开发可行性进行多方位论证；③能对行业和产品跟踪研究，并提供高质量的研究报告；④很强的沟通、协调能力，能针对合作方有效地阐述合作意向，组织相关人员对创意进行论证；⑤较强的计划管理能力，能制订合理的计划、监控计划执行状态并提供相应的调整建议。

目前世界500强企业中，有90%都建立了信息分析部门。相比之下，我国的企业，特别是国有企业对市场的调查和分析的重视程度还远远不够，在差异中孕育着巨大的市场需求空间，市场调查分析人才前途光明。

调查员的成长路径可以有以下两种。成长一：从事企业的市场调研工作，积累了一定的经验之后，可以发展为市场调研经理或市场经理；成长二：从业于专门的市场调研公司，对于各种产品的市场需求规律有了一定的把握之后，可以发展为品牌管理咨询顾问或市场调研分析师。对于积累了一定管理经验且具备企业营销活动整体规划与组织实施能力的市场调查经理可以考虑向市场总监、品牌策划总监和专业市场调查分析师转型。

任务实施

视频　SPSS编码及录入

实施范例指导

调研项目：卜蜂莲花超市自有品牌满意度调查。

具体任务：卜蜂莲花超市自有品牌满意度调查数据预处理。

1. 数据审核

卜蜂莲花超市自有品牌满意度调查小组本次任务首先完成数据审核工作，具体做法分成两个阶段。第一阶段，每个人在问卷调查过程中做好审核工作；第二阶段，对收回的所有问卷，小组成员分工审核。参照无效问卷筛选依据，筛选出本次任务中的无效问卷。例如，单选题有的人多选了；答案不全；前后不一致，前面表示没有买过卜蜂莲花自有品牌商品，后面又写出了使用的感觉体会。该项目小组共调查120人，经过审核，有效问卷为93份，无效问卷为27份。

2. 数据编码

卜蜂莲花超市自有品牌满意度调查问卷编码如表4-3所示。

表 4-3 问卷编码

题号	变量	变量值	备注
1	Q1	1，2	
2	Q2	1，2，3，4，5	
3	Q3	1，2，3，4，5，6，7	
4	Q4	1，2，3，4	
5	Q5	1，2，3，4，5	
6	Q6	1，2	
7	Q7	1，2，3	
8	Q8（1），Q8（2），Q8（3），Q8（4），Q8（5），Q8（6），Q8（7），Q8（8）	0，1	0 表示没有选该项，1 表示选该项
9	Q9	1，2，3	
10	Q10	1，2	
11	Q11	1，2	
12	Q12	1，2，3，4	
13	Q13（1），Q13（2），Q13（3），Q13（4），Q13（5），Q13（6），Q13（7），Q13（8）	0，1	0 表示没有选该项，1 表示选该项
14	Q14（1），Q14（2），Q14（3），Q14（4），Q14（5），Q14（6）	1，2，3，4，5	此题是矩阵题型 1 表示很不满意，5 表示很满意
15	Q15	1，2，3，4，5	
16	Q16（1），Q16（2），Q16（3），Q16（4），Q16（5），Q16（6）	0，1	0 表示没有选该项，1 表示选该项
17	Q17（1），Q17（2），Q17（3），Q17（4），Q17（5），Q17（6）	0，1	0 表示没有选该项，1 表示选该项
18	Q18	1，2	

3. 数据录入

Excel 文件的每一列输入问卷问题的编码，也就是变量，每一行输入同一份问卷中的所有答案，也就是变量值，具体如图 4 -2 所示。

	A	B	C	D	E	F	G	H	I	J	K
1	卜蜂莲花自有品牌满意度调查问卷数据										
2	Q1	Q2	Q3	Q4	Q5	Q6	Q7	Q8(1)	Q8(2)	Q8(3)	Q8(4)
3	2	1	1	3	2	2	2	0	0	1	0
4	2	1	1	3	5	2	1	1	1	0	1
5	2	1	1	2	2	2	1	0	0	1	1
6	2	1	1	2	4	2	3	1	1	1	1
7	2	1	1	2	2	1	1	0	0	1	1
8	2	1	1	3	1	3	3	0	1	0	1
9	2	1	1	1	1	2	1	0	0	0	0
10	1	1	1	2	9	2	1	0	1	0	1
11	1	2	4	1	2	2	1	1	1	0	1
12	1	5	6	3	2	1	9	0	0	0	1
13	1	1	1	3	2	2	2	0	0	0	0
14	1	1	1	2	1	2	2	0	1	0	0
15	1	2	2	3	3	2	1	0	0	0	1
16	1	1	1	2	3	2	2	0	0	0	0
17	1	1	1	1	1	1	2	1	1	1	1
18	1	1	1	1	3	1	2	1	1	1	1
19	2	1	1	2	2	1	1	0	0	0	1
20	2	1	1	2	2	2	2	0	0	0	1
21	2	1	1	3	2	2	2	0	0	0	1
22	2	2	2	3	4	2	2	0	1	0	1
23	2	3	7	1	1	2	1	0	0	0	1
24	2	3	2	3	2	2	2	1	1	0	1
25	2	3	3	2	2	1	2	1	1	1	1
26	1	3	5	1	1	2	3	1	0	0	1

图 4 -2　数据录入

实施要求

1. 实训练习：①审核问卷实训，给每位同学提供 10 份问卷，进行审核练习；②问卷编码，对问卷进行数据编码；③数据录入，每人录入 10 份问卷的数据。

2. 各项目小组参照范例，针对所调研项目进行数据预处理。

3. 做好记录，完成阶段成果表。

任务评价

测试

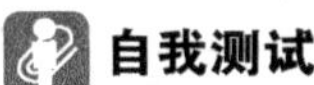
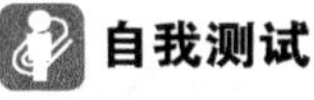

自我测试

1. 理论知识测试

（1）数据审核的内容包括（　　）。

A. 完整性审核　　B. 准确性审核　　C. 一致性审核　　D. 及时性审核

（2）数据审核的方法包括（　　）。

A. 经验判断　　B. 逻辑检查　　C. 计算审核　　D. 实地审核

(3) 编码的作用包括（　　）。

A. 节省费用和时间，提高工作效率

B. 将定性数据转化为定量数据

C. 便于对其进行数据整理与分析

D. 减少误差

2. 实践技能测试

(1) 你在完成审核、编码、录入任务过程中有哪些深刻的体验?

(2) 你是否能独立完成审核、编码、录入任务?

评价方法

1. 评价标准

(1) 任务是否及时完成。

(2) 任务完成的质量。

(3) 团队的表现。

2. 评价表

项目小组评价和个人任务评价分别如表 4－4 与表 4－5 所示。

表 4－4　项目小组评价 9

评分依据／组别	是否及时完成	质量	团队表现
第一组			
第二组			
第三组			
⋮			

表 4－5　个人任务评价 9

评分依据／成员	个人具体分工		个人表现		
	承担任务的质量	个人记录	教师评分	组长评分	组员互评
成员一					
成员二					
⋮					

任务十　整理市场信息数据

任务导入

学习情境

上次任务中，艾尚团队已经对收回的问卷进行了审核、编码，并且已经把数据录入计算机。数据录入后，又该如何对这些数据进行汇总？怎么才能画出漂亮的图形和表格？

案例导入

网络广告对网民影响力仅次于电视广告

艾瑞市场咨询公司根据《第一届艾瑞网民网络习惯及消费行为调查》的结果发现，最影响网民消费行为的广告中，网络广告成为继电视广告之后的主要影响广告媒体之一，其次分别是报纸广告和杂志广告。而在了解网络广告对网民消费行为的影响程度的情况时发现，网民认为网络广告对其消费行为很有影响的占10.6%，比较有影响的占29.0%，有点影响的占41.3%，很少影响的占14.7%，没有影响的占4.4%。应该说，从网民对网络广告的了解程度上看，网络广告还是对其产生了一定的影响。具体情况如表4－3与表4－4所示。

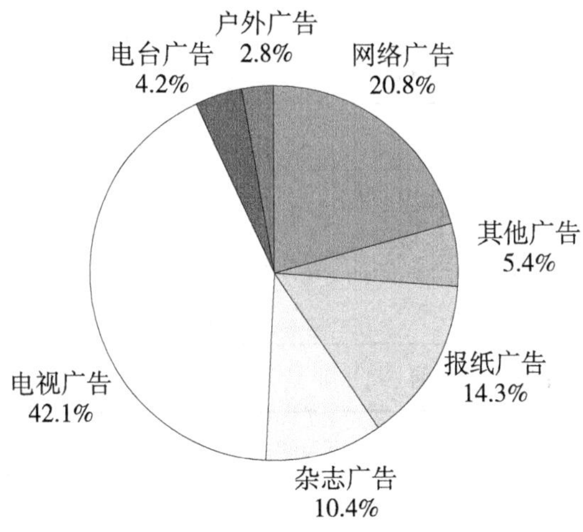

图4－3　最影响网民消费行为的广告类别

资料来源：新浪传媒

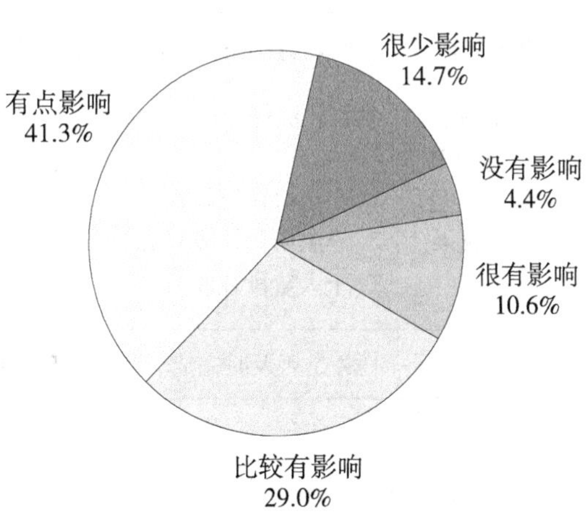

图4－4　网络广告对网民消费行为的影响程度

资料来源：新浪传媒

思考题：

1. 整理的作用有哪些？
2. 整理的图形有哪些种类？

任务要求

具体任务：各小组在完成数据审核、数据编码，并且把数据录入计算机后，对数据进行整理。数据整理主要是把数据用图形和表格描述出来。例如，要做徐州卜蜂莲花超市自有品牌满意度调查研究，本次的任务就必须对采集来的徐州卜蜂莲花超市自有品牌满意度相关数据进行汇总，用图表显示。工作任务单如表 4－6 所示。

表 4－6　工作任务单 10

项目	具体内容
项目名称	如何整理市场信息数据
任务名称	整理市场信息数据
具体任务	掌握相关知识和技能，对项目小组数据进行整理、汇总
时间要求	两周内
工作步骤	• 各项目小组完成数据预处理后，就可以对数据进行整理 • ①确定问卷数据类型，选择用哪种方法汇总数据、用哪种图形显示数据，同时确定哪些数据可以做交叉分析表；②小组成员分工，编制调查数据的交叉分析表、绘制统计图；③小组检查讨论成果并进行修改完善；④提交小组阶段成果 • 个人对该任务的学习进行总结，并且填写阶段性评价表
实施指南	参照教材该任务范例指导完成本次任务
工作场景	教室、机房
工作成果	1. 小组会议记录表 2. 小组阶段性成果表 3. 个人阶段性成果表
评价标准	任务是否及时完成、团队表现如何、完成质量如何

任务分析

明确任务后，请大家想一想该怎样整理问卷呢？数据整理包括哪些内容？怎样汇总数据，怎样用图表显示数据？各小组该怎样完成本次的任务呢？

任务学习

视频　识别数据

知识学习

视频　数据的汇总和图示

数据经过预处理后，可进行汇总整理，用图表显示数据。对于不同类型的数据，整理所采取的方式和绘图所使用的方式不同。按照计量尺度不同，可以将数据分成分类数据、定序数据和数值型数据，分类数据是对事物进行分类的结果，数据表现为类别，是用文字描述的。定序数据也是对事物进行分类的结果，但这些类别是有顺序的，如产品质量可以分为一级品、二级品、三级品和等外品。而数值型数据是使用自然或度量衡单位对事物进行计量的结果，是用数量来表现的。下面就不同类型数据的整理与显示进行介绍。

一、分类数据的整理与显示

分类数据本身就是对事物的一种分类，因此，在整理时，除了列出所分的类别，还要计算出每一类别的频数、频率或比例，同时选择适当的图形进行显示，以便对数据及其特征有一个初步的了解。

1. 分类数据的整理

把数据按照一定的标志进行分类，形成各组单位数在各组的分布，并用表格形式表现出来，称为频数分布。落在某一特定类别（或组）中的数据个数，称为频数，也称为次数。下面举例说明如何用 Excel 制作频数分布表。

例如，调查小组对某一商场的 50 位购买摄像机的顾客做了一个对品牌喜爱和关注程度的调查，图 4－5 就是这 50 位顾客做选择的原始记录数据。

为了用 Excel 建立一张频数分布表，首先需要将不同品牌的摄像机用一个数字代码来表示，如图 4－6 所示。

	A	B	C	D	E
1	JVC（日本胜利公司）	松下	松下	索尼	索尼
2	索尼	三星	佳能	松下	松下
3	佳能	索尼	松下	索尼	索尼
4	索尼	三星	索尼	三星	JVC
5	索尼	索尼	三星	松下	索尼
6	JVC	佳能	JVC	索尼	松下
7	索尼	松下	索尼	佳能	索尼
8	佳能	三星	松下	索尼	三星
9	索尼	佳能	三星	三星	索尼
10	JVC	索尼	JVC	索尼	佳能

图 4－5　摄像机购买顾客数据

	A	B	C	D
1	品牌名称	代码	代码上限	
2	JVC	1	1	
3	索尼	3	2	
4	佳能	2	3	
5	三星	5	4	
6	松下	4	5	
7	以下省略	4		

图 4－6　代码设计

Excel 把代码视为数值型数据，用工具菜单中的数据分析选项，选择直方图命令，就可以得到结果，如图 4－7 所示。

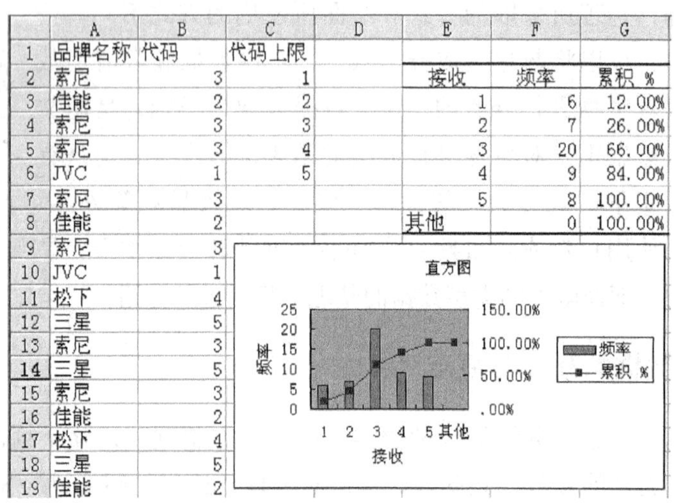

	A	B	C	D	E	F	G
1	品牌名称	代码	代码上限				
2	索尼	3	1		接收	频率	累积 %
3	佳能	2	2		1	6	12.00%
4	索尼	3	3		2	7	26.00%
5	索尼	3	4		3	20	66.00%
6	JVC	1	5		4	9	84.00%
7	索尼	3			5	8	100.00%
8	佳能	2			其他	0	100.00%
9	索尼	3					
10	JVC	1					
11	松下	4					
12	三星	5					
13	索尼	3					
14	三星	5					
15	索尼	3					
16	佳能	2					
17	松下	4					
18	三星	5					
19	佳能	2					

图 4－7　分析数据

2. 分类数据的图示

用图形来显示频数分布，就会更形象和直观。一张好的统计图表，往往胜过冗长的文字表述。统计图的类型有很多，多数统计图除了可以绘制二维平面图，还可以绘制三维立体图。图形的制作可由计算机来完成。这里首先介绍反映分类数据的图示方法，其中包括条形图和饼图。如果有两个总体或两个样本的分类相同且问题可比时，还可以绘制环形图。

（1）条形图。

条形图是用宽度相同的条形的高度或长短来表示数据多少的图形。条形图可以横置或纵置，纵置时也被称为柱形图。此外，条形图还有单式、复式等形式。

在表示分类数据的分布时，用条形图的高度或长度来表示各类别数据的频数或频率，如图4－8所示。绘制时，各类别可以放在纵轴，称为条形图。如果将各类别放在横轴，则称为柱形图。

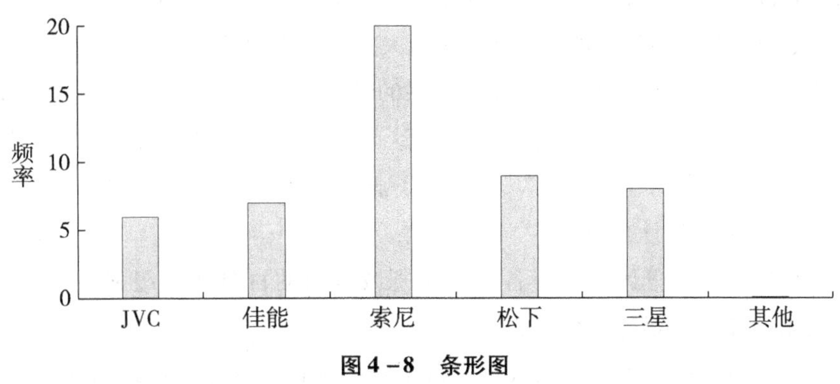

图4－8　条形图

（2）饼图。

饼图又称圆形图，它是用圆形及圆内扇形的面积来表示数值大小的图形。饼图主要用于表示总体中各组成部分所占的比例，对于研究结构性问题十分有用。在绘制饼图时，总体中各部分所占的百分比用圆内的各个扇形面积表示，这些扇形的中心角度，是按各部分百分比占360°的相应比例确定的，如图4－9所示。

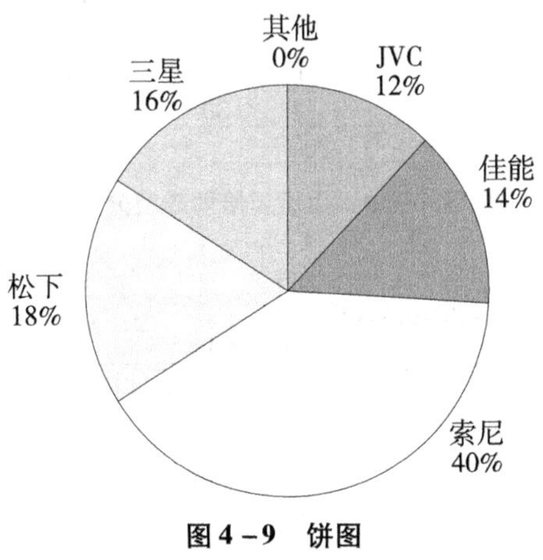

图4－9　饼图

二、定序数据的整理与图示

1. 定序数据的整理

分类数据的整理与图示方法，如频数、比例、百分比、比率、条形图和饼图等，也都适用于定序数据的整理与显示。对于定序数据，除了可使用上面的整理与显示技术，还可以计算累计频数和累计频率（百分比）。

（1）累计频数。

累计频数是指将各有序类别或组的频数逐级累加起来得到的频数。

频数的累计方法有两种。一是从类别顺序的开始一方向类别顺序的最后一方累加频数（数值型数据是从变量值小的一方向变量值大的一方累加频数），这一方法被称为向上累计；二是从类别顺序的最后一方向类别顺序的开始一方累加频数（数值型数据是从变量值大的一方向变量值小的一方累加频数），这一方法被称为向下累计。通过累计频数，可以很容易看出某一类别（或数值）以下或某一类别（或数值）以上的频数之和。

（2）累计频率或累计百分比。

累计频率或累计百分比是指将各有序类别或各组的百分比逐级累加起来。累计频率也有向上累计和向下累计两种方法。

例如，某企业对甲、乙两班组成员进行了相关培训，成绩、两班组成绩累计频数、两班组成绩累计频率如图 4－10 与图 4－11 所示。

	A	B	C	D	E	F	G
1		甲班组成员培训成绩					
2				向上累计		向下累计	
3	培训成绩	人数	百分比%	人数	百分比%	人数	百分比%
4	优	5	17	5	17	30	100
5	良	12	40	17	57	25	83
6	中	8	27	25	84	13	43
7	及格	3	10	28	94	5	16
8	不及格	2	6	30	100	2	6
9	合计	30	100	—	—	—	—

图 4－10　甲班组培训成绩分布

	A	B	C	D	E	F	G
1		乙班组成员培训成绩					
2				向上累计		向下累计	
3	培训成绩	人数	百分比%	人数	百分比%	人数	百分比%
4	优	7	23	7	23	30	100
5	良	13	44	20	67	23	77
6	中	6	20	26	87	10	33
7	及格	3	10	29	97	4	13
8	不及格	1	3	30	100	1	3
9	合计	30	100	—	—	—	—

图 4－11　乙班组培训成绩分布

2. 定序数据的图示

（1）累计频数分布图。

根据累计频数或累计频率，可以绘制累计频数或频率分布图。根据甲班组培训成绩分布的数据可以绘制累计频数分布图，如图 4－12 所示。

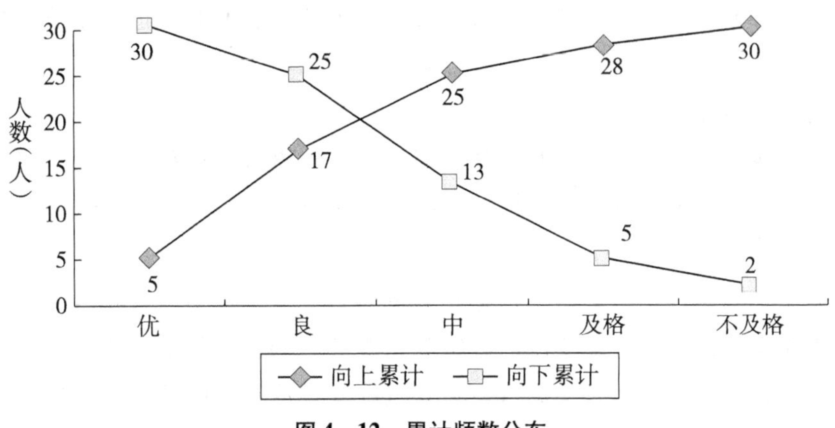

图 4－12　累计频数分布

（2）环形图。

环形图与饼图类似，但又有区别。环形图中间有一个“空洞”，总体或样本中的每一部分数据用环中的一段表示。饼图只能显示一个总体或样本各部分所占的比例，而环形图则可以同时绘制多个总体或样本的数据系列，每一个总体或样本的数据系列为一个环。因此环形图可显示多个总体或样本各部分所占的相应比例，从而有利于我们进行比较研究。如上例两班组成绩比较，可用环形图表示，如图 4－13 所示。

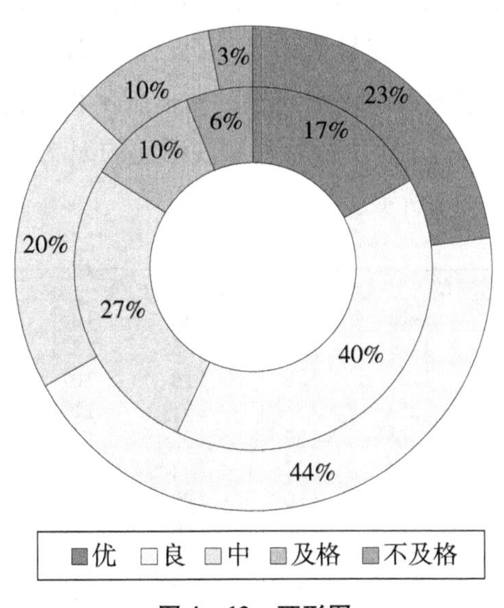

图 4－13　环形图

三、数值型数据的整理与显示

1. 数值型数据的整理

前面介绍的分类和定序数据的整理与显示方法，也都适用于数值型数据的整理与显示。但数值型数据还有一些特定的整理和显示方法，它们并不适用于分类数据和定序数据。

（1）数据分组。

数值型数据表现为数字，因此在整理时通常是根据统计研究的需要，将原始数据按照某种标准化分成不同的组别，称为数据分组。分组后的数据称为分组数据（Grouped Data）。

数据经分组后再计算出各组中数据出现的频数，就形成了一张频数分布表，叫分配数列。数据分组的方法有单变量值分组和组距分组两种。单变量值分组是指把一个变量值作为一组，通常只适合于离散变量，且在变量值较少的情况下使用。组距分组是指将全部变量值依次划分为若干个区间，并将两个变量值所确定的区间作为一组。本节我们主要介绍组距分组及其频数分布表的制作方法。在连续变量或变量值较多的情况下，通常采用组距分组。在组距分组中，一个组的最小值，称为下限（Lower Limit）；一个组的最大值，称为上限（Upper Limit）。

（2）频数分布的编制。

编制单项数列或编制组距式数列，主要取决于所研究变量的类型以及变量的变动幅度。如果按连续性变量分组，一般只能编制组距式数列。按离散变量分组则要考虑变量值个数的多少，如果变量值个数较多且变动幅度较大的话，应编制组距式数列。编制单项式数列，是直接将每一变量值作为一组，汇总计算各组相应的单位数，然后利用表格形式表示，所以它的编制比较简单，这里就不再讨论了。组距式数列的编制要比单项式数列的编制复杂得多，下面就举例说明它的编制方法，例如，某班组 50 名成员日产量的数据如图 4－14 所示。

	A	B	C	D	E
1	148	116	128	125	129
2	140	109	123	137	119
3	127	132	114	107	124
4	120	135	108	113	130
5	110	129	132	132	118
6	104	123	124	140	107
7	128	110	120	137	113
8	135	108	125	119	122
9	129	148	116	119	128
10	123	135	118	127	114

图 4－14　某班组 50 名成员日产量

分组和编制频数分布表的具体步骤如下。

第一步，求全距。

全距是最大变量值与最小变量值之差，表明标志值的变动范围，一般用字母 R 表示。用手工编制频数分布数列时要首先把数据按从小到大的顺序排列。根据上述数据可以计算出全距为148 - 104 = 44。

第二步，确定组距、组数和组限。

组限是指分组的数量界限，包括上限和下限，上限是各组的最大变量值，下限是指各组最小变量值，上限一般用 U 表示，下限用 L 表示。组距是各组的最大变量值与最小变量值之差，一般用 d 表示。即：$d = U - L$。组距的大小和组数的多少是相互制约，成反比例关系的。组距越大，组数就越少，反之则越多。在决定组距和组数时，原则上要使所分的组能够反映现象的不同特征，即通过组距分组以后，把性质相同的单位归并在一起，把各组内部单位的次要差异抽象掉，使各组间的差异突出。组距数列有等距数列和异距数列两种，如果各组的组距相等，称为等距数列；如果各组的组距不相等，称为异距数列。选择等距数列还是异距数列，主要根据研究对象的分布特点来决定，如果变量值变化较均匀可采用等距数列。等距数列由于各组组距相等，因此，组距 = 全距 ÷ 组数。组数一般根据数据的多少，可以分为3 ~ 15组。上述数据假设分为5组，则组距为44 ÷ 5 = 8.8，为了计算方便，组距适宜取5或10的倍数，故将组距定为10。

采用组距分组时，需要遵循“不重不漏”的原则。“不重”是指一项数据只能分在其中的某一组，不能在其他组中重复出现；“不漏”是指组别能够穷尽，即在所分的全部组别中每项数据都能分在其中的某一组，不能遗漏。为解决“不重”的问题，统计分组时习惯上规定“上限不在内”，即当相邻两组的上限重叠时，上限的变量值不算在本组内，而计算在下一组内。

对于离散变量，可以采取相邻组限不同的方法分组，但也可以重叠。上述数据可以按照两种方法分组，分别为分组1和分组2。对于连续变量，可以采取相邻两组组限重叠的方法。当重叠时，可以根据“上限不在内”的规定解决不重的问题。在组距分组中，如果全部数据的最大值和最小值与其他数据相差悬殊，为避免出现空白组（即没有变量值的组）或漏掉个别极端值，第一组和最后一组可以采取“以下”及“以上”这样的开口组。开口组通常以相邻组的组距作为其组距。在采用闭口组时，应该做到最小组的下限等于或略小于最小变量值；最大组的上限等于或略大于最大变量值。如上述数据分组后，第一组的下限为100，最大组的上限为150。

在编制组距数列时，分布在各组的实际变量值已被变量值的变动的范围所取代，因此，在统计分析时，往往用组中值来反映各组实际变量值的一般水平。组中值的计算公式为：

组中值 = （下限 + 上限）/2

组中值 = 下限 + 邻组组距/2（缺上限）

组中值 = 上限 - 邻组组距/2（缺下限）

上例该班组50名成员日产量频数分布如图4 - 15所示。

	A	B	C	D	E
1	日产量（个）	分组1	分组2	频数	累计频率%
2	104	100~110	100~109	6	12.00
3	107	110~120	110~119	13	38.00
4	107	120~130	120~129	18	74.00
5	108	130~140	130~139	9	92.00
6	108	140~150	140~149	4	100.00
7	109		其他	0	100.00

图4-15 某班组日产量频数分布

第三步，根据分组整理成频数分布表。

可以使用 Excel 制作频数分布表，这一过程与上面介绍的分类数据类似。只是需要在“接收区域”方框内，输入各组的上限值。需要注意的是，Excel 在做频数分布表时，每一组的频数包括一个组的上限值。

2. 数值型数据的图示

前面介绍的条形图、饼图、环形图及累计百分比图等都适于显示数值型数据。此外，还有一些图示方法可以用于展示数值型数据，但这些方法并不适用于分类数据和顺序数据。

(1) 直方图和折线图。

直方图是用若干个并列的柱形表现分布数列的长条图（见图4-16）。它可以直观地说明连续型变量数列的分布特征。对于等距数列，一般以横轴标示各组组距（或变

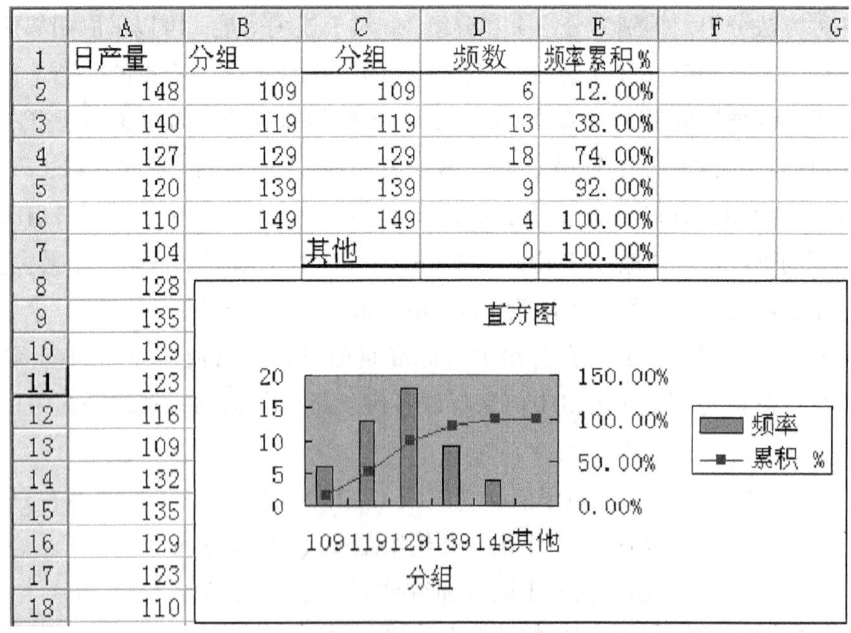

	A	B	C	D	E	F	G
1	日产量	分组	分组	频数	频率累积%		
2	148	109	109	6	12.00%		
3	140	119	119	13	38.00%		
4	127	129	129	18	74.00%		
5	120	139	139	9	92.00%		
6	110	149	149	4	100.00%		
7	104		其他	0	100.00%		
8	128						
9	135						
10	129						
11	123						
12	116						
13	109						
14	132						
15	135						
16	129						
17	123						
18	110						

图4-16 直方图

量值)，纵轴标示各组频数，频数的差异能反映出数列分布的特征。对于异距数列，由于各组组距不同，频数的差异不能直接表明变量分布的特征。在制作直方图时，要先计算出各组的频数密度，然后以组距为宽，以频数密度为高。对于利用频数密度为高来反映变量分布特征的直方图，面积表示频数。

频数密度 = 频数/组距

图 4 - 17 为工人日产量分组直方图。

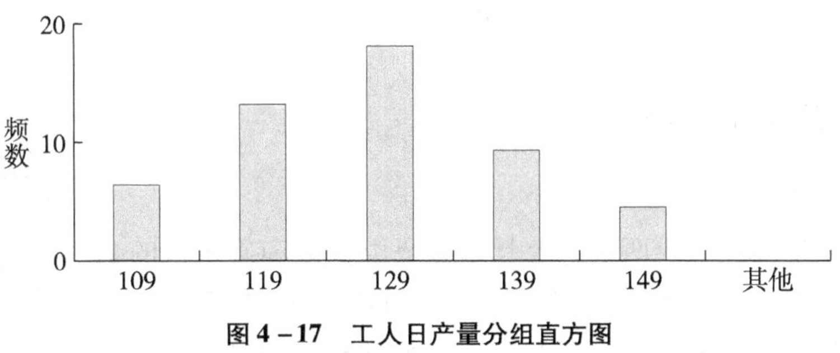

图 4 - 17　工人日产量分组直方图

折线图是在直方图的基础上，将每个长方形的顶端中点用折线连接而成，或用组中值和频数求坐标点连接而成。

图 4 - 18 为工人日产量分组折线图。

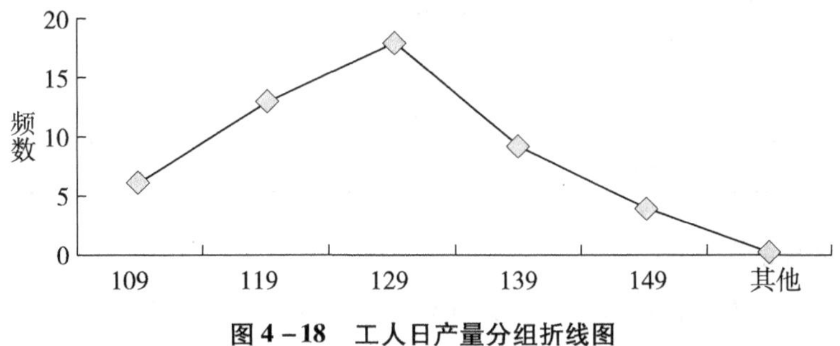

图 4 - 18　工人日产量分组折线图

(2) 茎叶图。

直方图主要用于分组数据的显示，对于未分组的原始数据则可以用茎叶图来显示。茎叶图是将每个数据分成茎和叶两部分，一般取数据的最后一位数为叶，前几位数为茎，同茎的数据排成一列，然后按茎和叶的大小排列成图，如图 4 - 19 所示。

图中第一行的茎是 10，第一行的叶 4 应与茎（10）组合起来看，表示数字 104。同一行叶的数量多少便是频数。从图中我们可以看出工人日产量的分布情况，日产量在 110 至 119 的工人有 13 人。如果将图逆时针旋转 90 度，其展示效果便与前面介绍的直方图类似。茎叶图不仅同直方图一样可以反映数据的分布情况，而且能显示组中所包含数据的原始数值。

茎	叶	频数
10	4 7 7 8 8 9	6
11	0 0 3 3 4 4 6 6 8 8 9 9 9	13
12	0 0 2 3 3 3 4 4 5 5 7 7 8 8 8 9 9 9	18
13	0 2 2 2 5 5 5 7 7	9
14	0 0 8 8	4

图 4 –19　茎叶图

四、交叉分析表的制作

视频　交叉分析表

1. 交叉列表

交叉列表是将两个或两个以上具有有限类目数和确定值的变量，按照一定顺序对应排列在一张表中，可以从中分析变量之间的相关关系，得出科学结论。表 4 –7 为交叉列表示例，体现了企业经营年限与业务增长之间的关系。

表 4 –7　企业经营年限与业务增长之间的关系　单位：家

业务增长	经营年限			行总计
	小于 5 年	5 ~ 10 年	10 年以上	
速度慢	45	34	55	134
速度快	52	53	27	132
列合计	97	87	82	266

2. 交叉列表的种类

（1）单变量列表。它是只有一个变量对收集的数据产生作用。表 4 –8 为某企业职工按性别分组情况。

表 4 –8　某企业职工按照性别分组情况

性别	人数	比重
男	650 人	65%
女	350 人	35%

（2）双变量交叉列表。双变量交叉列表是最基本的交叉列表分析法，每个单元格中的数字都同时受到两个变量的约束，故反映的信息更多。表 4 –9 反映了销售增长与商品特点之间的关系。

表 4－9　**销售增长与商品特点之间的关系**　单位：件

销售增长	商品特点			行总计
	日用品	耐用品	食品	
速度慢	45	24	50	119
速度快	52	63	23	138
列总计	97	87	73	257

（3）三变量交叉列表。在实际工作中，如果双变量交叉列表不能准确分析某些信息，这时就需要加入第三个变量，成为三变量交叉列表。表 4－10 为婚姻状态、性别、服装支出水平之间的关系。

表 4－10　**婚姻状态、性别、服装支出水平之间的关系**

服装支出水平	男性		女性	
	已婚	未婚	已婚	未婚
高	35%	40%	25%	60%
低	65%	60%	75%	40%
列合计	100%	100%	100%	100%
被调查者数	400 人	120 人	300 人	180 人

知识拓展

SPSS 汇总与图示

常用统计软件与分析方法

一、常用统计软件

在日常工作过程中，数据分析的软件或统计分析的软件有很多。我们这里对常用的统计分析软件做一个简单介绍，以便大家对统计软件有初步的认识，为以后应用统计方法解决实际问题奠定初步的基础。

1. SAS（统计分析软件）

SAS 是目前国际上最为流行的一种大型统计分析软件，被誉为统计分析的标准软件。尽管价格不菲，SAS 已被广泛应用于政府行政管理、科研、教育、生产和金融等不同领域，并且发挥着越来越重要的作用。SAS 已在全球 100 多个国家和地区拥有

29000多个客户群，直接用户超过300万人。尽管SAS的操作已经尽量“傻瓜化”，但仍然需要一定的训练才可以使用。因此，该统计软件主要适用于统计工作者和科研工作者。

2. SPSS（统计产品与服务解决方案）

SPSS作为仅次于SAS的统计软件工具包，在社会科学领域有着广泛的应用。SPSS是世界上最早的统计分析软件，由美国斯坦福大学的三位研究生于20世纪60年代末研制。由于SPSS容易操作，输出完整，功能齐全，价格合理，所以很快地被应用于自然科学、技术科学、社会科学的各个领域，世界上许多有影响的报纸杂志纷纷就SPSS的自动统计绘图、数据的深入分析、使用方便、功能齐全等方面给予了高度的评价与称赞。迄今SPSS软件已有几十年的成长历史。全球约有25万家产品用户，分布在通信、医疗、银行、证券、保险、制造、商业、市场研究、科研教育等多个领域和行业，是世界上应用最广泛的专业统计软件。在国际学术界有条不成文的规定，即在国际学术交流中，凡是用SPSS软件完成的计算和统计分析，可以不必说明算法，由此可见其影响之大和信誉之高。因此，SPSS对于非统计工作者而言是很好的选择。

3. Excel

Excel是常见的办公工具之一。如果数据量并不是很大，用户可以使用Excel灵活便捷地处理。其便利程度非常高，所以一定要学好，不仅要掌握好Excel基本的功能，还要熟练使用其中的公式、图表等功能。严格来说，Excel并不是统计软件，但作为数据表格软件，必然有一定统计计算功能。而且凡是有Microsoft Office的计算机，基本上都装有Excel。但要注意，要想使用Excel统计计算功能，必须要装数据分析的功能。当然，画图功能是其自身具备的。对于简单分析，Excel还算方便，但随着问题的深入，Excel的操作就不那么“傻瓜”，需要使用函数，甚至有些根本没有对应的方法了。

4. Stata

Stata是一套提供使用者数据分析、数据管理以及绘制专业图表的完整及整合性统计软件，擅长处理面板数据，和SPSS用户群重叠度比较高。Stata提供许许多多功能，包含线性混合模型、均衡重复反复及多项式普罗比模式。Stata的统计功能很强，除了传统的统计分析方法，还收集了近20年发展起来的新方法，如Cox比例风险回归模型，Weibull回归等。

5. EViews（计量经济学软件包）

这是一个主要处理回归和时间序列的软件，擅长处理时间序列数据，计量经济学方向应用广泛。

6. R语言

R语言对于横截面数据、时间序列数据、面板数据都能处理。由于R语言是开源的软件，其中有异常丰富的可以调用的“包”（有1万多个）。

7. MATLAB（商业数学软件）

MATLAB 本身不是统计学软件，但是其中有统计工具箱。工程领域用得较多。

二、常用统计分析方法

1. 假设检验

假设检验包括参数检验和非参数检验。参数检验是在已知总体分布的条件下（一般要求总体服从正态分布）对一些主要的参数（如均值、百分数、方差、相关系数等）进行的检验。非参数检验则不考虑总体分布是否已知，常常也不是针对总体参数，而是针对总体的某些一般性假设（如总体分布的位置是否相同，总体分布是否正态）进行检验。假设检验适用顺序类型的数据资料，这类数据的分布形态一般是未知的。

2. 方差分析

使用方差分析时，各样本须是相互独立的随机样本，此外，各样本应来自正态分布总体，各总体方差相等。方差分析包括单因素方差分析和多因素方差分析两类。单因素方差分析：一项试验只有一个影响因素，或者存在多个影响因素时，只分析一个因素与响应变量的关系。多因素有交互方差分析：一项实验有多个影响因素，分析多个影响因素与响应变量的关系，同时考虑多个影响因素之间的关系。

3. 聚类分析

聚类与分类的不同在于，聚类所要求划分的类是未知的。聚类分析是一种探索性的分析，在分类的过程中，人们不必事先给出一个分类的标准，聚类分析能够从样本数据出发，自动进行分类。进行聚类分析时，使用方法不同，常常会得到不同的结论。不同研究者对于同一组数据进行聚类分析，所得到的聚类数未必一致。

从实际应用的角度看，聚类分析是数据挖掘的主要任务之一。而且聚类能够作为一个独立的工具获得数据的分布状况，观察每一簇数据的特征，集中对特定的聚簇集合做进一步分析。聚类分析还可以作为其他算法（如分类和定性归纳算法）的预处理步骤。

4. 主成分分析

主成分分析（Principal Component Analysis，PCA）是一种统计方法。通过正交变换将一组可能存在相关性的变量转换为一组线性不相关的变量，转换后的这组变量叫主成分。主成分分析首先是由 K. 皮尔森（Karl Pearson）对非随机变量引入的，而后 H. 霍特林（Harold Hotelling）将此方法推广到随机向量的情形。信息的大小通常用离差平方和或方差来衡量。在用统计分析方法研究多变量的课题时，变量个数太多会增加课题的复杂性。人们往往希望变量个数较少，而得到的信息较多。在很多情形下，变量之间是有一定的相关关系的，当两个变量之间有一定相关关系时，可以解释为这两个变量反映此课题的信息有一定的重叠。主成分分析是将原先提出的所有变量中重复的变量（关系紧密的变量）删去，建立尽可能少的新变量，使这些新变量是两两不相关的，而且这些新变量在反映课题的信息方面尽可能保持原有的信息。

5. 因子分析

这是一种旨在寻找隐藏在多变量数据中、无法直接观察到却影响或支配可测变量的潜在因子，估计潜在因子对可测变量的影响程度，以及潜在因子之间的相关性的一种多元统计分析方法。与主成分分析相同之处在于都能够起到治理多个原始变量内在结构关系的作用，不同之处在于主成分分析重在综合原始变量的信息。而因子分析重在解释原始变量间的关系，是比主成分分析更深入的一种多元统计方法。

任务实施

视频 数据分组

实训练习

用 Excel 进行统计整理

1. 用 Excel 进行统计分组汇总

用 Excel 进行统计分组有两种方法，一是利用 Frequency 函数；二是利用数据分析中的“直方图”工具。

例如，下面的工作表中输入的是 50 名工人的月产量资料，如图 4－20 所示。

	A	B	C	D	E	F	G	H	I	J
1	146	176	198	227	298	137	173	194	222	267
2	140	175	196	224	282	129	164	188	211	255
3	135	171	191	219	260	126	162	186	209	252
4	122	160	184	204	243	117	159	183	203	237
5	100	153	181	201	229	112	157	181	203	232

图 4－20 50 名工人的月产量资料

（1）用 Frequency 函数编制频数表。

第一步，确定每一组的上限值，确定上限值是编制频数表的关键，确定了上限值实际上就确定了每一组的组距和组限。本例我们输入上限值分别为 130，160，190，220，250，280，310，把这些上限值输入 A7：A13 单元格。

第二步，选取结果存放的单元格区域 B7：B13。

第三步，在编辑栏输入公式“＝FREQUENCY（A1：J5，A7：A13）”，按 Ctrl + Shift + Enter 组合键，即可获得各组相应的频数。结果如图 4－21 所示。

7	130	6		
8	160	8		
9	190	12		
10	220	11		
11	250	7		
12	280	4		
13	310	2		

图 4－21　工人的月产量频数表

（2）采用数据分析工具制作频数分布图表。

第一步，在工具菜单中单击数据分析选项，从其对话框的分析工具列表中选择直方图，打开直方图对话框，如图 4－22 所示。

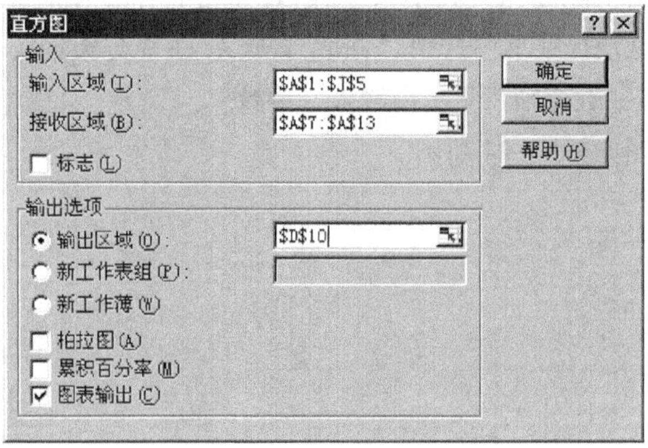

直方图
输入
输入区域(I):　$A$1:$J$5
接收区域(B):　$A$7:$A$13
标志(L)
输出选项
输出区域(O):　$D$10
新工作表组(P):
新工作簿(W)
柏拉图(A)
累积百分率(M)
图表输出(C)
确定
取消
帮助(H)

图 4－22　“直方图”对话框

第二步，在输入区域输入 $A$1：$J$5，在接收区域输入 $A$7：$A$13。接收区域指的是分组标志所在的区域，假定我们把分组标志输入 A7：A13 单元格，注意这里只能输入每一组的上限值，即 130，160，190，220，250，280，310。

第三步，选择输出选项，可选择输出区域、新工作表组或新工作簿。我们在这里选择输出区域，可以直接选择一个区域，也可以直接输入一个单元格（代表输出区域的左上角），这里推荐只输入一个单元格（本例为 $D$10），因为我们往往事先并不知道具体的输出区域有多大。

第四步，选择图表输出，可以得到直方图；选择累计百分率，系统将在直方图上添加累积频率折线；选择柏拉图，可得到直方图。

第五步，单击“确定”按钮，可以得到输出结果，如图 4－23 所示。

应当注意，上图实际上是一个“草图”，还需要做如下修改。

①单击任一直条，然后右击，在弹出的快捷菜单中选取数据系列格式，弹出数据系列格式对话框，选择“选项”标签，调整间距宽度为 0。

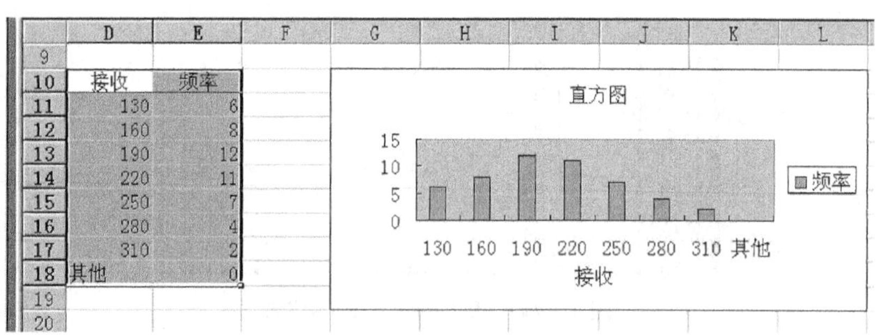

图 4－23 频数分布直方图

②在图域的非直条处点击右键，清除背景色（灰色）。

③将 A18 中的“其他”清除，直方图中的“其他”直条消失。

④在图例上右击清除图例“频率”；在图表标题上右击清除图表标题“直方图”；在绘图区域右击，从快捷菜单中选中“图表选项”，在“分类轴”下框内输入“工人月产量直方图”，在“数值轴”下框内输入“频数”。

调整后的直方图如图 4－24 所示。

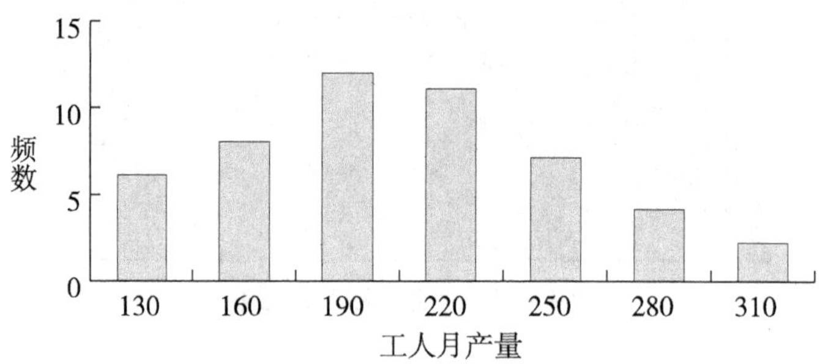

图 4－24 调整后的直方图

2. 用 Excel 制作统计图

视频 甘特图

Excel 的统计图有多种，包括柱形图、条形图、折线图、饼图、散点图、面积图、环形图、雷达图、曲面图、气泡图、股价图、圆柱图、圆锥图等，各种图的做法大同小异。

下面以饼图为例，说明如何制作统计图。

例如，利用消费者喜爱和关注的摄像机品牌数据绘制饼图，数据如图 4－25 所示。

按以下步骤可做出饼图。

第一步，选中某一单元格，单击“插入”菜单，选择图表选项，弹出图表向导对话框，如图 4－26 所示。

第二步，在图表类型中选择饼图，然后在子图表类型中选择一种类型，这里我们选用第五种形式。然后单击“下一步”按钮，打开“源数据”对话框，如图 4－27 所示。

Microsoft Excel - Book1

C5　=　=B5/50

	A	B	C
1	品牌	人数	比重
2	JVC	6	12%
3	佳能	7	14%
4	索尼	20	40%
5	松下	9	18%
6	三星	8	16%

图 4－25　消费者喜爱和关注的摄像机品牌数据

图 4－26　图表向导对话框

第三步，在源数据对话框中填入数据所在区域，本例为 $A$2：$A$6，$C$2：$C$6，选择系列产生在列（如果行代表变量，则选系列产生在行），单击完成按钮，即可得如图 4－28 所示的饼图。

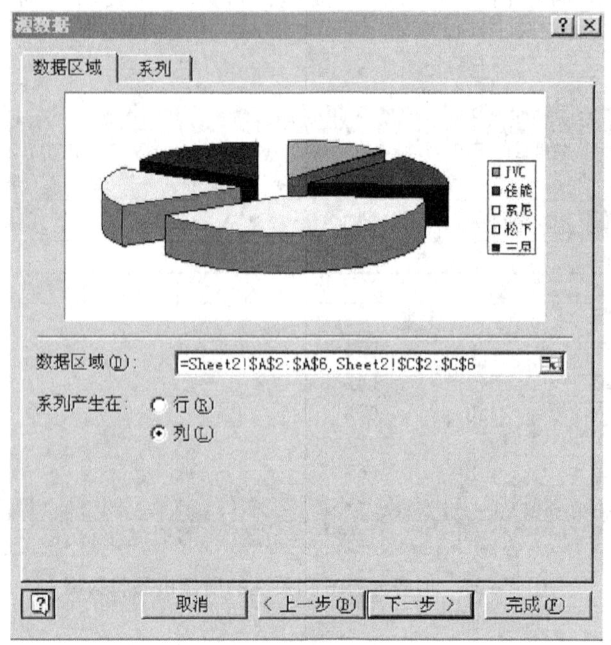

图 4－27 “源数据”对话框

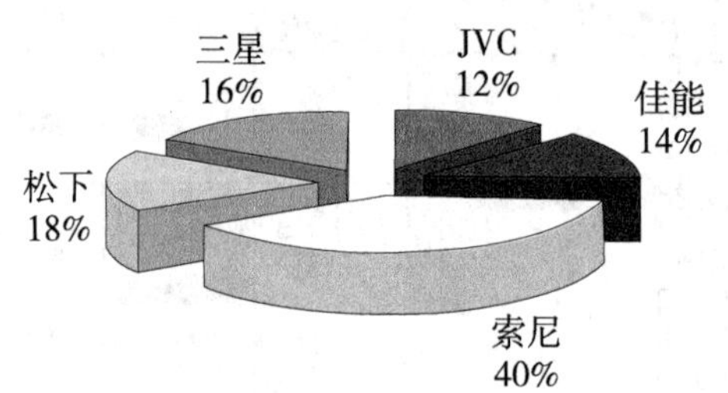

图 4－28 消费者喜爱和关注的摄像品牌数据饼图

实施范例指导

卜蜂莲花超市自有品牌满意度调查数据整理

调研项目：卜蜂莲花超市自有品牌满意度调查。

具体任务：整理图示卜蜂莲花超市自有品牌满意度相关数据。

1. 饼图

对卜蜂莲花自有品牌熟悉程度的饼图如图 4－29 所示。

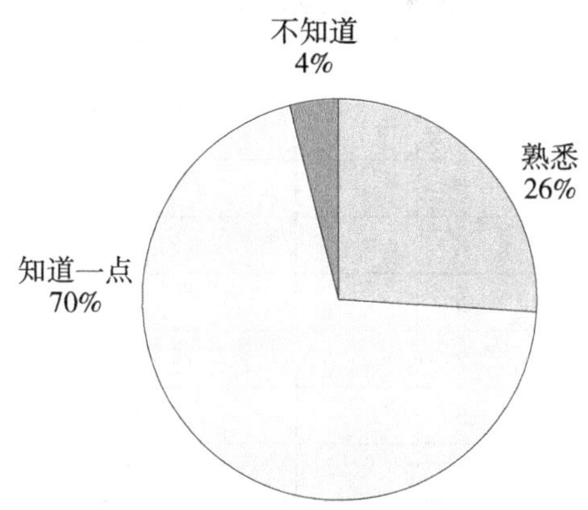

图 4－29　对卜蜂莲花自有品牌熟悉程度的饼图

2. 柱形图

对卜蜂莲花自有品牌满意度的柱形图如图 4－30 所示。

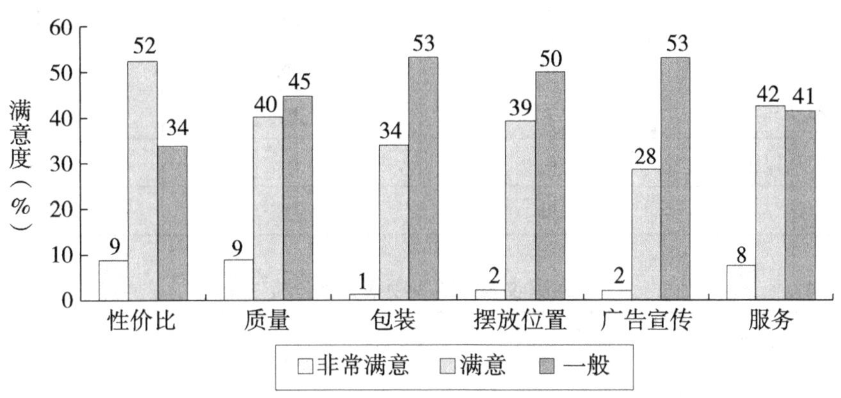

图 4－30　对卜蜂莲花自有品牌满意度的柱形图

3. 交叉分析表

表 4－11 至表 4－14 分别为性别、年龄、受教育水平、家庭收入与购买频率交叉分析。

表 4－11　性别与购买频率交叉分析　　单位：次

购买频率 性别	经常购买	偶尔购买	合计
男	10	34	44
女	20	37	57
合计	30	71	101

表 4－12　年龄与购买频率交叉分析　单位：次

年龄＼购买频率	经常购买	偶尔购买	合计
25 岁及以下	10	21	31
26～35 岁	8	17	25
36～45 岁	5	15	20
46～55 岁	2	13	15
56 岁及以上	5	5	10
合计	30	71	101

表 4－13　受教育水平与购买频率交叉分析　单位：次

受教育水平＼购买频率	经常购买	偶尔购买	合计
大专以下	5	13	18
大专	12	28	40
本科	9	24	33
研究生及以上	4	6	10
合计	30	71	101

表 4－14　家庭收入与购买频率交叉分析　单位：次

家庭收入＼购买频率	经常购买	偶尔购买	合计
2000 元及以下	6	10	16
2001～4000 元	13	30	43
4001～6000 元	8	12	20
6001～8000 元	2	14	16
8001 元及以上	1	5	6
合计	30	71	101

实施要求

1. 实训练习。
2. 各项目小组参照范例针对所调研项目相关数据进行图示整理。
3. 做好记录，完成阶段成果表。

任务评价

测试

自我测试

1. 理论知识测试

(1) 分类数据的图示包括（　　）。

A. 条形图　　B. 饼图

C. 环形图　　D. 累计频数分布图

(2) 定续数据的图示包括（　　）。

A. 条形图　　B. 饼图

C. 环形图　　D. 累计频数分布图

(3) 数值型数据的图示包括（　　）。

A. 直方图　　B. 饼图

C. 折线图　　D. 累计频数分布图

2. 实践技能测试

(1) 你是否能对各种类型的数据进行汇总和图示?

(2) 你是否能独立绘制交叉分析表?

评价方法

1. 评价标准

(1) 任务是否及时完成。

(2) 任务完成的质量。

(3) 团队的表现。

2. 评价表

项目小组评价和个人任务评价分别如表 4－15 与表 4－16 所示。

表 4－15　　项目小组评价 10

评分依据 / 组别	是否及时完成	质量	团队表现
第一组			
第二组			
第三组			
⋮			

表 4－16　　个人任务评价 10

评分依据 / 成员	个人具体分工		个人表现		
	承担任务的质量	个人记录	教师评分	组长评分	组员互评
成员一					
成员二					
⋮					

项目五

如何分析市场信息数据

学习目标

1. 掌握静态分析方法；
2. 掌握动态分析方法；
3. 掌握相关回归分析方法。

技能培养

培养学生用静态分析、动态分析、相关回归分析方法分析数据的技能。

学习任务

任务十一　静态分析
任务十二　动态分析
任务十三　相关回归分析

在这三项任务中，如果你认真学习理论知识，积极参与实践训练，就能够顺利完成任务。也许任务有点艰难，但你不要害怕，因为困难就是纸老虎，只要勇敢一点，你就会打败它，获得成功的喜悦，你会发现数据很神奇，有很多奥妙等着你去探索，大家团结合作，一起努力吧！

任务十一　静态分析

任务导入

学习情境

上次任务中，艾尚团队已经对数据进行了汇总，画出了各种清晰的图形、制作了各种交叉分析图表。在此基础上，还能根据数据作哪些分析呢？怎么进行分析？数据分析方法都有哪些？

案例导入

平均数的“平均性”

1994 年 1 月 6 日，山西日报的两位记者撰文《平均数掩盖贫困户》。文章反映，在一个户人均收入声称达千元的村里，71% 的户人均纯收入不到 500 元，其中不到 350 元温饱线的占 32%。作者指出，平均数之所以高，是因为村里有 6 户人均收入在 3 万元以上。1994 年 3 月 4 日，《中国信息报》记者撰文：根据调查测算，1993 年我国农民人均纯收入的平均线已向千元大关冲刺，达 921.4 元，比上年增长 137.4 元，增长 17.5%。值得注意的是，收入水平达此平均线的只有 11 个省份，占 38%，这一百分数比去年下降了 3 个百分点，这表明，农民人均纯收入的平均线并不代表大多数农民的收入水平。又如《中国经济时报》2002 年 3 月 1 日的《质疑“人均”统计数字》一文中报道：15 年来，我国一直用“人均居住面积”来反映居民的住房水平，这一指标是很不科学的。富人永远住的是大房子，把那些富人的住房面积平均到普通老百姓头上，这能算得上居民住房水平提高吗？

以上的“人均数”之所以掩盖了贫困的现实，是由于农民收入中出现了收入特别高和特别低相差悬殊的情况，而算术平均数计算的均值受极大值的影响比受极小值的影响还要大，所以就使人均收入高起来。而“人均居住面积”之所以高了起来，是因为把那些富人的住房面积平均到普通老百姓头上。这恰恰暴露了算术平均数运用的局限性，即在现象总体中变量值数字大小差异悬殊的情况下，采用算术平均数计算的

“人均数”代表性不强，不能够代表大多数。

在研究主题、研究目的、研究对象都相同的条件下，采用不同的平均数量度方法，所得出的数字结果各异，代表性程度和本质意义不同。以下用一假定实例分析和说明。

2001 年我国某市下岗居民年收入增加情况（扣除物价上涨因素）如表 5－1 所示。

表 5－1　　2001 年我国某市下岗居民年收入增加情况（扣除物价上涨因素）

年收入增加（x）（元）	户数（f）（户）	按较小制累计人数（人）	xf（元）
0	3000	3000	0
1000	2000	5000	2000000
2000	1800	6800	3600000
3000	1200	8000	3600000
4000	1000	9000	4000000
5000	800	9800	4000000
100000	200	10000	20000000
合计	10000	—	37200000

根据以上资料，如果从平均数的众数这一量度看，3000 人这一组是众数。所对应的下岗工人的年收入的增加额为 0。原因可能是失业问题，很多下岗工人由于各种问题就业困难，所以相当一部分居民在这一年中收入没有增加。但是，如果以这个众数 0 来代表万户居民户在 2001 年的收入增加情况，显然不全面，也不符合实际情况，因为表中的资料显示：70%共 7000 人的居民户，在这一年中收入有不同程度的增加。所以，对于此资料来说，采用众数这个平均数量度来反映居民户年收入的增加情况没有意义。

如果用算术平均数量度来反映以上资料中的万户居民年收入增加情况，所计算的加权算术平均数结果为 3720 元。从资料中可以明显看出这个均值的代表性很不强。因为在万户居民中只有 20%（2000 户）居民的年收入在 3720 元以上。也就是说还有 80%（8000 户）居民的年收入低于平均数 3720 元。之所以户均数这么高，是因为它受到了资料中极大值（200 户年收入增加额 10 万元）的影响。所以，用算术平均数量度计算的这个人均数不能真实、全面地代表和反映绝大多数居民户在 2001 年收入增加情况。

现在我们再用平均数的中位数量度，来计算万户居民户收入增加的一般情况和平均水平。根据计算的累计户数为 10000 户，可以确定中位数所在的位置是累计次数为 5000 户这一组，它所对应的第二组年收入增加额为 1000 元。这一中位数增加额的数字表明，我国某市万户下岗居民在 2001 年有 50%的居民户收入的增加额为 1000 元以上，50%的居民户的收入增加额在 1000 元以下。

显然，根据以上资料特点，采用平均数中的中位数量度，比以上的众数和算术平均数量度更能客观、真实地代表和反映万户居民户收入增加的一般情况。因为中位数是总体中所有变量值按顺序排列后，处在中间位置的那个变量值，它不受极端值（极大值和极小值）的影响。由于中位数量度最适合反映总体中变量值差异悬殊现象的数量特点，所以，一般在反映收入的一般水平时，常用中位数计算。美国的人口普查局在关于收入的报告中，使用的都是中位数。

资料来源：姜秀珍，《平均数是非评说》，《中国统计》2003 年第 1 期，有修改

思考题：

1. 根据上述案例分析平均指标的作用。

2. 影响平均数的代表性图表有哪些？

任务要求

各小组在完成市场信息的整理任务后，进入数据的分析阶段。市场信息数据的分析方法包括静态分析、动态分析和相关回归分析。其中最基本的分析方法就是静态分析方法。本次任务就是要求各项目小组用静态分析方法分析数据。例如，本次的任务就是用静态分析方法分析徐州卜蜂莲花超市自有品牌满意度相关数据。工作任务单如表 5 - 2 所示。

表 5 - 2　　工作任务单 11

项目	具体内容
项目名称	如何分析市场信息数据
任务名称	静态分析
具体任务	掌握相关知识和技能，分析市场信息数据
时间要求	本周内
工作步骤	• 各项目小组选择问卷中相关数据进行静态分析，对分类型数据主要计算总量指标、相对指标，对数值型数据或顺序型数据主要计算平均指标和标志变异指标 • ①明确总量指标、相对指标；②利用计算机计算平均数、中位数、众数、标准差等指标；③对数据进行分析。要求小组成员分工合作完成任务，最后填写过程、计划、阶段性成果表 • 个人对该任务的学习进行总结，并且填写阶段性评价表
实施指南	参照教材该任务范例指导完成本次任务
工作场景	教室、机房
工作成果	1. 小组会议记录表 2. 小组阶段性成果表 3. 个人阶段性成果表
评价标准	任务是否及时完成、团队表现如何、完成质量如何

任务分析

经过整理绘制出图表，并且初步计算出一些数据，这些数据有什么含义？我们该怎样分析数据呢？本次任务就是要求各项目小组用静态分析方法分析数据。大家想一想怎样进行静态分析呢？静态分析包括哪些内容呢？具体有哪些方法呢？

各小组要完成本次的任务，就必须先进入下一个环节进行学习。

任务学习

知识学习

通过统计调查收集到大量说明总体单位特征的原始资料后，对这些资料加以整理、汇总、计算，得到反映社会经济现象总体特征的统计指标，通常称为综合指标。广义上说，所有统计指标都可以称为综合指标。但这里的综合指标指的不是一般意义上的综合指标，而是基本的综合指标，包括总量指标、相对指标、平均指标和变异指标，分别反映现象的规模、结构、比例、水平、集中、分散等数量特征。

视频　总量指标

一、总量指标

1. 总量指标的概念和作用

总量指标是反映一定时间、地点和条件下某种现象总体规模或水平的统计指标。总量指标是用绝对数形式表示的，因此也称为绝对数指标。总量指标数值的大小受总体范围的制约，总体范围大，指标数值大；总体范围小，指标数值相应就小。

总量指标是统计中最基本的指标，在实际工作中应用十分广泛，其作用可概括为以下几点。

（1）总量指标可用来反映一个国家、地区、部门或单位的基本状况，常用来反映一个国家的国情和国力，反映一个地区、部门或单位的规模、水平、基本经济状况和经济实力。例如，一个国家的国内生产总值、粮食总产量、钢铁总产量、原煤总产量等总量指标，标志着该国的生产水平和经济实力；一个地区的商品零售额、零售商业机构数等标志着该地区的消费水平；某企业的职工人数、固定资产、利税总额等，反映了该企业人、财、物力的基本状况和生产经营活动的成果。

（2）总量指标是制定政策、编制计划、进行科学管理的重要依据。无论是宏观调控还是微观管理，都不能凭空运作，必须从客观实际出发，以反映客观事物现在和历史的相关总量指标作为重要的参考依据。例如，一个国家的资源存储量、人口数量、生产力水平和消费水平等总量指标是该国资源开发、利用和管理的重要参考依据。再如，城乡居民储蓄存款余额、全社会固定资产投资总额、货币流通量等总量指标是国家制定货币发行量、存贷款利率、存贷款额度、基本建设投资规模等各项金融政策和财政政策的基础。

（3）总量指标是计算相对指标和平均指标的基础。相对指标和平均指标一般是通过两个有联系的总量指标对比计算得出的，是总量指标的派生指标。例如，人口性别比例是男性人口数与女性人口数之比等。

2. 总量指标的种类

（1）按反映总体内容的不同，可以分为总体单位总量和总体标志总量。

总体单位总量即总体单位数，是对每个总体单位加总后得到的。总体标志总量即总体单位数量标志值之和，是对总体单位的某一数量标志值加总得到的。例如，研究某地区工业企业的经营情况，该地区工业企业总数为总体单位总量，该地区工业企业的利税总额、职工人数、工资总额为总体标志总量。

（2）按反映时间状况的不同，可以分为时期指标和时点指标。

时期指标表明社会经济现象总体在一段时期内发展的总结果。例如，某种产品的产量、商品销售额、工资总额、国民生产总值等都是时期指标。时期指标有三个特点：①不同时期的指标数值具有可加性，相加后表示较长时期现象总的发展水平。例如，将一年内 12 个月的钢产量相加就得到全年的钢产量。②时期指标数值大小与包含的时期长短有直接关系，一般情况下，包含时期越长，指标数值越大，包含的时期越短，指标数值越小。③时期指标数值是累计的结果，例如，月产量是对每天的生产量进行登记然后累计得到的，年产量是对 12 个月的生产量进行登记然后累计得到的。

时点指标表明社会经济现象总体在某一时刻的数量情况。例如，人口数、商品库存量、固定资产原值等都是时点指标。时点指标的特点如下：①不同时点的指标数值不具有可加性或相加后不具有实际意义；②时点指标的数值大小与其时间间隔长短无直接关系，例如，某年某种商品库存量的年末数不一定大于第一季度末的数字，而第一季度末的数字也不一定大于一月末的数字；③时点指标数值是间断计数的，因为不可能对每一时点的数量进行登记，通常是隔一段时间登记一次。

二、相对指标

视频 相对指标

1. 相对指标的概念和作用

相对指标又称统计相对数，它是两个有相互联系的现象数量的比率，用以反映现象的发展程度、结构、强度、普遍程度或比例关系。相对指标以相对数形式表示，也被称作相对数指标。例如，将实际完成的数值与计划数值对比，可以反映计划完成程度；将不同时间的同类指标数值对比，可以反映现象的发展程度等。相对指标在国民经济管理、企业经济活动分析和统计研究中有广泛的应用。其主要作用可概括如下。

（1）相对指标可以更清楚地反映不同社会经济现象之间的相对水平和联系程度。通过求两个有联系的总量指标的比值，相对指标可以更明显地反映总量指标不易清楚表达的社会经济现象，有利于对现象进行更深入的分析和说明。例如，人们常用计划完成相对数判断一个企业任务的完成情况，用人均国民收入衡量一个国家的经济实力，用耐用消费品的平均拥有量评估一个地方的生活状况。尽管这些相对指标不是唯一的评判标准，但仍然是人们分析研究问题所必需的。

（2）相对指标为社会经济现象提供了比较的基础。通过对比不同总量指标数值，将现象总体数量上的绝对差异抽象化，可以使那些由于规模不同、条件不同无法直接对比的现象找到比较的基础。例如，用利润总额的绝对值难以比较两个企业的经济效益好坏，因为利润总额受资本金大小的影响。如果采用相对指标资本金利润率来分析经济效益，就能做出正确判断。资本金利润率反映单位资本金的盈利，排除了资本金大小的影响，使两个或多个企业有了对比的基础。

2. 相对指标的表现形式

相对指标有无名数和有名数两种表现形式。

（1）无名数形式。

无名数是一种抽象化的数值，常以系数、倍数、成数、百分数、百分点、千分数等表示。系数和倍数是将对比的基数抽象为 1 而计算的相对数。当作为分子和分母的两个对比指标的数值相差不大时常用系数表示，当分子比分母大得多时常用倍数表示。百分数是将对比的基数定为 100 而计算的相对数，它是相对指标中最常用的表现形式。百分点是百分数的另一种表达形式，它以 1% 为单位，一个百分点表示 1%，通常应用在两个百分数相减的情况下，如经济增长率比计划任务超过了一个百分点，表示实际经济增长率与计划经济增长率之差是 1%。千分数是将对比的基数定为 1000 而计算的相对数，当对比的分子数值比分母数值小得多时，应采用千分数，如人口出生率、死亡率、自然增长率等。成数是将对比基数定为 10 而计算的相对数，如粮食产量增长两成，即增长 20%。

（2）有名数形式。

有名数主要用于强度相对数，计算强度相对指标时分子和分母的计量单位同时使用。如人口密度指标是用“人/平方千米”表示等。

3. 相对指标的种类及计算方法

（1）结构相对指标。

结构相对指标是表明总体内部的各个组成部分在总体中所占比重的相对数指标，

也叫比重指标。结构相对指标一般用百分数或成数表示，其计算公式为：

$$结构相对指标=\frac{各组总量指标数值}{总体总量指标数值}\times 100\%$$

计算公式中的分子和分母既可以是单位总量指标，也可以是标志总量指标。同一总体各部分所占比重之和必须等于100%。

在研究社会经济现象时，结构相对指标具有重要意义。结构相对指标经常用来分析总体的内部构成情况，说明总体各组在总体中的地位和作用，反映事物的性质和特征。对不同时间的结构相对数进行对比分析，可以说明现象的变化过程和规律。

（2）比例相对指标。

比例相对指标是反映总体内部各个组成部分之间的数量对比关系的相对指标。其计算公式为：

$$比例相对指标=\frac{总体中某部分指标数值}{总体中另一部分指标数值}$$

比例相对指标可以用百分数表示，也可以用一比几或几比几的形式表示，分析总体中若干部分的比例关系时可采用连比形式。

比例相对指标能够反映总体内部各部分之间的数量联系程度。社会经济中的许多重大比例关系，诸如人口的性别比例关系、积累和消费的比例关系、“农轻重”的比例关系，都可以用比例相对指标来反映。分析、研究这些比例关系，有助于发现社会经济现象中的规律，调整不合理的比例，促使社会经济协调发展。

（3）比较相对指标。

比较相对指标是同一时间不同国家、不同地区、不同单位的某项指标对比的结果，可以说明同类现象在不同空间下发展的不均衡程度。其计算公式为：

$$比较相对指标=\frac{某条件下的某项指标数值}{另一条件下的同项指标数值}$$

比较相对指标一般用倍数表示，有时也可用系数或百分数表示。用于比较的指标可以是总量指标、相对指标和平均指标，但为了避免受到总体规模和条件的影响，用于比较的指标经常采用相对指标或平均指标。

例1　甲、乙两公司2020年商品销售额分别为8.4亿元和6.6亿元，甲公司平均每个职工销售额为25.6万元，乙公司平均每个职工销售额为28.2万元，甲公司商品销售额为乙公司的1.27倍（8.4/6.6），甲公司的销售效率为乙公司的0.91（25.6/28.2）。这说明虽然甲公司销售额虽然比乙公司高，但劳动效率却低于乙公司。因此，甲公司应该在提高劳动效率方面做更大努力，以达到提高经济效益的目的。

运用比较相对指标对不同国家、不同地区、不同单位的同类指标对比，有助于揭露矛盾、找出差距、挖掘潜力，促进事物进一步发展。

（4）强度相对指标。

强度相对指标是两个性质不同而有联系的总量指标对比的结果，可以反映现象的强度、密度和普遍程度。其计算公式为：

$$强度相对指标=\frac{某一总量指标数值}{另一性质不同而有联系的总量指标数值}$$

强度相对指标一般为复合单位，由分子、分母的计算单位组成。如人均国内生产总值用“元/人”、人口密度用“人/平方公里”来表示等。有些强度相对指标的数值用次数、系数、百分数或千分数表示。如商品流转次数用“次”表示，商品流通费用率用百分数表示，人口死亡率用千分数表示。

有些强度相对指标的分子和分母可以互换，形成正指标和逆指标两种计算方法。正指标的数值大小与现象的发展程度或密度成正比，逆指标的数值大小与现象的发展程度或密度成反比。例如，反映卫生事业对居民服务保证程度的指标如下：

$$每千人拥有医院床位数=\frac{医院床位数（张）}{人口数（千人）}$$

$$每张医院床位负担的人口数=\frac{人口数（人）}{医院床位数（张）}$$

这两个指标反映的都是医疗卫生对居民服务的保障程度，但前一个指标是正指标，是从正方向说明问题，指标数值越大，说明对居民的医疗保证程度越高；后一个指标是负指标，是从反方向说明问题，指标数值越小，说明对居民的医疗保证程度越好。

强度相对指标应用十分广泛，它可以反映国民经济和社会发展的基本情况、生产条件及公共设施的配备情况，也可以反映经济效益的情况。

（5）动态相对指标。

动态相对指标也称发展速度，它是某一指标不同时间上的数值对比的结果，体现同类现象不同时间上的发展程度。其计算公式为：

$$动态相对指标=\frac{报告期指标数值}{基期指标数值}\times 100\%$$

动态相对指标一般用百分数表示。公式中的基期是作为比较标准的时期，报告期是用来与基期对比的时期，是人们观察研究的时期。

例 2　某国的汽车产量 2010 年为 1826.53 万辆，2019 年为 2567.7 万辆，2020 年为 2532.5 万辆。2020 年的汽车产量是 2010 年产量的 138.65%［（2532.5 ÷ 1826.53）× 100%］，是 2019 年产量的 98.63%［（2532.5 ÷ 2567.7）× 100%］。计算结果表明，该国汽车产量近 10 年来增长了 38.65%，2020 年比 2019 年增长了 1.37%。

动态相对指标主要用于分析研究社会经济现象的发展变化过程，发现事物的动态变化规律，指导人们的社会实践。

（6）计划完成程度相对指标。

计划完成程度相对指标是某一时期实际完成的指标数值与计划指标数值对比的结果。基本计算公式为：

$$计划完成程度相对指标=\frac{实际完成的指标数值}{计划指标数值}\times 100\%$$

计划完成程度相对指标一般用百分数表示。公式中的分子、分母要求在指标含义、计算口径、计算方法、计量单位、空间范围等方面一致。

例3　某公司2019年计划销售额为3.1亿元，实际销售3.5亿元，则该公司2019年销售额完成率为112.9%（3.5÷3.1×100%），超额完成计划12.9%。

三、平均指标

视频　平均指标

一般而言，对统计数据分布的特征的测量，可以从三个方面着手进行：一是描述数据分布的集中趋势；二是描述数据分布的离中趋势；三是描述数据分布的偏度和峰度。

1. 平均指标的概念

所谓数据的集中趋势，是指一组数据向某一中心值靠拢的倾向，测度集中趋势也就是寻找数据一般水平的代表值或中心值。在社会现象的同质性总体中，每个总体单位都有区别于其他单位的数量特征，具体表现为数值差异，如具体个人在身高、体重、收入、受教育水平等方面各不相同，但一个同质整体中的各个单位都受某种一般水平和某些共同起作用的因素的制约。所以就某一标志而言，它们在数值上的差异总有一定的限度，客观上存在该标志的一般水平，这个一般水平被称为平均指标。平均指标就是在同质总体内，将各单位数量差异抽象化，用于反映总体在一定条件下某一数量所达到的一般水平的。平均指标对总体各单位之间的差异加以抽象概括，其中个别标志值的偶然性被相互抵消，从而反映出总体分布的集中趋势。

2. 平均指标的作用

平均指标由于自身的独特性质，在实际运用中具有十分重要的作用，具体体现在以下几个方面。

（1）为计算其他的统计量奠定基础。有很多统计量都是以平均指标为基础计算的，如方差、相关系数等。

（2）说明同一总体某类现象在时间维度上变化的规律性。例如，将某校历年各专业学生学费的平均水平加以对比，就可以明显看出该校学生交纳的学费呈现的趋势。

（3）比较不同空间同类现象的一般水平。在比较同类现象的不同总体时，使用平均指标可以把总体单位数的影响去掉，反映出不同总体一般水平的差异，从而使包含不同总体单位数的两个或多个整体之间具有可比性。例如，比较生产同类产品的几个大小不同企业的产品成本水平，反映它们经营管理水平的高低，采用平均单位产品成本对比就可以消减不同的企业产品产量多少的影响，从而反映出企业生产的好坏。

3. 平均指标的种类

平均指标的数值表现是平均数，常用的平均数有算术平均数、中位数、众数、几何平均数和调和平均数等。其中算术平均数、调和平均数、几何平均数都是根据各单位标志值求得的，因而可以统称为数值平均数。而中位数和众数却是根据标志值所处的位置来确定的，所以又称为位置平均数。每种平均数无论是在计算方法，还是适用场合上都有各自不同的特点，因此各自所反映的一般水平也有不同的意义。

4. 算术平均数的计算

算术平均数是最常用、最基本的一种平均指标。由于统计总体或样本的标志总量通常是各单位标志值之和，而且与其总体单位数是相对应的，因此用总体标志总值除以总体单位数就可以得到算术平均数，用 $\bar{x}$ 表示，$\bar{x}$ 在统计中也称均值。算术平均数只适用于定距尺度和定比尺度的数据。

由于所掌握的资料情况不同，计算时可以视资料有没有分组加以区别对待，具体可分为简单算术平均数和加权算术平均数两种情况。

（1）简单算术平均数。

在计算算术平均数时，如果所掌握的资料是未分组资料，则要用原始式，即：

$$\bar{x} = \frac{1}{n}\sum_{i=1}^{n} x_i$$

例 4　为了解某企业工人的工资情况，随机抽取 30 名工人，其月工资如下：

1050 元，1000 元，1200 元，1410 元，1590 元，1400 元，1100 元，1570 元，1710 元，1550 元，1320 元，1690 元，1380 元，1060 元，1470 元，1300 元，1560 元，1250 元，1560 元，1350 元，1460 元，1510 元，1550 元，1450 元，1550 元，1570 元，1780 元，1610 元，1510 元，980 元

这是一个容量为 30 的样本观察值，其样本均值为：

$$\bar{x} = \frac{(1050 + 1000 + \cdots + 980)}{30} = 1416.3\ （元/人）$$

$\bar{x}$ 反映了该企业工人月工资的一般水平。

（2）加权算术平均数。

对于已分组资料，其计算公式要用加权式，即：

$$\bar{x} = \frac{x_1f_1 + x_2f_2 + x_3f_3 + \cdots + x_nf_n}{f_1 + f_2 + f_3 + \cdots + f_n} = \frac{\sum xf}{\sum f}$$

式中：$\bar{x}$——加权算术平均数；

x——各组观察值或组中值；

f——各组单位数，在分组数列中，称为次数，也可称为权数；

$\sum$ ——总和符号。

由公式可以发现，很明显，加权算术平均数不但受各变量值大小的影响，而且受各组次数多少的影响，这就是绝对权数。但绝对权数的变化并不一定能影响平均数的计算结果的变化，如各组次数都以相同比例增加或减少时，平均数是不变的，这可以从上面公式的变形中看出：

$$\bar{x} = \frac{\sum xf}{\sum f} = x_1 \frac{f_1}{\sum f} + x_2 \frac{f_2}{\sum f} + \cdots + x_n \frac{f_n}{\sum f} = \sum x \frac{f}{\sum f}$$

式中：$\frac{f}{\sum f}$——各组次数占总次数的比重，又称相对权数。

从上式可以看出，相对权数一旦变化，必然会影响到平均数的计算结果。

显然，如果各组次数完全相同，则 f 对各组变量值产生同等的影响，其权衡作用不复存在，加权算术平均数就等于简单算术平均数，即当 $f_1 = f_2 = \cdots = f_n = A$ 时，有：

$$\bar{x} = \frac{\sum xf}{\sum f} = \frac{A\sum x}{nA} = \frac{\sum x}{n}$$

因此，简单算术平均数实际上是加权算术平均数在权数相等时的一种特例。

例 5　表 5－3 反映了某小区家庭的人口数及相应的户数，计算该小区的家庭规模的算术平均数。

表 5－3　　某小区家庭的人口数及相应的户数

人口数（x）（人）	户数（f）（户）	xf（人）
2	5	10
3	8	24
4	16	64
5	10	50
6	6	36
7	4	28
8	1	8
合计	50	220

家庭平均拥有人口数为：

$$\bar{x} = \frac{\sum xf}{\sum f} = \frac{220}{50} = 4.4(\text{人})$$

如果所掌握的是组距数列资料，由于每一组变量值不止一个，因此要用每一组的组中值作为该组统一的变量的代表值，然后再用上述公式来计算的算术平均数。

例 6　某车间职工的工资资料如表 5－4 所示。

表 5－4　　某车间职工的工资

月工资	组中值（x）	各组职工人数（f）	工资总额（xf）
600～700 元	650 元	10 人	6500 元
701～800 元	750 元	15 人	11250 元
801～900 元	850 元	20 人	17000 元
901～1000 元	950 元	5 人	4750 元
合计	—	50 人	39500 元

职工平均工资为：

$$\bar{x}=\frac{\sum xf}{\sum f}=\frac{39500}{50}=790(\text{元})$$

需要指出的是，这种计算方法具有一定的假定性，即假定各组的标志值在组内是均匀分布的，这样才能用组中值代表该组的标志值。但实际上各组内的标志值往往是不会完全均匀分布的，因此，根据组距数列计算的算术平均数，只是个近似值。

当谈到平均指标而又未说明是哪一种形式时，一般是指算术平均数。

这里需要注意对算术平均数和强度相对指标要加以区别。平均指标是在一个同质总体内标志总量和单位总量的比例关系，它要求标志总量和单位总量相适应，即标志总量必须是总体各单位标志值的总和。如计算 50 个工人的平均工资，作为分子的工资总额只能是这 50 个工人工资的总和。强度相对指标的分子分母是两个不同总体现象总量，不存在各个标志值与各个单位对应的问题。如人均耕地面积是全国耕地总面积与全国人口数之比，但耕地面积并不是全国人口每个人都具有的标志，所以它是强度相对指标。

5. 众数

众数指一个总体或分布数列中出现次数最多的变量值，适用于各种类型的数据。对于定类数据来说，集中趋势的测量只有众数这一种。

众数在描述集中趋势时有一定的意义。比如服装、鞋、帽等行业非常重视众数，因为众数就是最普遍、需求最多的尺码，生产这种尺码的产品能给他们带来较大的利润。

对于单项式数列和品质数列，确定众数的方法非常简单，即从分布数列中找出最大的频数或频率，对应的变量值或标志表现就是该数列的众数。

例 7　某商店西瓜的销售情况如下，定价为 1.2 元时售出 5 公斤，定价为 1.0 元售出 10 公斤，定价为 0.8 元时售出 15 公斤，定价为 0.7 元时售出 6 公斤。可以看出，销售量最多是定价为 0.8 元时，故 0.8 元为这组数据的众数。

对组距数列计算众数，先确定众数的所在组，然后依据与众数组相邻的两个组的频数，近似计算众数值。

众数的计算有两种方法：下限公式和上限公式。其计算结果相同，可根据情况任选一个。本项目中以下限公式展开计算。

下限公式为：

$$M_o = L + \frac{\Delta_1}{\Delta_1 + \Delta_2} \times i$$

式中：M_o——众数；

L——众数组的下限；

Δ_1——众数组次数与下一组次数之差；

Δ_2——众数组次数与上一组次数之差；

i——众数组的组距。

例 8　某班统计考试成绩如表 5－5 所示。

表 5－5　某班统计考试成绩

按成绩分组	学生（人）
60 分以下	6
61～70 分	20（f_{-1}）
(L) 71～80 分 (U)	40（f）
81～90 分	30（f_{+1}）
91～100 分	4
合计	100

从表中可看出，该变量数列的众数组是第三组（70～80 分的组）。按下限公式计算可得：

$$M_o = 70 + \frac{40-20}{(40-20)+(40-30)} \times 10 \approx 76.67\ (分)$$

按上限公式计算可得出同样的结果。

利用组距数列计算众数，有一前提条件，即各组的组距必须相等，因为组距与各组次数密切相关，组距越大，包含的次数也就越多。如果所掌握的资料是异距数列，需整理为等距数列后再计算众数。

众数体现的统计思想是某一数据在一组数据的中心点附近，变量值出现的频数较高。因此，众数是一个位置代表值，它不受数据中极端值的影响。

6. 中位数

中位数是处于数列中点的变量值。把各单位标志值按大小顺序排列，位于数列中点位置的标志值就是中位数。也就是说，数列中有一半单位的标志值小于中位数，另一半单位的标志值大于中位数。

在 4 种数据类型中，只有定类数据不能计算中位数，而其他三种数据类型都可以计算中位数。

在具体计算时，又分为以下三种情况。

（1）对于未分组的原始资料，首先将数据按大小排列，排在中间位置的就是中位数。若 n（n 代表数据的个数）为奇数，则第$\frac{n+1}{2}$项的标志值就是中位数；若 n 为偶数，则中位数等于第$\frac{n}{2}$项的标志值与第$\frac{n}{2}+1$项的标志值的简单算术平均数，即：

$$M_e=\begin{cases}x_{\frac{n+1}{2}}\\ \dfrac{x_{\frac{n}{2}}+x_{\frac{n}{2}+1}}{2}\end{cases}$$

例 9　甲、乙两组分别有 5 人和 6 人，每人的身高（米）如下：

甲组：1.65，1.69，1.70，1.72，1.75

乙组：1.67，1.67，1.71，1.72，1.73，1.76

甲组中位数的位置为 3，即第 3 个人的身高为中位数，即 1.70 米；乙组中位数的位置在第 3 个人和第 4 个人之间，其中位数为 1.71 和 1.72 的算术平均数，即 1.715 米。

（2）对于单项式变量数列，中位数可直接按下面的方法确定。

$$M_e=\begin{cases}x_{\frac{\sum f+1}{2}},\text{当}\sum f\text{为奇数时}\\ \dfrac{x_{\frac{\sum f}{2}}+x_{\frac{\sum f}{2}+1}}{2},\text{当}\sum f\text{为偶数时}\end{cases}$$

例 10　某公司抽取了 300 户家庭开展关于冰箱质量的问卷调查，其中的一个问题是："您对目前市场上冰箱的质量是否满意？"

（1）非常不满意　（2）不满意　（3）一般　（4）满意　（5）非常满意

调查结果经整理后如表 5－6 所示。

表 5－6　调查结果　单位：户

回答类别	户数	向上累计	向下累计
非常不满意	24	24	300
不满意	108	132	276
一般	93	225	168
满意	45	270	75
非常满意	30	300	30
合计	300	—	—

由于家庭总数是300户，所以中位数的位置在150和151之间，而从上表来看，不管是向上累计（225）还是向下累计（168），中位数都是“一般”这一选项。所以消费者对目前市场上冰箱质量的满意程度的中位数是“一般”。

（3）对于组距式数列，确定中位数要分为两步。一是从变量数列的累计频数栏确定第 $\frac{\sum f}{2}$ 单位所在的组，即中位数组；二是假定在中位数组内的各单位是均匀分布的，可利用下面的公式计算中位数的近似值。下限公式为：

$$M_e = L + \frac{\frac{\sum f}{2} - s_{m-1}}{f_m} \times i$$

式中：M_e——中位数；

L——中位数所在组的下限；

f_m——中位数所在组的次数；

s_{m-1}——中位数所在组前一组的向上累计次数；

$\sum f$——总次数；

i——中位数所在组的组距。

例11 以例8的资料为例，说明如何计算中位数，如表5-7所示。

表5-7 某班统计考试成绩

按成绩分组	学生人数（人）	向上累计人数（人）	向下累计人数（人）
60分以下	6	6	100
61~70分	20	26	94
（L）71~80分（U）	40	66	74
81~90分	30	96	34
91~100分	4	100	4
合计	100	—	—

从表中资料可知：

$$\frac{\sum f}{2} = \frac{100}{2} = 50(\text{人})$$

因此，中位数应在第三组内，同时：

$$f_m = 40$$

$$s_{m-1} = 26$$

由下限公式得：

$$M_e = 70 + \frac{50-26}{40} \times 10 = 76 \text{（分）}$$

众数、中位数、算术平均数之间存在着一定的关系，这种关系取决于总体内部的次数分配情况。如果次数分配是对称的钟形分配，则三者相同，即 $M_o = M_e = \bar{x}$。若次数分配是非对称的钟形分配，则众数、中位数与算术平均数就有一定差别。这种差别取决于非对称的程度，非对称程度越大，它们之间差别越大，反之越小。如果存在极端变量值，变量分配就会偏斜。若分配左偏，众数最大，中位数次之，算术平均数最小，即 $M_o > M_e > \bar{x}$；若分配右偏，则算术平均数最大，中位数次之，众数最小。

众数、中位数、算术平均数由于受极端值影响不同，形成上述关系。众数是次数分配最多的变量值，它不受极端值影响；只有算术平均数是根据所有变量值计算的，故极端值对其影响也最大。

四、变异指标

视频　标志变异指标

变异指标是反映数据分布特征的另一个重要指标，它是用来说明总体或样本各单位标志值之间差异程度的综合指标，也被称为标志变动度，它反映了数列中各标志值的变动范围或离差程度。平均指标用一个代表数值反映现象的一般水平，可以反映各单位某一数量标志的共性，但不能反映它们之间的差异性。变异指标则相反，它反映的是数据分布的离中趋势。

1. 变异指标的作用

（1）变异指标可以说明平均数代表性的大小。

平均指标代表性的高低，主要取决于各变量值之间的差异程度。一般而言，变异指标越大，平均指标的代表性越小；反之，变异指标越小，平均指标的代表性就越大。例如，某车间有甲、乙两个生产小组，每组各 6 名工人，每人日产零件数如下：

甲组：18 件，19 件，19 件，20 件，22 件，22 件

乙组：15 件，16 件，17 件，23 件，26 件，28 件

甲、乙两组工人平均日产量均为 20 件，但从变异程度来看，甲组工人日产量比较稳定，而乙组工人日产量差异较大，因此平均数对于甲组代表性就大，而对于乙组代表性就小。由此可见，平均数相同的情况下，其代表性也有可能存在差异。

（2）变异指标可以反映研究对象的变量值的均衡性和稳定性。

变异指标可以反映社会经济活动过程的稳定性、均衡性和节奏性。如可进行产品质量管理。常用的质量控制图，大都采用了变异指标，如 $\bar{x}$ – S 质量控制图，以标准差

作为控制线，即著名的6S① 原则。它还可用来衡量投资风险程度的大小。譬如，如果投资收益的标准差大，说明投资收益的不确定性大，即风险大。

常用的变异指标主要有：异众比率、全距、四分位差、平均差、方差、标准差和离散系数等。

2. 标准差和方差

标准差是统计中最常用、最重要的变异指标，其意义与平均差相同，也反映数列中各单位标志值的差异程度，只是数学处理上有所不同，适用于定距数据和定比数据。接下来，将对总体和样本数据的标准差的计算分别进行讨论。

标准差，也称为均方差，是指总体各单位标志值与其平均数离差平方和的平均数的平方根。标准差的平方就是方差。

标准差的计算公式为：

$$\text{未分组数据}:\sigma_X = \sqrt{\frac{\sum_{i=1}^{N}(X_t - \bar{X})^2}{N}}$$

$$\text{组距分组数据}:\sigma_X = \sqrt{\frac{\sum_{i=1}^{N}(X_t - \bar{X})^2 F_i}{\sum_{i=1}^{N} F_i}}$$

方差的计算公式为：

$$\text{未分组数据}:Var(X) = \frac{\sum_{i=1}^{N}(X_t - \bar{X})^2}{N}$$

$$\text{组距分组数据}:Var(X) = \frac{\sum_{i=1}^{N}(X_t - \bar{X})^2 F_i}{\sum_{i=1}^{N} F_i}$$

其中，X_t 是总体各单位标志值，$\bar{X}$ 是总体各单位标志值的平均数，N 是总体单位的总个数，F 是各组的次数。

3. 样本标准差和样本方差

对于样本数据，我们将样本观察值代入后便可以得到样本方差和样本标准差：

$$s_n^2 = \frac{1}{n-1}\sum_{i=1}^{n}(x_i - \bar{x})^2,$$

$$s_n = \sqrt{\frac{1}{n-1}\sum_{i=1}^{n}(x_i - \bar{x})^2}, s_n = \sqrt{s_n^2}$$

① 即整理（SEIRI）、整顿（SEITON）、清扫（SEISO）、清洁（SEIKETSU）、素养（SHITSUKE）、安全（SAFETY）六个项目，因均以“S”开头，简称6S。

在样本容量 n 充分大的时候，这两个公式的计算结果相差甚微，而在样本容量比较小的情况下，应该采用第二个公式来计算，这样计算出来的结果才是无偏差的。

例 12　某班进行英语考试，现抽取 20 名学生，他们的成绩（单位：分）如下所示：

80，84，95，90，98，65，68，81，75，79，50，55，60，80，50，80，78，74，82，64

要求：计算所抽取的学生成绩标准差。

该样本的平均数为：

$$\bar{x}=\frac{1}{20}（80+84+\cdots+182+64）=74.4（分）$$

样本方差为：

$$s^2=\frac{1}{20-1}\sum_{i=1}^{20}(x_i-74.4)^2=187.31$$

样本标准差为：

$$s=\sqrt{187.31}=13.69（分）$$

由此可知，这 20 名学生成绩的标准差为 13.69 分。

若样本是分组数据，可采用加权计算公式计算，具体计算公式如下：

$$s_n^2=\frac{\sum_{i=1}^{k}(X_i-\bar{x})^2 f_i}{\sum_{i=1}^{k} f_i}$$

4. 标准差系数

标准差系数是数据的标准差与其相应的均值之比，其计算公式如下。

总体标准差系数为：

$$V_\sigma=\frac{\sigma}{\bar{X}}$$

样本标准差系数为：

$$V_i=\frac{S}{\bar{x}}$$

5. 0－1 分布的标准差

0－1 分布是指离散型随机变量 X 只可能取 0 和 1 两个值，其概率分布为：

$$P\{X=x\}=p^x(1-p)^{1-x}\quad(x=0,1)$$

我们看到，X 的取值只有两种。1 可以用来表示具有某种属性的标志值，0 表示不具有某种属性的标志值。如 1 可以表示产品合格，而 0 表示不合格。

p 的含义可根据具体情况来定，如它可以代表一件产品是合格品的概率，也可代表一件产品是不合格品的概率。

$$E(X) = \sum_{x=0}^{1} xp^{x}(1-p)^{1-x} = 0 \times p^{0}(1-p)^{1-0} + 1 \times p^{2}(1-p)^{1-1} = p$$

$$Var(X) = E(X^2) - E(X)^2$$

而 $E(X^2) = \sum_{x=0}^{1} x^2 p^2 (1-p)^{1-x} = 0^2 \times p^0 (1-p)^{1-0} + 1^2 \times p^1 (1-p)^{1-1} = p$

故 0－1 分布的标准差为：

$$Var(X) = p - p^2 = p(1-p)$$

$$\sigma = \sqrt{p(1-p)}$$

如假设某厂生产产品的合格率是0.95，则新生产一件产品是合格品的概率是0.95，标准差是0.218。

若作 n 次贝努里试验，则 $X \sim b(n, p)$，即二项分布。其分布为：

$$P\{X = x\} = \binom{n}{x} p^x (1-p)^{n-x} \quad (x = 0, 1, \cdots, n)$$

则二项分布的期望和方差分别为：

$$E(X) = np$$

$$Var(X) = np(1-p)$$

任务实施

实训练习

视频　平均指标计算实例 1

Excel 中用于计算描述统计量的方法有两种，即函数方法和描述统计工具的方法。

1. 用函数计算描述统计量

常用的描述统计量有众数、中位数、算术平均数、调和平均数、几何平均数、标准差、标准差系数等。一般来说，在 Excel 中求这些统计量，未分组资料可用函数计算，已分组资料可用公式计算。这里我们仅介绍如何用函数计算未分组资料的描述统计量。

视频　平均指标计算实例 2

例如，为了解某高等院校新毕业大学生的工资情况，随机抽取 30 人，月工资分别为：

1560 元，1340 元，1600 元，1410 元，1590 元，1410 元，1610 元，1570 元，1710 元，1550 元，1490 元，1690 元，1380 元，1680 元，1470 元，1530 元，1560 元，1250 元，1560 元，1350 元，1560 元，1510 元，1550 元，1460 元，1550

元，1570 元，1980 元，1610 元，1510 元，1440 元

（1）众数。用函数方法求众数，应先将 30 个人的工资数据输入 A1：A30 单元格，然后单击任一空白单元格，输入“ = MODE（A1：A30）”，回车后得众数为 1560。

（2）中位数。单击任一空白单元格，输入“ = MEDIAN（A1：A30）”，回车后得中位数为 1550。

（3）算术平均数。单击任一空白单元格，输入“ = AVERAGE（A1：A30）”，回车后得算术平均数为 1535。

（4）全距。单击任一空白单元格，输入“ = MAX（A1：A30） - MIN（A1：A30）”，回车后得全距为 730。

（5）标准差。单击任一空白单元格，输入“ = STDEV（A1：A30）”，回车后得标准差为 135.0287。

（6）标准差系数。单击任一空白单元格，输入“ = STDEV（A1：A30）/AVERAGE（A1：A30）”，回车后得标准差系数为 0.087967。

（7）偏度系数。单击任一空白单元格，输入“ = SKEW（A1：A30）”，回车后得偏度系数为 0.832785。

（8）峰度系数。单击任一空白单元格，输入“ = KURT（A1：A30）”，回车后得峰度系数为 3.257451。

2. 描述统计工具量的使用

仍使用上面的例子，我们已经把数据输入 A1：A30 单元格，然后按以下步骤操作。

第一步，在工具菜单中选择数据分析选项，从其对话框中选择描述统计，按确定后打开描述统计对话框，如图 5 - 1 所示。

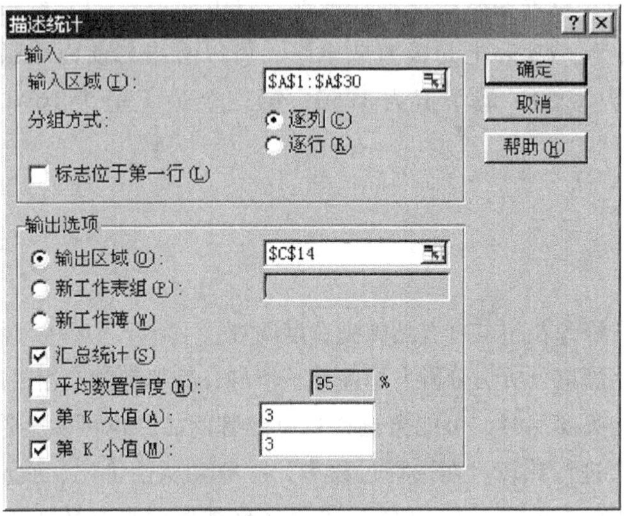

图 5 - 1　描述统计对话框

第二步，在输入区域中输入 \$A\$1：\$A\$30，在输出区域中选择 \$C\$14，其他复选框可根据需要选定，选择汇总统计，可得出一系列描述统计量；选择平均数置信度，会给出用样本平均数估计总体平均数的置信区间；第 *K* 大值和第 *K* 小值会给出样本中第 *K* 个大值和第 *K* 个小值。

第三步，单击“确定”按钮，可得输出结果，如图 5－2 所示。

Book1

	A	B	C	D	E	J
14	1680		列1			
15	1470					
16	1530		平均	1535		
17	1560		标准误差	24.65276		
18	1250		中值	1550		
19	1560		模式	1560		
20	1350		标准偏差	135.0287		
21	1560		样本方差	18232.76		
22	1510		峰值	3.257451		
23	1550		偏斜度	0.832785		
24	1460		区域	730		
25	1550		最小值	1250		
26	1570		最大值	1980		
27	1980		求和	46050		
28	1610		计数	30		
29	1510		最大(3)	1690		
30	1440		最小(3)	1350		

Sheet1 / Sheet2 / Sheet3

图 5－2 描述统计输出结果

上面的结果中，平均指样本均值；标准误差指样本平均数的标准差；中值即中位数；模式指众数；标准偏差指样本标准差，自由度为 $n-1$；峰值即峰度系数；偏斜度即偏度系数；区域实际上是极差或全距；可以看出与前面用函数计算的结果完全相同。最大值为 1980，最小值为 1250，第三个最大值为 1690，第三个最小值为 1350。

实施范例指导

调研项目：卜蜂莲花超市自有品牌满意度调查。

具体任务：用静态分析法分析卜蜂莲花超市自有品牌满意度相关数据。

顾客在超市购买商品时，可能会选择自有品牌商品，也可能会选择其他品牌，因此在选购商品时会进行比较。在选择过程中，一般会从性价比、质量、包装、摆放位置、宣传促销和服务六个方面进行比较。为了了解顾客对自有品牌商品满意度的情况，本次调查对性价比、质量、包装、摆放位置、宣传促销和服务进行了综合评价。根据数据分析，顾客对卜蜂莲花超市自有品牌的评价总体上评价为基本满意，总平均分为3.46分。在性价比、质量、包装、摆放位置、宣传促销和服务这六个评价项目中，对性价比满意度最高，得分为3.66分；质量和服务满意度较高，得分分别为3.58分和3.55分；包装和摆放位置满意度较低，得分为3.34分和3.36分；对宣传促销满意度最低，得分为3.27分。具体数据如表5－8所示。

表5－8　满意度评分表

项目	性价比	质量	包装	摆放位置	宣传促销	服务	总评价
平均分	3.66	3.58	3.34	3.36	3.27	3.55	3.46
中位数	4	3	3	3	3	4	3.5
众数	4	3	3	3	3	3	3.5
标准差	0.7	0.68	0.54	0.66	0.61	0.7	0.41
峰值	1.34	−0.43	−0.23	1.07	0.34	1	1.54
偏度	−0.41	0.56	0.47	−0.29	0.35	−0.09	0.27
置信度95%	0.14	0.14	0.11	0.14	0.13	0.15	0.09

实施要求

1. 实训练习。
2. 各项目小组参照范例针对所调研项目进行静态分析。
3. 做好记录，完成阶段成果表。

任务评价

测试

自我测试

1. 理论知识测试

（1）平均指标包括（　　）。

A. 算术平均数　　B. 中位数　　C. 众数　　D. 标准差

（2）总量指标按市场信息反映总体内容的不同，可以分为（　　）。

A. 时期指标和时点指标　　B. 单位总量和标志总量

C. 数量指标和质量指标　　D. 众数和中位数

(3) 相对指标包括下列的 ( )。

A. 比例相对数 B. 比较相对数 C. 强度相对数 D. 结构相对数

2. 实践技能测试

(1) 你是否会计算各种静态分析指标?

(2) 你是否能对计算出来的各种指标进行分析?

评价方法

1. 评价标准

(1) 任务能否及时完成。

(2) 任务完成的质量。

(3) 团队的表现。

2. 评价表

项目小组评价和个人任务评价分别如表 5－9 与表 5－10 所示。

表 5－9 项目小组评价 11

评分依据 组别	是否及时完成	质量	团队表现
第一组			
第二组			
第三组			
⋮			

表 5－10 个人任务评价 11

评分依据 成员	个人具体分工		个人表现		
	承担任务的质量	个人记录	教师评分	组长评分	组员互评
成员一					
成员二					
⋮					

任务十二　动态分析

任务导入

学习情境

前面任务中，艾尚团队利用观察法对马市街饦汤店每天的顾客流量进行记录。这些数据有什么作用？能说明什么现象？2020 年年初的新冠疫情对餐饮消费有什么影响？如何对近几月的餐饮消费数据进行分析？

案例导入

文化企业发展持续向好　营业收入保持较快增长

随着我国经济持续稳定恢复，文化消费潜力加快释放，文化新业态引领作用增强，上半年我国文化及相关产业呈现良好发展态势，文化企业营业收入保持较快增长。

上半年，全国规模以上文化及相关产业企业（以下简称“文化企业”）实现营业收入 54380 亿元，比上年同期增长 30.4%，比 2019 年上半年增长 22.4%，两年平均增长 10.6%；两年平均增速比一季度加快 0.6 个百分点，比 2019 年上半年增速加快 2.7 个百分点。文化企业发展势头总体持续向好，恢复基础得到进一步巩固加强。

五大行业营业收入两年平均增速快于 2019 年上半年。从营业收入看，上半年文化及相关产业整体发展已恢复到疫情前水平，多数行业甚至好于疫情前水平。文化及相关产业 9 个行业中，创意设计服务、内容创作生产、文化消费终端生产、文化装备生产等 4 个行业两年平均增速分别为 17.4%、11.8%、11.5% 和 6.4%，比 2019 年上半年增速加快 5.0、2.0、4.5 和 1.1 个百分点；文化辅助生产和中介服务由 2019 年上半年下降 2.0% 转为两年平均增长 4.4%。受疫情影响最严重的文化娱乐休闲服务延续一季度强劲反弹态势，比上年同期增长 78.9%，两年平均增速下降 4.3%，降幅比一季度收窄 4.9 个百分点。

文化新业态引领产业发展。从文化及相关产业细分行业看，动漫游戏、视频直播、数字出版等“互联网 + 文化”新业态保持强劲增长态势。上半年，文化新业态特征较为明显的 16 个行业小类实现营业收入 18204 亿元，比上年同期增长 32.9%，占全部文化企业营业收入的比重为 33.5%，比上年同期提高 0.6 个百分点；两年平均增长 25.3%，高于全国文化企业平均水平 14.7 个百分点。其中，互联网广告服务、娱乐用智能无人飞行器制造、可穿戴智能文化设备制造 3 个细分行业营业收入两年平均增速均超过 30%。

文化产业区域发展面扩质升。上半年，全国 31 个地区文化企业营业收入同比全部实现正增长；27 个地区两年平均增速实现正增长，比一季度增加 2 个地区；22 个地区两年平均增速快于 2019 年上半年，比一季度增加 1 个地区。从区域看，东部地区实现营业收入 41658 亿元，同比增长 31.5%，两年平均增长 11.0%；占全国的比重为 76.6%，比上年同期提高 0.6 个百分点。

下阶段，随着我国经济运行稳中加固、稳中向好，文化市场供需潜能稳步释放，文化及相关产业有望保持向好发展态势。

数据来源：国家统计局网站

思考题：

1. 根据上述案例分析动态分析的意义。
2. 动态指标的特点有哪些？

任务要求

静态分析是在相同时间内对现象之间的相互关系进行比较分析的方法。但是，任何社会经济现象都有一个产生和发展变化的过程，因此，仅进行静态分析是不够的，还必须从动态的角度对事物的发展状态进行分析。本次任务就是要求各项目小组用动态分析方法分析数据。例如要做徐州卜蜂莲花超市自有品牌满意度调查研究，本次的任务就是用动态分析方法分析徐州卜蜂莲花超市自有品牌满意度相关数据。工作任务单如表 5－11 所示。

表 5－11 工作任务单 12

项目	具体内容
项目名称	如何分析市场信息数据
任务名称	动态分析
具体任务	掌握相关知识和技能，用动态分析法分析相关市场信息数据

续　表

项目	具体内容
时间要求	本周内
工作步骤	• 各项目小组对文案调查获得的相关数值型数据进行动态分析，主要计算发展速度、增长速度等动态指标，进行长期趋势或季节变动分析 • ①利用计算机计算动态分析指标；②利用计算机对数据进行长期趋势或季节变动分析，小组成员分工合作完成任务，最后填写过程、计划、阶段性成果表 • 个人对该任务的学习进行总结，并且填写阶段性评价表
实施指南	参照教材范例指导完成本次任务
工作场景	教室、机房
工作成果	1. 小组会议记录表 2. 小组阶段性成果表 3. 个人阶段性成果表
评价标准	任务是否及时完成、团队表现如何、完成质量如何

任务分析

本次任务就是要求用动态分析方法分析数据。大家想一想怎样进行动态分析呢？动态分析有哪些方法呢？动态分析部分成果如图 5－3 所示。

各小组该怎样完成本次的任务呢？这就必须先进入下一个环节进行学习。

时间	客流量	逐期	累计	环比动态指标		定基动态指标	
		增长量	增长量	发展速度	增长速度	发展速度	增长速度
10 号	366	/	/	/	/	/	/
11 号	378	12	12	103.28%	3.28%	103.28%	3.28%
12 号	389	11	23	102.91%	2.91%	106.28%	6.28%
13 号	400	11	34	102.83%	2.83%	109.29%	9.29%
14 号	412	12	46	103.00%	3.00%	112.57%	12.57%

图 5－3　动态分析部分成果

任务学习

知识学习

一、如何计算动态分析指标

根据时间数列对事物的发展进行动态分析，需要使用一系列的动态分析指标。动态分析指标包括两大类，一类是水平指标，包括发展水平、平均发展水平、增长量、平均增长量；另一类是速度指标，包括发展速度、增长速度、平均发展速度和平均增长速度。

视频 时间数列

1. 时间数列的含义

时间数列是指将同类指标在不同时间上的数值按时间先后顺序排列起来所形成的统计数列，也叫时间序列或动态数列。如将我国移动电话基站总数从 2015 年到 2020 年按照时间先后顺序排列下来，就形成如表 5－12 所示的时间数列。

表 5－12　2015—2020 年我国移动电话基站总数　单位：万户

项目＼年份	2015 年	2016 年	2017 年	2018 年	2019 年	2020 年
移动电话基站总数	466	559	619	667	841	931
4G 基站总数	177	263	328	372	544	575

从表 5－12 中可以看出，时间数列均由两个基本要素构成。一是被研究现象所属的时间，可以用年、季、月、日表示；二是与现象所属时间相对应的指标数值，可以是总量指标、相对指标和平均指标。

2. 发展水平

时间数列中各时间上对应的指标数值称为发展水平。在绝对数时间数列中，发展水平表现为绝对数；在相对数和平均数时间数列中，发展水平表现为相对数或平均数。发展水平通常用 a 来表示，各期发展水平可以分别用 a_0，a_1，a_2，…，a_{n-1}，a_n来表示。其中，a_0为最初水平，a_1，a_2，…，a_{n-1}为中间水平，排在最后的 a_n为最末水平。

在动态分析中，通常将所研究和反映的那一时期的发展水平称为报告期水平，将用作比较基础的那一时期的发展水平称为基期水平。由于研究目的不同，基期的确定方法也有所不同，若要研究事物逐期发展的情况，就以报告期的前一期为基期，若要研究事物经过较长一段时间发展变化的综合情况，就以事物发展过程某一历史时期（一般为具有特殊意义或具有转折意义的时期）作为固定基期。如反映我国改革开放以来的经济状况时，是以 1978 年的数据为固定基期水平。在一般的时间数列中，常常以最初水平为固定基期水平。

3. 增长量和平均增长量

（1）增长量是以绝对数形式表示的速度分析指标，是两个不同时期发展水平之差。公式为：

$$增长量 = 报告期发展水平 - 基期发展水平$$

计算时，根据基期的不同分为逐期增长量和累积增长量。逐期增长量是以报告期前一期水平为基期计算的，表示现象较短时期变动的数量；累积增长量是以固定的基期水平计算的，表示现象在较长时期内变动的数量。二者的关系为，逐期增长量之和等于累积增长量。公式表示为：

$$(a_1 - a_0) + (a_2 - a_1) + (a_3 - a_2) + \cdots + (a_n - a_{n-1}) = a_n - a_0$$

（2）平均增长量用来说明某现象在一定时期内平均每期增长的数量，公式为：

平均增长量＝逐期增长量之和/逐期增长量的个数

＝累积增长量/逐期增长量的个数

我国2015—2020年社会消费品零售总额及增长量如表5－13所示。

表5－13　　我国2015—2020年社会消费品零售总额1

年份	2015年	2016年	2017年	2018年	2019年	2020年
社会消费品零售总额（亿元）	300931	332316	366262	380987	411649	391981
逐期增长量（亿元）	—	31385	33946	14725	30662	－19668
累计增长量（亿元）	—	31385	65331	80056	110718	91050

4. 发展速度和增长速度

（1）发展速度。

发展速度是现象在两个不同时期发展水平对比计算的动态相对数，表明现象发展变化的相对程度，即报告期水平是基期水平的百分之几或若干倍，常用百分数或倍数表示，计算公式为：

$$发展速度 = \frac{报告期水平}{基期水平}$$

由于选择的基期不同，发展速度的计算有定基发展速度和环比发展速度两种方法。

①定基发展速度是时间数列中报告期水平与某一固定时期水平（通常为最初水平）的比值，即报告期相对于基期的现象总发展速度。计算公式为：

$$定基发展速度 = \frac{a_i}{a_0} \quad (i = 1, 2, 3, \cdots, n)$$

②环比发展速度是时间数列中报告期水平与前一期水平的比值，表明现象在相邻两个时期的逐期发展变化情况。计算公式为：

$$环比发展速度 = \frac{a_i}{a_{i-1}} \quad (i = 1, 2, 3, \cdots, n)$$

（2）增长速度。

增长速度是报告期增长量与基期水平的比值，表明现象的报告期水平比基期增长了百分之几或若干倍。计算公式为：

$$增长速度=\frac{增长量}{基期水平}=\frac{报告期水平}{基期水平}-1=发展速度-1$$

根据增长速度与发展速度的关系，当发展速度>1时，增长速度>0，表明现象的发展水平是增长的，其具体数值体现了增长的程度；若发展速度<1，则增长速度<0，表明现象的发展水平是下降的，其具体数值体现了下降的程度。

由于基期选择的不同，与发展速度一样，增长速度也可区分为定基增长速度和环比增长速度。

①定基增长速度是指报告期累计增长量与某一固定基期水平的比值，表明社会经济现象在较长时间内总的增长程度。计算公式为：

$$定基增长速度=\frac{a_i-a_0}{a_0}\quad(i=1,2,3,\cdots,n)$$

定基增长速度与定基发展速度的关系为：

$$定基增长速度=定基发展速度-1$$

②环比增长速度是指报告期的逐期增长量与前一期水平的比值，表明了某种社会经济现象逐期的增长程度。计算公式为：

$$环比增长速度=\frac{a_i-a_{i-1}}{a_{i-1}}\quad(i=1,2,3,\cdots,n)$$

环比增长速度与环比发展速度的关系为：

$$环比增长速度=环比发展速度-1$$

下面以2015—2020年我国的社会消费品零售总额资料，计算各种速度指标，如表5-14所示。

表5-14 我国2015—2020年社会消费品零售总额2

年份		2015年	2016年	2017年	2018年	2019年	2020年
社会消费品零售总额（亿元）		300931	332316	366262	380987	411649	391981
发展速度	环比	—	110.43%	110.21%	104.12%	108.05%	95.22%
	定基	—	110.43%	121.71%	126.60%	136.79%	130.26%
增长速度	环比	—	10.43%	10.21%	4.02%	8.05%	-4.78%
	定基	—	10.43%	21.71%	26.60%	36.79%	30.26%

二、如何进行长期趋势的分析与测定

长期趋势测定

现象在发展变化过程中会受基本因素的影响，这些基本因素对事物的发展变化起着决定性的作用，使事物的发展变化在一定时期内呈现出某种基本态势。长期趋势就是在基本因素作用下，在较长时间内时间数列呈现总的方向性趋势，这种趋势可以是向上、向下或持平。长期趋势是带根本性因素的变动趋势，如人口增长、科学技术的不断进步，必然导致社会生产总量呈现增长变动的趋势。这种长期趋势，通常可以认为是由各种固定的因素作用于同一方向而形成的。这些固定的因素，既有可能随时间推移按直线变化，也有可能呈曲线变动。可以说，直线趋势与非直线趋势是长期趋势的两种基本形式。若时间数列的逐期增长量大致相同，其图形近似一条直线，即为直线趋势；若时间数列的逐期增长量变化不定，其图形为各种形状的曲线，即为曲线趋势。

进行长期趋势分析，主要目的就是反映现象发展变化的趋向，掌握现象发展变化的规律，为经营决策和制定长远规划提供依据，为统计预测提供必要的条件，将长期趋势从时间数列中分离出来，以便更好地测定和分析其余因素的变动。

测定现象发展变化的长期趋势就是对时间数列进行修匀，通过修匀显示出现象发展变化的基本态势。测定长期趋势的方法主要有时距扩大法、移动平均法和趋势模型法。

1. 时距扩大法

时距扩大法是测定长期趋势最简便的一种方法。它是将原来时距较短的时间数列，加工整理成时距较长的时间数列。这样形成的新时间数列，由于时距的扩大，新时间数列的指标值受随机因素的影响比较小，从而显示长期趋势。

2. 移动平均法

移动平均法实质上是对时距扩大法的改良，是将原有的时间数列，按照事先规定的移动时期长度来扩大时距，采用逐项向后推移的方法，计算一系列的序时平均数，形成由序时平均数组成的新的时间序列。这种方法通过移动平均的方式消除了现象短期内的不规则因素影响，使现象长期趋势更明显。

以某企业2009—2020年各年产品产量为例，说明时距扩大法和移动平均法的具体应用。

从表5－15中的资料和计算结果可以看出，原来时间数列的指标值上下波动，长期趋势不明显，但经过时距扩大和移动平均后，新数列都表示出明显的增长趋势。

表5－15　　某企业2009—2020年产量的长期趋势

年份	产量（万吨）	时距	时距扩大的后的指标（万吨）	移动平均数		
				$N=5$	$N=4$	
					一次移动	二次移动
	(1)		(2)	(3)	(4)	(5)
2009年	540	2009—2011	1750	—	—	—
2010年	570			—	—	—
2011年	640			593.00	577.50	591.88

续 表

年份	产量（万吨）	时距	时距扩大的后的指标（万吨）	移动平均数		
				$N=5$	$N=4$	
					一次移动	二次移动
	(1)		(2)	(3)	(4)	(5)
2012 年	560	2012—2014	1973	636.00	606.25	629.75
2013 年	655			661.00	653.25	659.75
2014 年	758			668.00	666.25	680.63
2015 年	692	2015—2017	2137	710.00	695.00	709.38
2016 年	675			732.00	723.75	724.63
2017 年	770			740.00	725.50	738.75
2018 年	765	2018—2020	2395	768.00	752.00	771.63
2019 年	798			—	791.25	—
2020 年	832			—	—	—

对上表中的计算数据说明如下：

（1）时距扩大后形成的时间数列如第（2）列所示，其中，1750 = 540 + 570 + 640。

（2）第（3）列是奇数项（$N=5$）移动平均后形成的时间数列，其中，593 =（540 + 570 + 640 + 560 + 655）÷5，636.0 =（570 + 640 + 560 + 655 + 758）÷5，其余以此类推。

（3）第（4）列是偶数项（$N=4$）一次移动平均后形成的时间数列，其计算方法与上相同，不过这一时间数列没有正对各个年份，而是对应于相邻年的交界处，即577.5 对应 2010 年和 2011 年的中间，其他以此类推。数列（4）经二次移动得到最终的移动平均数，见第（5）列，其中，591.88 =（577.50 + 606.25）÷2，其余以此类推。

3. 趋势模型法

趋势模型法是根据时间数列中指标值的发展变化趋势，配合一条理想的趋势线，直观上看，这条趋势线要距离各散点最近。趋势模型法首先要选择合适的趋势方程，并估计其中的未知参数；其次根据确定的趋势方程计算趋势变动测定值，前者是关键。下面重点介绍趋势方程的选择和未知参数的确定。

（1）趋势方程的选择。

选择趋势方程可以通过两条途径：一是以时间为横轴、指标值为纵轴画出散点图，然后根据对所研究现象的认识，仔细观察散点的分布规律，选择合适的趋势方程。二是根据时间数列的分析指标来确定，当时间数列指标值的一级增长量大致相等时，可先用直线趋势方程；当时间数列指标值的二级增长量（一级增长量的增长量）大致相等时，可先用抛物线；当时间数列指标值的环比发展速度大致相等时，可先用指数曲线。

（2）未知参数的确定。

作为一条理想的趋势线，必须满足以下两个条件：

$$\sum (y - y_t)^2 = \min$$

原时间数列各期指标值与相应趋势值之间的离差平方和要最小。

$$\sum (y - y_t) = 0$$

原时间数列各期指标值与趋势值之间的离差和等于零。

下面就以拟合直线趋势方程为例说明趋势模型法。

以某企业近 9 年的产品销售收入为例，有关资料见表 5－16，要求配合趋势方程。

表 5－16　产品销售收入的长期趋势

年份	时间值（t）	销售收入（y）（万元）	逐期增长量(万元)	t^2	ty
2012 年	－4	1500	—	16	－6000
2013 年	－3	1960	460	9	－5880
2014 年	－2	2400	440	4	－4800
2015 年	－1	2860	460	1	－2860
2016 年	0	3300	440	0	0
2017 年	1	3780	480	1	3780
2018 年	2	4240	460	4	8480
2019 年	3	4720	480	9	14160
2020 年	4	5180	460	16	20720
合计	0	29940	—	60	27600

由上表可见，产品销售收入的逐期增长量在 46 万元左右，所以应配合直线趋势。设趋势方程为：

$$y_t = a + bt$$

式中：y_t——时间数列 y 的长期趋势；

a——趋势线的截距；

b——t 每变化一个单位，y_t 平均增加或减少的数量；

t——时间。

要满足时间数列指标值与相应趋势值的离差平方和最小这个条件，可以采用最小二乘法，建立如下标准方程：

$$\begin{cases} \sum y = na + b\sum t \\ \sum ty = a\sum t + b\sum t^2 \end{cases}$$

解上述方程组得：

$$\begin{cases} a = \dfrac{\sum y - b\sum t}{n} \\ b = \dfrac{n\sum ty - \sum t\sum y}{n\sum t^2 - (\sum t)^2} \end{cases}$$

对于奇数项时间数列，可令中间一项的时间隔为0，中间点前后各项的时间分别为-1，-2，-3和1，2，3等；对于偶数项时间数列，可从中间两项开始令各项的时间分别为-1，-3，-5和1，3，5等。则上式可简化为：

$$\begin{cases} a = \dfrac{\sum y}{n} \\ b = \dfrac{\sum ty}{\sum t^2} \end{cases}$$

如上例,令时间 t 分别为 -4，-3，-2，-1,0,1,2,3,4,可以求得：

$$\begin{cases} a = \dfrac{\sum y}{n} = \dfrac{29940}{9} = 3327 \\ b = \dfrac{\sum ty}{\sum t^2} = \dfrac{2760}{60} = 460 \end{cases}$$

所以趋势方程为：

$$y = 3327 + 460t$$

将表中的时间 t 代入趋势方程，即可得到销售收入 y_t 的趋势值，若要预测2021年的产品销售收入，则可将 $t=5$ 代入方程，求得：

$$y_{2021} = 3327 + 5 \times 460 = 5627 \text{（万元）}$$

三、如何进行季节变动的分析与测定

视频 季节变动测定

季节变动是时间数列随季节变化而呈现的周期性变动，季节变动通常以“年”或更短的时间长度为周期，如空调的月销售量以年为周期呈现出周期性变动，夏季各月销售量高，春秋各月销售量低；商场的日零售额按周呈现出周期性变动，一般周末日销售额高。所以，这里所讲的季节变动是一个广义的概念，是指一年或更短的时间内，现象随季节变化而呈现出的周期性的波动。

分析与测定季节变动的主要目的在于把握季节变动的规律，从而合理地组织生产、销售等各项经济活动；同时可以将测定出的季节变动从时间数列中剔除，更好地研究长期趋势和循环变动；还可以利用季节变动的规律，配合长期趋势，更科学地进行经济预测。

测定季节变动必须具有长时间短时距的时间数列资料。所谓长时间，是指至少要有三个周期以上的数列资料，例如，最后用于测定季节变动的资料，季节资料不能少于12个季，月度资料不能少于36个月。如果资料太少，就容易受偶然因素影响，无法显示季节变动的规律性。所谓短时距，是只要有一年以内按季、月、旬、日等排列的资料，如果是使用年度的数列资料则不能测定其季节变动。

测定季节变动的基本指标是季节比率，又叫季节指数，用来反映季节变动的程度。季节比率的意义在于，如果没有季节变动，各月（季）的比率应该相同；如果不同，就说明了季节变动，季节比率高者为旺季，低者为淡季。

测定季节变动的方法可以分为两类，一类是不考虑长期趋势的影响，即假定不存在长期趋势，简单平均，被称为按月（季）平均法，也叫同期平均法；另一类是考虑长期趋势的存在，剔除长期趋势的影响后，再测定季节变动，被称为移动平均趋势剔除法。

1. 按月（季）平均法

当时间数列的长期趋势不存在或不明显时，可采用按月（季）平均法，按月（季）平均法测定季节变动的一般步骤如下：

①计算若干年内同月（季）的平均数；

②计算总的月（季）平均数；

③用同期平均数除以总平均数，得出季节比率；

④调整季节比率。计算出的季节比率之和应该等于12或4，但实际上由于计算过程的四舍五入，往往季节比率之和与理论值不符，需要进行调整，即用调整系数乘以各季节比率。

调整系数的方法如下：

第一步，计算调整系数。

$$调整系数=1200\%（或400\%）/未调整季节比率之和$$

第二步，计算调整后的季节比率。

$$调整后的季节比率=调整前的季节比率\times调整系数$$

下面以2016—2019年某购物平台羊毛衫销售量为例，说明按月（季）平均法，如表5-17所示。

表5-17　2016—2019年某购物平台羊毛衫销售量的季节比率　单位：千件

年份	第一季度	第二季度	第三季度	第四季度	合计
2016年	48	78	130	158	414
2017年	60	98	139	178	475
2018年	78	116	176	218	588
2019年	116	178	220	258	772

续 表

年份	第一季度	第二季度	第三季度	第四季度	合计
合计	302	470	665	812	2249
季平均	75. 5	117. 5	166. 25	203	140. 56
季节比率	0. 5371	0. 8359	1. 1828	1. 4442	4

由于4个季节比率之和刚好等于4，所以无须进行调整。在分析季节变动时，要注意季节比率大于1或小于1均表明有季节变动，当大于1或小于1的程度较大时，说明现象分别处于旺季或淡季。根据上表计算结果可知，第四季度季节比率最高，为旺季，其次是第三季度，第一季度的季节比率最低，为淡季。

2. 移动平均趋势剔除法

当时间数列存在明显的长期趋势时，需要先剔除长期趋势的影响，然后计算季节比率，其步骤可分为以下三步。

（1）对时间数列计算移动平均数，作为时间数列的长期趋势值。

（2）用时间数列的原有指标值除以对应的长期趋势值，得到剔除长期趋势后的新时间数列。

（3）对该新时间数列实施同期平均法的各步骤。

例如，某地区2016—2019年各季的旅游人数如表5－18所示。

表5－18　　某地区2016—2019年各季的旅游人数　　单位：千人

年份	第一季度	第二季度	第三季度	第四季度
2016年	78	51	71	62
2017年	83	58	76	69
2018年	88	69	82	71
2019年	92	70	89	74

由表5－19可知，各季度都存在较强的长期趋势，所以采用移动平均趋势剔除法。首先进行四次移动平均，然后计算季节比率，计算结果如表5－19与表5－20所示，再按季平均法计算。由表可知，该地区旅游旺季在第一季度，第三季度次之，淡季在第二季度，第四季度也比较清淡。

表5－19　　某地区2016—2019年旅游人数季节变动计算

季节顺序	旅游人数（a）（千人）	四季移动平均数	长期趋势值（T）	新数列（a/T）
1	78	—	—	—
2	51	—	—	—

续　表

季节顺序	旅游人数（a）（千人）	四季移动平均数	长期趋势值（T）	新数列（a/T）
3	71	65.5	66.125	1.0737
4	62	66.75	67.625	0.9168
5	83	68.5	69.125	1.2007
6	58	69.75	70.625	0.8212
7	76	71.5	72.125	1.0537
8	69	72.75	74.125	0.9309
9	88	75.5	76.25	1.1541
10	69	77	77.25	0.8932
11	82	77.5	78	1.0513
12	71	78.5	78.625	0.9030
13	92	78.75	79.625	1.1554
14	70	80.5	80.875	0.8655
15	89	81.25	—	—
16	74	—	—	—

表 5－20　某地区 2016～2019 年旅游人数季节变动计算　单位：千人

年份	2016 年一季度	2017 年二季度	2018 年三季度	2019 年四季度	合计
2016 年	—	—	1.0737	0.9168	—
2017 年	1.2007	0.8212	1.0537	0.9309	—
2018 年	1.1541	0.8932	1.0531	0.8903	—
2019 年	1.154	0.8655	—	—	—
季平均	1.1701	0.8600	1.0596	0.9169	4.0065
季节比率	1.1682	0.8586	1.0578	0.9154	—

知识拓展

一、大数据

“大数据”是指以多元形式，从许多来源收集而来的庞大数据组，往往具有实时性。这些数据可能来自社交网络、电子商务网站、顾客来访记录等。这些数据，并非公司顾客关系管理数据库的常态数据组。

大数据的意义是由人类日益普及的网络行为所伴生的，受到相关部门、企业采集的，蕴含数据生产者真实意图、喜好的，非传统结构和意义的数据。

大数据时代已经来临，它将在众多领域掀起变革的巨浪。但我们要冷静地看到，大数据的核心在于为客户挖掘数据中蕴藏的价值，而不是软硬件堆砌。因此，针对不同领域的大数据应用模式、商业模式研究将是大数据产业健康发展的关键。我们相信，在国家的统筹规划与支持下，通过各地方政府因地制宜制定大数据产业发展策略，通过国内外 IT 龙头企业以及众多创新企业的积极参与，大数据产业未来发展前景十分广阔。

大数据的特点有以下四个方面：第一，数据体量巨大；第二，数据类型繁多，如网络日志、视频、图片、地理位置信息等；第三，价值密度低，以视频为例，连续不间断监控过程中，可能有用的数据仅仅有一两秒；第四，处理速度快，遵循 1 秒定律，这一点也和传统的数据挖掘技术有着本质的不同。

大数据就是互联网发展到现今阶段的成果之一，在以云计算为代表的技术创新大幕的衬托下，这些原本很难收集和使用的数据开始容易被利用起来，通过各行各业的不断创新，大数据会逐步为人类创造更多的价值。

大数据的价值体现在以下几个方面：①为大量消费者提供产品或服务的企业可以利用大数据进行精准营销；②做小而美模式的长尾企业可以利用大数据做服务转型；③在互联网压力之下必须转型的传统企业需要与时俱进，充分利用大数据的价值。

不过，大数据在经济发展中的巨大意义并不代表其能取代一切对于社会问题的理性思考，科学发展的逻辑不能被湮没在海量数据中。著名经济学家路德维希·冯·米塞斯曾提醒过：就今日言，有很多人忙碌于资料之无益累积，以致对问题之说明与解决，丧失了其对特殊的经济意义的了解。这确实是需要警惕的。

二、大数据分析

大数据分析是指对规模巨大的数据进行分析。大数据可以概括为 5 个 V，数据量大（Volume）、速度快（Velocity）、类型多（Variety）、有价值（Value）、真实性（Veracity）。随大数据而来的数据仓库、数据安全、数据分析、数据挖掘等围绕大数据的商业价值的利用逐渐成为行业人士竞相追捧的利润焦点。随着大数据时代的来临，大数据分析也应运而生。

大数据分析包括六个基本方面。

1. 可视化分析（Analytic Visualizations）

不管是数据分析专家还是普通用户，数据可视化是数据分析工具最基本的要求。可视化可以直观地展示数据，让数据自己说话，让观众听到结果。

2. 数据挖掘算法（Data Mining Algorithms）

可视化是给人看的，数据挖掘就是给机器看的。集群、分割、孤立点分析还有其他的算法让我们深入数据内部，挖掘价值。这些算法不仅要处理大数据的量，也要处理大数据的速度。

3. 预测性分析能力（Predictive Analytic Capabilities）

数据挖掘可以让分析员更好地理解数据，而预测性分析可以让分析员根据可视化分析和数据挖掘的结果做出一些预测性的判断。

4. 语义引擎（Semantic Engines）

我们知道非结构化数据的多样性带来了数据分析的新的挑战，我们需要一系列的工具去解析、提取、分析数据。语义引擎需要被设计成能够从“文档”中智能提取信息。

5. 数据质量和数据管理（Data Quality and Master Data Management）

数据质量和数据管理是一些管理方面的最佳实践。通过标准化的流程和工具对数据进行处理可以保证一个预先定义好的高质量的分析结果。

6. 数据仓库（Data Warehouse）

数据仓库是为了便于多维分析和多角度展示数据按特定模式进行存储所建立起来的关系型数据库。在商业智能系统的设计中，数据仓库的构建是关键，是商业智能系统的基础，承担对业务系统数据整合的任务，为商业智能系统提供数据抽取、转换和加载，并按主题对数据进行查询和访问，为联机数据分析和数据挖掘提供数据平台。

任务实施

视频 时间数列指标计算

实训练习

1. 测定增长量和平均增长量

例如，根据2014—2020年江苏省国内生产总值，计算逐期增长量、累计增长量和平均增长量，如图5-4所示。

工作簿1 - Excel

C11 =D8/6

	A	B	C	D
1	年份	国内生产总值（亿元）	逐期增长量	累计增长量
2	2014	65088.3		
3	2015	70116.4	5028.1	5028.1
4	2016	76086.2	5969.8	10997.9
5	2017	85900.9	9814.7	20812.6
6	2018	92595.4	6694.5	27507.1
7	2019	99631.5	7036.1	34543.2
8	2020	102719.0	3087.5	37630.7
9				
10				
11	平均增长量		6271.78	

图5-4 用Excel计算逐期增长量、累计增长量和平均增长量

计算步骤如下：

第一步，在 A 列输入年份，在 B 列输入国内生产总值。

第二步，计算逐期增长量。在 C3 中输入公式“= B3 - B2”，并将公式复制到 C4：C8 区域。

第三步，计算累计增长量。在 D3 中输入公式“= B3 - $B$2”，并将公式复制到 D4：D8 区域。

视频 季节指数计算

第四步，计算平均增长量（水平法）。在 C10 中输入公式“=（B8 - B2）/6”，按回车键，即可得到平均增长量。

2. **测定发展速度和平均发展速度**

例如，以 2014—2020 年江苏省国内生产总值为例，说明如何计算定基发展速度、环比发展速度和平均发展速度，如图 5 - 5 所示。

工作簿1 - Excel

文件 开始 插入 页面布局 公式 数据 审阅 视图 帮助 告诉我 共享

D17

	A	B	C	D	E	F
1	年份	国内生产总值（亿元）	定基发展速度	环比发展速度		
2	2014	65088.3				
3	2015	70116.4	1.07725014	1.07725014		
4	2016	76086.2	1.16896892	1.08514159		
5	2017	85900.9	1.31976008	1.12899501		
6	2018	92595.4	1.42261205	1.07793233		
7	2019	99631.5	1.53071289	1.07598758		
8	2020	102719.0	1.57814845	1.03098920		
9						
10						
11	平均发展速度		1.07900794			

Sheet1 Sheet2

图 5 - 5 用 Excel 计算定基发展速度、环比发展速度和平均发展速度

第一步，在 A 列输入年份，在 B 列输入国内生产总值。

第二步，计算定基发展速度。在 C3 中输入公式“= B3/$B$2”，并将公式复制到 C4：C8 区域。

第三步，计算环比发展速度。在 D3 中输入公式“= B3/B2”，并将公式复制到 D4：D8 区域。

第四步，计算平均发展速度（水平法）。选中 C10 单元格，单击插入菜单，选择函数选项，出现插入函数对话框后，选择 GEOMEAN（返回几何平均值）函数，在数值区域中输入 D3：D8 即可。

3. **计算长期趋势**

例如，我们用某企业某年 12 个月的总产值资料来说明如何用移动平均法计算长期趋势，如图 5 - 6 所示。

	A	B	C	D	E	F	G	H
1	月份	总产值	三项移动平均	四项移动平均	二项移正平均			
2	1	506						
3	2	473	507					
4	3	542	520.3333333	516.75	526.625			
5	4	546	557.6666667	536.5	545.75			
6	5	585	559.3333333	555	558.5			
7	6	547	567.3333333	562	565.75			
8	7	570	564.3333333	569.5	567.5			
9	8	576	571.6666667	565.5	573.375			
10	9	569	585	581.25	582.875			
11	10	610	587.3333333	584.5	589.375			
12	11	583	602.6666667	594.25				
13	12	615						
14								

图 5－6　用 Excel 计算长期趋势资料及结果

第一步，在 A 列输入月份，在 B 列输入总产值。

第二步，计算三项移动平均：在 C3 中输入公式“＝（B2＋B3＋B4）/3”，并将公式复制到 C4：C12 区域。

第三步，计算四项移动平均。在 D4 中输入公式“＝SUM（B2：B5）/4”，并将公式复制到 D5：D12 区域。

第四步，计算二项移正平均数。在 E4 中输入公式“＝（D4＋D5）/2”，并将公式复制到 E5：E11 区域。

4. 计算季节变动

例如，利用某种商品 5 年分季度的销售额资料，说明如何用移动平均趋势剔除法测定季节变动，如图 5－7 所示。

	A	B	C	D	E	F	G
1	年份	季别	销售收入 Y	四项移动平均	趋势值 T	Y/T	
2	第一年	1	1861				
3		2	2203	2096.75			
4		3	2415	2111.75	2104.25	1.147677	
5		4	1908	2146.75	2129.25	0.89609	
6	第二年	1	1921	2171.5	2159.125	0.889712	
7		2	2343	2191	2181.25	1.074155	
8		3	2514	2169.25	2180.125	1.153145	
9		4	1986	2122	2145.625	0.925604	
10	第三年	1	1834	2018	2070	0.88599	
11		2	2154	1971.25	1994.625	1.079902	
12		3	2098	1972	1971.625	1.064097	
13		4	1799	1939.75	1955.875	0.919793	
14	第四年	1	1837	1991.25	1965.5	0.934622	
15		2	2025	2032.75	2012	1.006461	
16		3	2304	2091.75	2062.25	1.117226	
17		4	1965	2189	2140.375	0.918063	
18			2073	2197.75	2193.375	0.945119	
19			2414	2198.25	2198	1.098271	
20			2339				

图 5－7　用 Excel 计算季节变动

第一步，按图上的格式在 A 列输入年份，在 B 列输入季别，在 C 列输入销售收入。

第二步，计算四项移动平均。在 D3 中输入公式“ = SUM （C2 : C4） /4”，并将公式复制到 D4 : D19 区域。

第三步，计算趋势值（即二项移动平均）T。在 E4 中输入公式“ = （D3 + D4） /2”，并将公式复制到 E4 : E19 区域。

第四步，剔除长期趋势，即计算 Y/T。在 F4 中输入公式“ = C4/E4”，并将公式复制到 F4 : F19 区域。

第五步，重新排列 F4 : F19 区域中的数字，使同季的数字位于一列，共排成四列。

第六步，计算各年同季平均数。在 B29 单元格中输入公式“ = average （B25 : B28)”；在 C29 中输入公式“ = average （C25 : C28)”；在 D29 中输入公式“ = average （D24 : 27)”；在 E29 中输入公式“ = average （E24 : E27)”。

第七步，计算调整系数。在 B31 中输入公式“ =4/sum （B29 : E29)”。

第八步，计算季节比率。在 B30 中输入公式“ = B29 * $B$31”，并将公式复制到单元格区域 B30 : E30，就可以得到季节比率的值，具体结果如图 5 – 8 所示。

	A	B	C	D	E	F	I
23		第一季度	第二季度	第三季度	第四季度		
24	第一年			1.14767732	0.89609		
25	第二年	0.889712	1.0741547	1.153144888	0.925604		
26	第三年	0.88599	1.0799022	1.064096874	0.919793		
27	第四年	0.934622	1.0064612	1.11722633	0.918063		
28	第五年	0.945119	1.0982712				
29	平均	0.913861	1.0646973	1.120536353	0.914888		
30	季节比较	0.910677	1.0609887	1.116633182	0.911701		
31	调整系数	0.996517					
32							

图 5 – 8 用 Excel 计算季节变动结果

实施范例指导

调研项目：卜蜂莲花超市自有品牌满意度调查。

具体任务：对卜蜂莲花超市自有品牌满意度相关数据进行动态分析。

徐州市卜蜂莲花超市每年销售额大约 1.56 亿元，年利润占总销售额 10% 左右，而自有品牌商品销售额越占总销售额约 10% ，年增长约 10% 。根据实地调查，卜蜂莲花超市自有品牌商品 2008 年 11 月连续三周时间的销售额分别为 3.6 万元、4 万元、3.8 万元、3.7 万元、5.1 万元、5.8 万元、5.5 万元、3.6 万元、3.8 万元、3.8 万元、

3.7 万元、5.2 万元、5.9 万元、5.6 万元、3.7 万元、4 万元、3.9 万元、3.8 万元、5.3 万元、5.9 万元、5.7 万元，现进行季节变动测定。

首先对三周的销售数据进行 7 次移动平均，其次用销售额和趋势值进行对比求出季节比值，然后再进行同期平均，最后求出季节指数，具体如图 5－8 与图 5－9 所示。

从上面数据可以分析出星期五、六、日是旺季，星期一至星期四是淡季。超市应该针对顾客流量的周期做出相应的调整和安排。

	1	2	3	4	5	6	7
1				0.8222	1.133333	1.297125	1.230032
2	0.805112	0.847134	0.844444	0.81962	1.148265	1.294671	1.225
3	0.806854	0.869565	0.847826	0.823529			
	0.805983	0.858349	0.846135	0.821791	1.140799	1.295898	1.227516
	0.806389	0.858782	0.846562	0.822205	1.141375	1.296551	1.228135

图 5－9　季节指数

实施要求

1. 实训练习。
2. 各项目小组参照范例针对所调研项目进行动态分析。
3. 做好记录，完成阶段成果表。

任务评价

测试

自我测试

1. 理论知识测试

（1）下列说法正确的是（　　）。

A. 发展速度是两个不同时期发展水平的比值，表明现象发展变化的相对程度

B. 定基发展速度是时间数列中报告期水平与某一固定时期水平的比值

C. 环比发展速度是时间数列中报告期水平与前一期水平的比值

D. 增长速度是报告期增长量与基期水平的比值

（2）测定长期趋势的方法主要有（　　）。

A. 时距扩大法　　B. 移动平均趋势剔除法

C. 按月（季）平均法　　D. 趋势模型法

2. 实践技能测试

（1）你是否会计算各种动态分析指标？

（2）你是否能对计算出来的各种指标进行分析？

评价方法

1. 评价标准

(1) 任务能否及时完成。

(2) 任务完成的质量。

(3) 团队的表现。

2. 评价表

项目小组评价和个人任务评价分别如表 5－21 与表 5－22 所示。

表 5－21　项目小组评价 12

评分依据 / 组别	是否及时完成	质量	团队表现
第一组			
第二组			
第三组			
⋮			

表 5－22　个人任务评价 12

评分依据 / 成员	个人具体分工		个人表现		
	承担任务的质量	个人记录	教师评分	组长评分	组员互评
成员一					
成员二					
⋮					

任务十三　相关回归分析

任务导入

学习情境

前面艾尚团队对收集到的数据进行了静态分析和动态分析，现在考虑一下：团队搜集到的数据之间有没有关系？数据之间有什么样的关系？又该怎样计算并且分析这些数据呢？

案例导入

进口与经济增长正相关回归分析

1. 经济增长率与进口增长率

在分析对外贸易对经济增长的贡献时，有如下恒等式：

国内生产总值 = 总消费 + 总投资 + 货物或服务净出口

传统的观念认为，国内生产总值通过货物或服务净出口来体现，出口能推动产业结构的改变，有助于国际收支平衡，能创造就业机会等，因此出口作为国民经济增长的增项受到普遍接受和认同；而进口作为减项出现在恒等式中，实现的是他国生产和提供的最终产品，挤掉了国内生产，冲减着国内的有效需求，对国民经济增长起到一种消极的负拉动作用。笔者认为，这种看法存在明显的片面性。

考察1990—1997年国民经济的有关数据可以发现，1991—1993年，进口增长速度大大高于经济发展速度，1994年进口增长速度稍低于国民经济发展速度，1996年开始，进口增长速度远远落后于国民经济发展速度；同时，从图5－10、表5－23与表5－24可以看出，当进口增长速度快时，经济发展速度呈上升趋势；而当进口增长速度慢时，经济发展速度呈下降趋势。客观地说，进口对经济增长有一定促进作用。

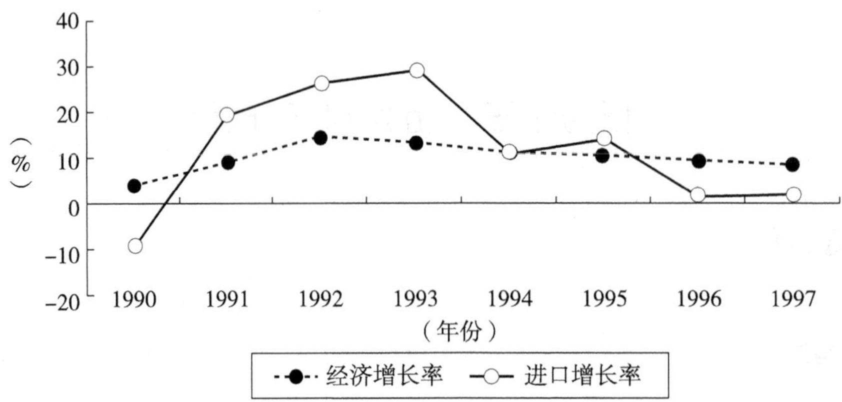

图 5-10 经济增长率与进口增长率的关系

表 5-23 1990—1997 年经济增长率与进口增长率 单位:%

年份	1990 年	1991 年	1992 年	1993 年	1994 年	1995 年	1996 年	1997 年
经济增长率	3. 8	9. 2	14. 2	13. 5	12. 7	10. 5	9. 6	8. 8
进口增长率	-9. 8	19. 6	26. 3	29. 0	11. 2	14. 2	2. 1	2. 5

资料来源:《中国对外贸易经济年鉴 1997/1998》第 385 页。

表 5-24 1978—1997 年我国 GDP 及进口额 单位:亿元

年份	GDP	进口额
1978 年	3624. 1	187. 4
1979 年	4038. 2	242. 9
1980 年	4517. 8	298. 8
1981 年	4862. 4	367. 7
1982 年	5294. 7	357. 5
1983 年	5934. 5	421. 8
1984 年	7171. 0	620. 5
1985 年	8964. 4	1257. 8
1986 年	10202. 2	1498. 3
1987 年	11962. 5	1614. 2
1988 年	14928. 3	2055. 1
1989 年	16909. 2	2199. 9
1990 年	18547. 9	2574. 3
1991 年	21617. 8	3398. 7
1992 年	26638. 1	4443. 3
1993 年	34634. 4	5986. 2
1994 年	46759. 4	9960. 1

续　表

年份	GDP	进口额
1995 年	58478. 1	11048. 1
1996 年	67884. 6	11557. 4
1997 年	74772. 4	11805. 8

资料来源：《中国统计年鉴 1992》《中国统计年鉴 1998》。

2. 进口与经济增长正相关的回归分析

（1）使用的模型。

国内生产总值为 y，进口额为 x，建立简单的一元一次回归模型：

$$y = a + bx$$

根据最小二乘法可得：

$$a = 3159$$

$$b = 5.35$$

因此，y 对 x 的线性回归方程为：

$$y = 3159 + 5.35x$$

它表明国内生产总值同进口额之间的平均变动关系。

（2）回归模型的检验。

验证变量 y 与 x 之间是否有“真实的”线性关系。

t 检验：$t_b = 29.06$，查 t 分布表得 $t_{a/2} = 3.17$，$t_b > t_{a/2}$，表明回归系数 b 是显著的，国内生产总值与进口额之间存在线性关系。

F 检验：查 F 分布表得 $F_a = 4.41$，由于 $F > F_a$，回归方程的回归效果显著。所以，在一元线性回归中，F 检验与 t 检验的结果相同，国内生产总值与进口额之间存在线性关系。

3. 相关性分析

y 与 x 之间线性相关的程度可以用相关系数 r 来度量。由于 $r = 0.989$，表明 x 与 y 之间显著正相关，即国内生产总值与进口之间显著正相关。

思考题：

1. 根据上述案例分析相关回归分析的意义。
2. 相关分析和回归分析的区别有哪些？

任务要求

在市场调查过程中，研究人员常常对两个变量是否存在关联关系以及关联强度等感兴趣。例如顾客对品牌的态度与价格敏感度的相关程度等。本次任务就是要求各项目小组用动态分析方法分析数据。例如要对徐州卜蜂莲花超市自有品牌满意度展开调查研究，本次的任务就是用相关回归分析方法分析徐州卜蜂莲花超市自有品牌满意度相关数据。

工作任务单如表5-25所示。

表5-25　　工作任务单13

项目	具体内容
项目名称	如何分析市场信息数据
任务名称	相关回归分析
具体任务	掌握相关知识和技能，用相关回归分析法分析相关市场信息数据
时间要求	本周内
工作步骤	• 各项目小组选择几组相关的数值型数据或顺序型数据进行相关回归分析：①选择相关数据；②利用计算机计算相关系数、回归方程；③进行相关回归分析。小组成员分工合作完成任务，最后填写过程、计划、阶段成果表 • 个人对该任务的学习进行总结，并且填写个人阶段性成果表
实施指南	参照教材该任务范例指导完成本次任务
工作场景	教室、机房、企业现场
工作成果	1. 小组会议记录表 2. 小组阶段性成果表 3. 个人阶段性成果表
评价标准	任务是否及时完成、团队表现如何、完成质量如何

任务分析

本次任务要求用相关回归分析方法分析数据。大家想一想怎样进行相关回归分析呢？相关回归分析的含义是什么？有哪些具体的方法呢？

各小组要想完成本次的任务，就必须先进入下一个环节进行学习。

相关回归分析部分成果如表5-26所示。

表5-26　　相关回归分析部分成果

		您听说过马市街饣它汤这个品牌吗	你喜欢喝马市街饣它汤吗
您听说过马市街饣它汤这个品牌吗	皮尔逊相关 显著性 *N*	1 588	0.449 0.000 588
你喜欢喝马市街饣它汤吗	皮尔逊相关 显著性 *N*	0.449 0.000 588	1 588

任务学习

知识学习

一、如何进行相关分析

视频 相关回归分析

相关分析，就是用一个指标来表明现象间相互依存关系的密切程度。利用相关分析可以分析现象之间有无依存关系，有互相依存关系，才有必要进行进一步研究。利用相关分析可以判断相关关系的表现形式，究竟是线性相关还是非线性相关，如果是非线性相关，是什么形式的非线性相关。现象之间的相关关系是一种不严格的数量关系，调查者就是要从这种松散的数量关系中，判定其相关关系的密切程度和方向。

1. 相关关系的含义

一切客观事物都是相互联系、相互依存的。现象之间的数量关系存在两种不同的类型，函数关系和相关关系。函数关系反映在一定条件下，现象之间存在严格的依存关系，即对于某一变量的每一数值，都有另一个的确定值与之相对应，这种关系也被称为确定性关系。例如，圆面积（S）和它的半径（r）之间的关系可用下述关系式表示：$S=\pi r^2$。这表明圆面积是随其半径的大小而变动，S 是 r 的函数。而相关关系则反映的是变量之间既存在密切的关系，但又不能由一个（或几个）变量的数值精确地求出另一个变量的值。即对于某一变量的每一个数值，可以有另一个变量的若干数值与之相对应，在这些数值之间表现出一定的波动性，但又总是围绕它们的平均值并遵循一定的规律而变动。这种依存关系就是相关关系，也称为不确定性关系。例如，在农业生产中，每亩耕地的施肥量与农作物亩产量之间有一定的关系。当施肥量适当增加时，产量也相应增加。可以肯定，肥料是农作物增产的主要因素，但影响农作物的因素是多种多样的，如自然条件的变化、种子的品质等都会影响农作物的收获量，即使在施肥量相同的条件下，每亩的产量也会有多有少，并不只由施肥量而确定。只有通过大量统计观察，才能揭开这两个有关因素之间的数量规律性，施肥量和农作物产量之间的这种关系就是相关关系。

上述函数关系和相关关系之间并不存在严格的界限。由于有测量误差等，函数关系在实际中往往通过相关关系表现出来；反之，若人们对现象之间的内在联系和规律性了解得越深刻，则相关关系就越可能转化为函数关系。

2. 相关关系的种类

相关关系可以按不同的标志加以区分。

（1）按照相关关系涉及的变量（或因素）的多少，可以分为单相关、复相关和偏相关（净相关）。

单相关是指两个变量之间的相关关系。复相关是指一个变量与两个或两个以上其他变量的相关关系。例如，产量同生产设备能力、工人出勤率、工人技术水平三个因素的关系就是复相关。当研究某一变量与两个以上变量的相关关系时，如果把其余的变量看成不变（即当作常数），其中两个变量的相关关系就称为偏相关或净相关。

（2）按照变量之间相互关系的表现形式的不同，可以分为线性相关和非线性相关。

当两种变量之间的关系大致呈现为线性关系时，称为线性相关。当线性相关时，两个变量在散点图上近似表示成一种直线。当变量之间的关系不是直线关系，而是曲线关系时，就称为曲线相关。从图形上看，曲线相关时各个观测点的分布近似地表现为各种不同的曲线形式，如抛物线、双曲线、指数曲线等。

（3）按照变量之间的相互关系的方向不同，可以分为正相关和负相关。

在某些变量之间，当一个变量 X 值增加（或减少）时，另一变量 Y 值也相应地增加（或减少），这种相关关系就是正相关。例如，劳动生产率提高时，产量也相应增加；单位产品消费的原材料减少时，产品成本随之降低。这两种变量都是正相关。

当一个变量 X 值增加（或减少）时，另一变量 Y 值随之而减少（或增加），则这种相关关系表现为负相关。例如，当劳动生产率提高时，生产的单位成本就随之下降；商品价格降低时，商品的销售量随之增加。这些变量就属于负相关。

（4）按照变量之间的相关程度，可以分为完全相关、不完全相关和不相关。

如果一个变量的数量变化由另一个变量的数量变化所唯一确定，这时两个变量间的关系称为完全相关。这种情况下，相关关系实际上是函数关系。所以，函数关系是相关关系的一种特殊情况。

如果两个变量之间彼此的数量变化互相独立，这种关系称为不相关。

如果两个变量之间的关系介于不相关和完全相关之间，称为不完全相关。大多数相关关系属于不完全相关。

3. 相关表的绘制

相关表、相关图和相关系数都是测定现象之间是否存在相关关系的工具。相关表是反映变量之间相关关系的统计表。通过相关表可以初步看出相关关系的形式、密切程度和相关方向。相关表主要有以下几种。

（1）简单相关表。

将某一变量按其取值的大小排列，然后再将与其相关的另一变量的对应值平行排列，便得到简单相关表。例如，某地工业局所属 10 个同类型企业，全年生产性固定资产价值与工业总产值具有相关关系，可以编制相关表，如表 5－27 所示。

表 5－27　　某地工业局所属企业生产性固定资产价值和总产值统计　　单位：万元

企业编号	生产性固定资产价值	总产值
3	200	638
7	314	650
1	318	524
4	409	815
5	415	913
6	502	928
2	910	1019
9	1022	1219
8	1210	1516
10	1225	1624
合计	6525	9846

从表中可以看出，随着生产性固定资产价值的增加，总产值也有增加的趋势。

（2）分组相关表。

如果原始资料很多，简单相关表就很难使用了。这时就要将原始资料进行分组，然后编制相关表，这种相关表称为分组相关表。分组相关表包括单变量分组表和双变量分组表两种。

①单变量分组表。在原始资料比较多时，对自变量数值进行分组，计算出各组的次数和因变量组平均数的统计表，称为单变量分组表。例如，根据某工厂全年每个工人看管织机台数和布匹的时劳动生产率的资料，编制单变量分组相关表如表 5－28 所示。

表 5－28　　某工厂工人看管织机台数和时劳动生产率统计

工人看管织机台数（台）	工人数（人）	时劳动生产率（米）
5～7	10	14
7～9	14	17
9～11	21	22
11～13	30	25
13～15	33	32
15～17	32	37
17～19	21	42

表 5－28 只将工人按看管织机台数分组，而未按时劳动生产率分组的单变量分组

表。从表中可以粗略地看出，随着各组工人看管织机台数的增加，时劳动生产率有提高的趋势。

②双变量分组表。对两种有关变量都进行分组，交叉排列，并列出两种变量各组间的共同次数，这种统计表称为双变量分组表。例如，根据某省建材局的运材队全年汽车运材成本和运量的资料，编制双变量分组表如表 5－29 所示。

表 5－29　某建材局汽车运材成本和运量统计

运材成本（元/立方米）	木材运量（万立方米）					
	1～11	11～21	21～31	31～41	41～51	合计
16～21	2	1	—	—	—	3
11～16	5	3	4	1	—	13
6～11	—	3	3	1	1	8
合计	7	7	7	2	1	24

通过双变量相关表中各组次数分布的情况，可初步判断两种变量间相关的形态、方向和程度。例如衬衫的生产，必须考虑各种体形的消费者所需要的规格型号。为了适销对路，服装厂就需要进行抽样调查，将领口、袖长按不同规格进行交叉分组，编制相关表，计算它们在各组的共同次数占总次数的比例，以决定生产各种不同规格衬衫的数量。

4. 相关图的绘制

相关图也称散点图。它是把相关表中两个变量的对应值在平面直角坐标系中用点描绘出来，表示相关点的分布情况。通过相关图可以直观地判断两个相关的变量间有无相关关系，及相关的形式、方向和密切程度。

（1）强正相关。

当变量 x 的数值增大时，变量 y 的数值也明显增大，相关点的分布集中呈直线形状，说明这两个变量是强正相关，如图 5－11（a）所示。

（2）弱正相关。

当变量 x 的数值增大时，变量 y 的数值也增大，但其相关点的分布比较分散，这说明这两个变量是弱正相关，如图 5－11（b）所示。

（3）强负相关。

当变量 x 的数值增大时，变量 y 的数值显著减少，相关点的分布集中呈直线形状，这说明这两个变量间是强负相关，如图 5－11（c）所示。

（4）弱负相关。

当变量 x 的数值增大时，变量 y 的数值趋于下降，但其相关点的分布比较松散，这说明这两个变量是弱负相关，如图 5－11（d）所示。

(5) 非线性相关（曲线相关）。

当变量 x 的数值增大时，各相关点的分布呈曲线状，这是非线性相关的表示，如图5－11（e）所示。

(6) 不相关。

在图形上各相关点很分散，说明变量 x 和变量 y 没有相关关系，如图5－11（f）所示。

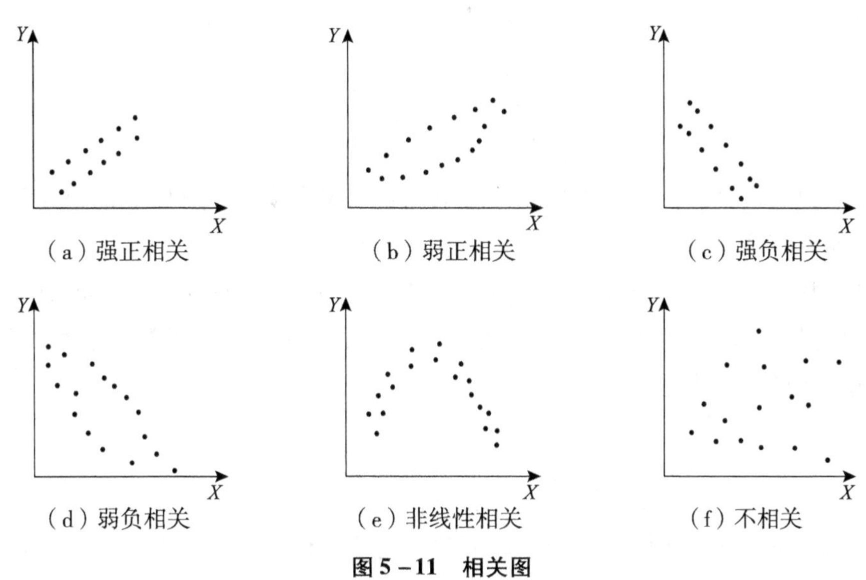

图5－11 相关图

5. 相关系数的计算

(1) 相关系数。

相关系数是直线相关条件下，说明两个现象之间相关关系密切程度的统计分析指标。通常用 ρ 表示总体相关系数，用 r 表示样本相关系数。

总体相关系数的计算公式为：

$$\rho = \frac{\mathrm{Cov}(X, Y)}{\sqrt{\mathrm{Var}(X)\ \mathrm{Var}(Y)}}$$

总体相关系数是反映两变量之间相关程度的一种特征值，表现为常数。

样本相关系数的计算公式为：

$$r = \frac{\frac{1}{n}\sum(x-\bar{x})(y-\bar{y})}{\sqrt{\frac{1}{n}\sum(x-\bar{x})^2}\sqrt{\frac{1}{n}\sum(y-\bar{y})^2}}$$

式中，n——资料项数；

$\bar{x}$——x 变量数列的算术平均值；

$\bar{y}$——y 变量数列的算术平均值；

σ_x——x 变量数列的标准差；

σ_y——y 变量数列的标准差；

σ_{xy}——x，y 两个变量数列的协方差。

样本相关系数是根据样本观测值计算的，抽取的样本不同，其具体的数值也会有所差异，样本相关系数是总体相关系数的一致估计量。

上面公式的分子和分母中，都有公因子$\frac{1}{n}$，可同时约掉，公式可写成：

$$r=\frac{\sum(x-\bar{x})(y-\bar{y})}{\sqrt{\sum(x-\bar{x})^2\sum(y-\bar{y})^2}}$$

由于它是通过将各个离差相乘的方法来说明相关程度的，所以通常把这种相关系数的公式叫作“积差法”。

上式是根据 $x-\bar{x}$，$y-\bar{y}$ 的数值计算的，当结果为 $\bar{x}$、$\bar{y}$ 除不尽的小数时，计算既麻烦又影响其结果的准确性。在实际问题中，如果根据原始变量的数值计算相关系数，可运用相关系数简捷法计算：

$$r=\frac{n\sum xy-(\sum x)(\sum y)}{\sqrt{n\sum x^2-(\sum x)^2}\sqrt{n\sum y^2-(\sum y)^2}}$$

使用此式可以不用计算两个变量数列的平均值与标准差，节约工作量，而且可以减少计算平均值除不尽所带来的误差。

此公式可由“积差法”相关系数计算公式推导得出：

$$\begin{aligned}\sum(x-\bar{x})^2&=\sum(x^2-2x\bar{x}+\bar{x}^2)=\sum x^2-\sum(2x\bar{x})+\sum\bar{x}^2\\&=\sum x^2-2\bar{x}\left(\frac{\sum x}{n}\right)n+n\bar{x}^2\\&=\sum x^2-n\bar{x}^2\\&=\sum x^2-\frac{(\sum x)^2}{n}\end{aligned}$$

用同样方法可得：

$$\sum(y-\bar{y})^2=\sum y^2-\frac{(\sum y)^2}{n}$$

$$\sum(x-\bar{x})(y-\bar{y})=\sum xy-\frac{(\sum x)(\sum y)}{n}$$

把以上结果代入积差法相关系数计算公式简化后，即可得出相关系数简捷法的公式。

如果令：

$$L_{xx} = \sum (x - \overline{x})^2$$

$$L_{yy} = \sum (y - \overline{y})^2$$

$$L_{xy} = \sum (x - \overline{x})(y - \overline{y})$$

则相关系数公式可写成：

$$r = \frac{L_{xy}}{\sqrt{L_{xx}L_{yy}}}$$

从此公式中可以看出，r 取正值或负值取决于分子 L_{xy}，当 L_{xy} 为正时，得出 r 为正值；当 L_{xy} 为负值时，得出 r 为负值。

相关系数的取值范围，是 $|r| \leq 1$ 或 $-1 \leq r \leq 1$，即 r 的取值介于 -1 与 1 之间。计算结果 $r>0$ 为正相关，$r<0$ 为负相关。相关系数 r 的数值越接近于 1（或 -1），则相关关系越强；越接近于 0，则相关关系越弱。如果 $r=1$ 或 $r=-1$，则表示两个现象完全线性相关。如果 $r=0$，则表示两个现象不存在线性关系。需要注意的是，r 只表示 x 和 y 的线性相关程度，当 $|r|$ 很小甚至等于 0 时，并不一定表示 x 与 y 之间就不存在其他非直线类型的关系。

当 $0<|r|<1$ 时，表示 x 和 y 存在着一定的线性相关，一般分为 4 个等级，判断标准如下：

若 $0<|r| \leq 0.3$，则称 x 与 y 为微弱相关；

若 $0.3<|r| \leq 0.5$，则称 x 与 y 为低度相关；

若 $0.5<|r| \leq 0.8$，则称 x 与 y 为中度相关；

若 $0.8<|r|<1$，则称 x 与 y 为高度相关。

按表 5－30 的资料计算相关系数 r。

表 5－30　　相关系数 r 计算过程　　单位：万元

企业编号	固定资产价值（x）	总产值（y）	x^2	y^2	xy
1	318	524	101124	274576	166632
2	910	1019	828100	1038361	927290
3	200	638	40000	407044	127600
4	409	815	167281	664225	333335
5	415	913	172225	833569	378895
6	502	928	252004	861184	465856
7	314	605	98596	366025	189970
8	1210	1516	1464100	2298256	1834360

续 表

企业编号	固定资产价值（x）	总产值（y）	x^2	y^2	xy
9	1022	1219	1044484	1485961	1245818
10	1225	1624	1500525	2637376	1989400
合计	6525	9801	5668539	10866577	7659156

$$\sum xy = 7659156, \sum x^2 = 5668539, \sum y^2 = 10866577$$

$$\bar{x} = \frac{\sum x}{n} = 6525/10 = 652.5, \quad \bar{y} = \frac{\sum y}{n} = 9801/10 = 980.1$$

$$L_{xy} = \sum xy - n\bar{x}\bar{y} = 7659156 - 10 \times 652.5 \times 980.1 = 1264003.5$$

$$L_{xx} = \sum x^2 - n\bar{x}^2 = 5668539 - 10 \times 652.5^2 = 1410976.5$$

$$L_{yy} = \sum y^2 - n\bar{y}^2 = 10866577 - 10 \times 980.1^2 = 1260616.9$$

$$r = \frac{L_{xy}}{L_{xx}L_{yy}} = \frac{1264003.5}{\sqrt{1410976.5}\sqrt{1260616.9}} = 0.948$$

由此可以判断，总产值与生产性固定资产价值之间存在高度正相关关系。

（2）相关系数的检验。

相关系数一般都是根据样本计算的，因此带有一定的随机性。样本容量越小，其可信程度就越差，故需要进行检验。即对总体相关系数是否等于0进行检验。可以证明，在 x 和 y 都服从正态分布，且 $r=0$ 的情况下，可以用统计量检验样本相关系数的显著性，具体步骤如下。

第一步，计算 t 统计量的值：

$$t = \frac{r\sqrt{n-2}}{\sqrt{1-r^2}}$$

第二步，根据给定的显著性水平和自由度（$n-2$），查找 t 分布表中相应的临界值 $t_{a/2}$，若 $|t| \geq t_{a/2}$，表明样本相关系数在统计上是显著的。

二、如何进行回归分析

通过相关分析，可以判定变量间是否存在相关关系以及相关的程度和方向。但这并没有说明变量间的数量变动关系，不能说明一个定量发生变化时，另一个变量将会发生多大的变化。所以还必须进行回归分析。

1. 回归分析的含义

回归分析是指对具有相关关系的现象，选择一个合适的数学模型，用来近似地表示变量间的平均变化关系，以进行估计和预测的一种统计分析方法。回归分析实际上是相关现象间不确定、不规则的数量关系一般化、规则化。采用的方法是配合直线或曲线，用这条直线或曲线来代表现象之间的一般数量关系。这条直线或曲线叫回归直线或回归曲线，其相应的方程式叫直线方程或曲线方程。

回归分析与相关分析是研究变量之间相互联系的两种统计方法，两者既有区别，又有密切的联系。

回归分析与相关分析的区别具体包括以下几点。

（1）回归分析所研究的两个变量之间的关系是不对等的，必须根据研究目的，事先确定因变量和自变量。相关分析所研究的两个变量是对等关系，没有自变量和因变量之分。

（2）对两个变量 x 和 y 来说，回归分析有时可以根据研究目的的不同分别建立两个不同的回归方程。以 x 为自变量，y 为因变量，可以得出 y 对 x 的回归方程。以 y 为自变量，x 为因变量，可以得出 x 对 y 的回归方程。相关分析只能计算出一个反映两个变量间相关密切程度的相关系数，计算中改变 x 和 y 的不影响相关系数的数值。

（3）回归分析要求自变量是可以控制的变量（给定变量），因变量是随机变量。相关分析要求两个变量都必须是随机变量。

回归分析与相关分析的联系具体包括以下几点。

（1）相关分析是回归分析的基础和前提。如果缺少相关关系，没有从定性上说明现象间是否具有相关关系，没有对相关关系的密切程度做出判断，就不能进行回归分析，即便勉强进行了回归分析，也没有实际意义。

（2）回归分析是相关分析的深入和继续。仅仅说明现象间有密切的相关关系是不够的，只有进行了回归分析，拟定了回归方程，才能表明现象数量相关的具体形式。因此，如果仅有回归分析而缺少相关分析，将会因为缺乏必要的基础和前提而影响回归分析的可靠性；如果仅有相关分析而缺少回归分析，就会降低相关分析的意义。只有把两者结合起来，才能达到统计分析的目的。

2. 一元线性回归模型

根据观测数据，通过回归分析，可以求出一定的关系式，即回归方程式。回归方程式如果是线性的，则为线性回归方程式，否则为非线性回归方程式。一元线性回归方程是描述两个变量之间的直线关系的方程式，在回归分析中是应用最广泛的数学形式。这是出于以下几个原因。

（1）自然现象或社会经济现象中很多事物之间的关系比较接近线性模型。

（2）在社会经济现象中，存在许多相互关联的因素。例如每个家庭的消费支出，受到许多因素的影响，其中除了家庭所得收入因素，还有家庭成员数和年龄结构、消费习惯等因素。又如，产品产量取决于投入的资金、劳动力、各种原材料和技术进步等因素。当研究相关经济现象之间的变动关系时，应该考虑其有关的制约因素。但在实际工作中，往往因客观条件的限制，或者出于研究者的目的，为了突出其中某一个最重要因素，只取某个重要的自变量的数值，以求出因变量的值。

（3）一元线性回归分析是一般回归分析的基础，多元回归分析或非线性回归分析是从一元回归分析的基本理论发展起来的。

以下将着重讨论一元线性回归相关问题。

实验点或观测数据绘制散点图可以形象地反映两个变量间相关的形式、方向和密切程度。如果各散点的分布大致呈直线趋势，可以判定两个变量存在线性关系，并可以在散点的附近拟定一条直线，来近似地表示两个变量之间的关系。此时，配合的直线称为回归直线，其方程为回归直线方程。回归直线方程的一般形式可以表示为：

$$y_c = a + bx \text{（}a\text{、}b\text{ 为待定参数）}$$

上式中 x 为自变量，y_c为因变量的估计值。a 表示直线的起点值，数学上称为纵截距。b 为回归系数，其经济含义是：当自变量增加一个单位时，因变量的平均增加（减少）量，$b>0$ 时增加，$b<0$ 时减少。

要建立回归直线方程，关键在于确定参数 a 和 b 的值。下面用最小二乘法给出参数 a 和 b 的值，建立回归直线方程。

最小二乘法原理要求所拟合的直线与各散点“最接近”。即使因变量 y 的估计值与真实值的离差平方和最小。若令 $Q = \sum (y - y_c)^2$，则 Q 应该取最小值。

将 $y_c = a + bx$ 代入上式得：

$$Q = \sum (y - y_c)^2$$

要使 Q 取最小值，其必要条件是它对 a 和 b 的一阶导数等于零，即：

$$\begin{cases} \dfrac{\partial Q}{\partial_a} = 2\sum (y - a - bx) = 0 \\ \dfrac{\partial Q}{\partial_b} = 2\sum x(y - a - bx) = 0 \end{cases}$$

由此可以整理写成以下标准方程：

$$\begin{cases} \sum y = na + b\sum x \\ \sum xy = a\sum x + b\sum x^2 \end{cases}$$

并可求得：

$$b = \frac{\sum xy - n\bar{x}\,\bar{y}}{\sum x^2 - n\bar{x}^2} = \frac{L_{xy}}{L_{xx}}$$

$$a = \bar{y} - b\bar{x}$$

由实际资料便可求出 a 和 b 的值。将其代入 $y_c = a + bx$ 中便可得出回归直线方程。

一般来说，建立回归直线的过程如下：

列出计算表，求出 $\sum xy, \sum x^2, \sum y^2, \bar{x}, \bar{y}$；计算 L_{xx}，L_{yy}和L_{xy}的值，求出 a 和 b 的值并写出所求方程。

例如，某工厂某产品的产量与单位成本资料如表 5－31 所示，试求单位成本与产量的回归直线方程。

表 5－31　某产品产量与单位成本统计

月份	产量（千件）	单位成本（元/件）
1	2	73
2	3	72
3	4	71
4	3	73
5	4	69
6	5	68

解：列计算表，如表 5－32 所示。

表 5－32　计算过程 1

月份	产量 x（千件）	单位成本 y（元/件）	x^2	y^2	xy
1	2	73	4	5329	146
2	3	72	9	5184	216
3	4	71	16	5041	284
4	3	73	9	5329	219
5	4	69	16	4761	276
6	5	68	25	4624	340
合计	21	426	79	30268	1481

因为 $\sum xy = 1481, \sum x^2 = 79, \sum y^2 = 30268$,

$$\bar{x} = \frac{\sum x}{n} = \frac{21}{6} = 3.5(\text{千件}), \bar{y} = \frac{\sum y}{n} = \frac{426}{6} = 71(\text{元/件})$$

所以：

$$L_{xy} = \sum xy - n\bar{x}\bar{y} = 1484 - 6 \times 3.5 \times 71 = -7$$

$$L_{xx} = \sum x^2 - n\bar{x}^2 = 79 - 6 \times 3.5^2 = 5.5$$

$$L_{yy} = \sum y^2 - n\bar{y}^2 = 30268 - 6 \times 71^2 = 22$$

$$b = \frac{L_{xy}}{L_{xx}} = \frac{-10}{5.5} \approx -1.82$$

$$a = \bar{y} - b\bar{x} = 71 - (-1.82) \times 3.5 = 77.37$$

回归直线方程为：

$$y_c = 77.37 - 1.82x$$

在回归直线方程中，回归系数 $b = -1.82$ 表示，当产量每增加 1000 件，单位成本平均下降 1.82 元。同时，根据回归方程，可以由自变量的值对因变量的值进行估计和预测。例如，当产量为 6000 件时，单位成本 $y_c = 77.37 - 1.82 \times 6 = 66.45$（元/件）。

3. 估计标准误差

研究两个变量的线性关系时，根据直线回归方程，按给定的自变量值可以推算出相应的因变量值，即得出估计值 y_c。而估计值 y_c 与其对应的实际观测 y 之间存在一定的离差，称为估计误差。这种估计误差的大小，可以说明回归方程估计或推算结果的准确程度，同时也可以反映回归直线代表性的大小。若估计误差大，则说明回归方程的代表性低；若估计误差小，则说明回归方程的代表性高。一般来说，可以通过计算估计标准误差来判断回归方程的代表性。

估计标准误差是指因变量实际值与理论值离差的平均值，其计算原理与标准差基本相同。其定义公式为：

$$s_y = \sqrt{\frac{\sum (y - y_c)^2}{n - 2}}$$

式中：s_y——估计标准误差；

n——样本容量。

例如，以表 5 - 32 的资料计算估计标准误差。

解：列计算表，如表 5 - 33 所示。

表 5 - 33　　计算过程 2

月份	产量 x（千件）	单位成本 y（元/件）	y_c	$y - y_c$	$(y - y_c)^2$
1	2	73	73.73	-0.73	0.5329
2	3	72	71.91	0.09	0.0081
3	4	71	70.09	0.91	0.8281
4	3	73	71.91	1.09	1.1881
5	4	69	70.09	-1.09	1.1881
6	5	68	68.27	-0.27	0.0729
合计	21	426	—	—	3.8182

所以：

$$s_y = \sqrt{\frac{\sum (y - y_c)^2}{n - 2}} = \sqrt{\frac{3.8182}{4}} = \sqrt{0.95455} \approx 0.97(\text{元})$$

计算结果表明，因变量的实际值与估计值的平均离差为0.97元。

计算出了估计标准误差，便可以对回归方程的代表性进行检验。若估计标准误差s_y大，则回归方程的代表性小，估计值y_c的可靠性就低；反之，如果s_y小，则回归方程的代表性大，估计值y_c的可靠性就高。因此只有在估计标准误差小的情况下，用回归方程估计或预测才具有实际意义。

知识拓展

假设检验

假设检验又称统计假设检验（注：显著性检验只是假设检验中最常用的一种方法），是一种基本的统计推断形式，也是数理统计学的一个重要分支，用来判断样本与样本、样本与总体的差异是由抽样误差引起还是本质差别造成的统计推断方法。

其基本原理是先对总体的特征做出某种假设，然后通过抽样研究的统计推理，对此假设应该被拒绝还是被接受做出推断。

假设检验的基本思想是小概率反证法思想。小概率思想是指小概率事件（$P<0.01$或$P<0.05$）在一次试验中基本上不会发生。反证法思想是先提出假设（检验假设H_0），再用适当的统计方法确定假设成立的可能性大小，如可能性小，则认为假设不成立，但如果可能性大，也还不能认为假设成立。

假设是否正确，要用从总体中抽出的样本进行检验，与此有关的理论和方法，构成假设检验的内容。设A是关于总体分布的一项命题，所有使命题A成立的总体分布构成一个集合H_0，称为原假设（常简称假设）。使命题A不成立的所有总体分布构成另一个集合H_1，称为备择假设。如果H_0可以通过有限个实参数来描述，则称为参数假设，否则称为非参数假设。如果H_0（或H_1）只包含一个分布，则称原假设（或备择假设）为简单假设，否则为复合假设。对一个假设H_0进行检验，就是要制定一个规则，使得有了样本以后，可以根据这个规则决定是接受它（承认命题A正确），还是拒绝它（否认命题A正确）。这样，所有可能的样本所组成的空间（称样本空间）被划分为两部分H_A和H_R（H_A的补集）。当样本$x \in H_A$时，接受假设H_0；当$x \in H_R$时，拒绝H_0。集合H_R为检验的拒绝域，H_A为接受域。因此选定一个检验法，就是选定一个拒绝域，故常把检验法本身与拒绝域H_R等同起来。

假设检验是抽样推断中的一项重要内容。它是根据原资料作出一个总体指标是否等于某一个数值，某一随机变量是否服从某种概率分布的假设，然后利用样本资料采用一定的统计方法计算出有关检验的统计量，依据一定的概率原则，以较小的风险来判断估计数值与总体数值（或者估计分布与实际分布）是否存在显著差异，是否应当接受原假设选择的一种检验方法。

用样本指标估计总体指标，其结论有的完全可靠，有的只有不同程度的可靠性，还需要进一步加以检验和证实。通过检验，对样本指标与假设的总体指标之间是否存在差别作出判断，决定是否接受原假设。这里必须明确，进行检验的目的不是怀疑样本指标本身是否计算正确，而是为了分析样本指标和总体指标之间是否存在显著差异。从这个意义上，假设检验又称显著性检验。

进行假设检验，先要对假设进行陈述。通过下例对此加以说明。

例如，设某工厂制造某种产品的某种精度服从平均数为方差的正态分布，据过去的数据，已知平均数为75，方差为100。经过技术革新后，该厂改进了制造方法，平均数大于75，方差没有变更，但仍存在平均数不超过75的可能性。试陈述统计假设。

根据上述情况，可有两种假设，一个是假设平均数不超过75，另一个是平均数大于75。如果我们把作为原假设，即被检验的假设，称作零假设，记作假设相对于假设来说，是约定的、补充的假设，有两者选择其一的意思，即作为被检验的假设，则就是备择的，故称为备择假设或对立假设。

哪个是零假设，哪个是备择假设，是无关紧要的。值得关心的是要探索哪一个假设被接受的问题。被接受的假设是要作为推理的基础。在实际问题中，一般要考虑事情发生的逻辑顺序和关心的事件，来设立零假设和备择假设。

在作出了统计假设之后，就要采用适当的方法来决定是否应该接受零假设。由于运用统计方法所遇到的问题不同，因而解决问题的方法也不尽相同。但其解决方法的基本思想却是一致的，即“概率反证法”思想：

（1）为了检验一个零假设（即虚拟假设）是否成立，先假定它是成立的，然后看接受这个假设之后，是否会导致不合理结果。如果结果是合理的，就接受它；如不合理，则否定原假设。

（2）所谓导致不合理结果，就是看在一次观察中，是否会出现小概率事件。通常把出现小概率事件的概率记为0，即显著性水平。它在次数函数图形中是曲线两端或一端的面积。因此，从统计检验来说，就涉及双侧检验和单侧检验问题。在实践中采用何类检验是由实际问题的性质来决定的。一般可以这样考虑：①双侧检验。如果检验的目的是检验抽样的样本统计量与假设参数的差数是否过大（无论是正方向还是负方向），就把风险平分在右侧和左侧。比如显著性水平为0.05，即概率曲线左右两侧各占0.025。②单侧检验。这种检验只注意估计值是否偏低或偏高。如只注意偏低，则临界值在左侧，为左侧检验；如只注意偏高，则临界值在右侧，为右侧检验。

对总体的参数的检量，是通过由样本计算的统计量来实现的。所以检验统计量起着决策者的作用。

统计推断是由样本的信息来推测母体性能的一种方法，它又可以分为两类，即参数估计和假设检验。实际生产和科学实验中，大量的问题是在获得一批数据后，要对母体的某一参数进行估计和检验。

例如，我们对45钢的断裂韧性作了测定，取得了一批数据，然后要求45钢断裂韧性的平均值，或要求45钢断裂韧性的单侧下限值，或要求45钢断裂韧性的分散度（即离散系数），这就是参数估计的问题。

又如，经过长期的积累，知道了某材料的断裂韧性的平均值和标准差，经改进热处理后，又测得一批数据，试问新工艺与老工艺相比是否有显著差异，这就是假设检验的问题。

由此可以看出，参数估计是假设检验的第一步，没有参数估计，也就无法完成假设检验。

任务实施

实训练习

10个学生身高和体重的情况如表5-34所示，要求对身高和体重作相关和回归分析。

表5-34　学生的身高和体重情况

学生	身高（厘米）	体重（公斤）
1	171	53
2	167	56
3	177	64
4	154	49
5	169	55
6	175	66
7	163	52
8	152	47
9	172	58
10	160	50

1. 用 Excel 进行相关分析

首先把有关数据输入 Excel 的单元格中。

用 Excel 进行相关分析有两种方法，一种是利用相关系数函数，另一种是利用相关分析工具。

(1) 利用函数计算相关系数。

在 Excel 中，提供了两个计算两个变量之间相关系数的方法，CORREL 函数和 PERSON 函数，这两个函数是等价的，这里介绍如何用 CORREL 函数计算相关系数。

第一步，单击任一个空白单元格，单击插入菜单，选择函数选项，打开粘贴函数对话框，在函数分类中选择统计，在函数名中选择 CORREL，单击确定后，出现 CORREL 对话框。

第二步，在 Array1 中输入 B2 : B11，在 Array2 中输入 C2 : C11，即可在对话框下方显示出计算结果为 0.896，如图 5 - 12 所示。

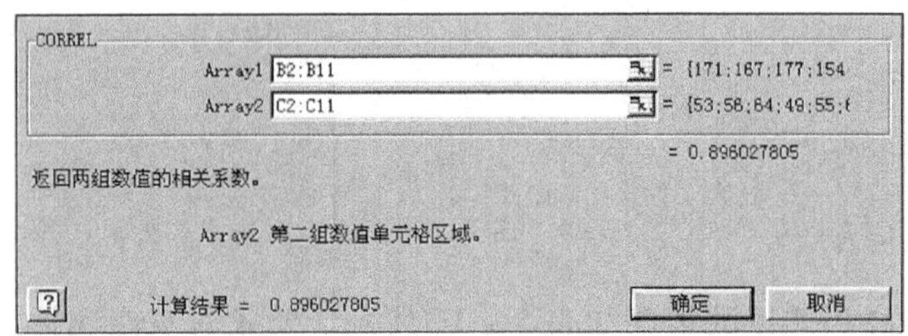

图 5 - 12 “CORREL”对话框及输入结果

(2) 用相关系数工具计算相关系数。

第一步，单击工具菜单，选择数据分析选项，在数据分析选项中选择相关系数，弹出相关系数对话框，如图 5 - 13 所示。

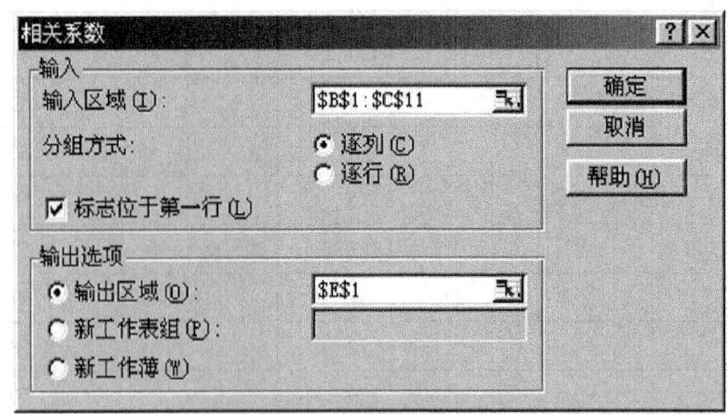

图 5 - 13 “相关系数”对话框

第二步，在输入区域输入 $B$1:$C$11，分组方式选择逐列，选择标志位于第一行，在输出区域中输入 $E$1，单击确定，输出结果如图 5－14 所示。

	A	B	C	D	E	F	G	H
1	学生	身高	体重			身高	体重	
2	1	171	53		身高	1		
3	2	167	56		体重	0.896028	1	
4	3	177	64					
5	4	154	49					
6	5	169	55					
7	6	175	66					
8	7	163	52					
9	8	152	47					
10	9	172	58					
11	10	160	50					
12								

Sheet1 Sheet2 Sheet3

图 5－14　相关分析输出结果

在上面的输出结果中，身高和体重的自相关系数均为 1，身高和体重的相关系数为 0.896，和用函数计算的结果完全相同。

2. 用 Excel 进行回归分析

Excel 进行回归分析同样分函数和回归分析工具两种形式，其提供了 9 个函数用于建立回归模型和预测。这 9 个函数分别是：

（1）INTERCEPT：返回线性回归模型的截距；

（2）SLOPE：返回线性回归模型的斜率；

（3）RSQ：返回线性回归模型的判定系数；

（4）FORECAST：返回一元线性回归模型的预测值；

（5）STEYX：计算估计的标准误；

（6）TREND：计算线性回归线的趋势值；

（7）GROWTH：返回指数曲线的趋势值；

（8）LINEST：返回线性回归模型的参数；

（9）LOGEST：返回指数曲线模型的参数。

用函数进行回归分析比较麻烦，这里介绍使用回归分析宏进行回归分析。具体步骤如下。

第一步，单击“工具”菜单，选择数据分析选项，出现“数据分析”对话框，在分析工具中选择回归，如图 5－15 所示。

第二步，单击“确定”按钮，弹出回归对话框，在 Y 值输入区域输入 $B$2:$B$11，在 X 值输入区域输入 $C$2:$C$11，在输出选项选择新工作表组，如图 5－15 所示。

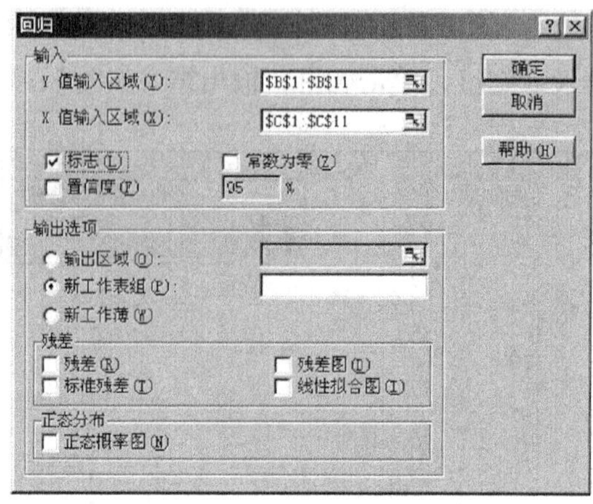

图 5 – 15 “回归”对话框

第三步，单击“确定”按钮，得回归分析结果，如图 5 – 16 所示。

	A	B	C	D	E	F	G	H	I
1	SUMMARY OUTPUT								
2									
3	回归统计								
4	Multiple R	0.8960278							
5	R Square	0.80286583							
6	Adjusted R Square	0.77822406							
7	标准误差	4.02669663							
8	观测值	10							
9									
10	方差分析								
11		df	SS	MS	F	gnificance F			
12	回归分析	1	528.2857	528.2857	32.5815	0.00045			
13	残差	8	129.7143	16.21429					
14	总计	9	658						
15									
16		Coefficients	标准误差	t Stat	P-value	Lower 95%	Upper 95%	下限 95.0%	上限 95.0%
17	Intercept	98.4285714	11.90627	8.266955	3.45E-05	70.97265	125.8845	70.97265	125.88449
18	体重(公斤)	1.22857143	0.215236	5.70802	0.00045	0.732236	1.724907	0.732236	1.7249068
19									

Sheet4 / Sheet1 / Sheet2 / Sheet3

图 5 – 16 Excel 回归分析结果

在上面的输出结果中，第一部分为汇总统计，Multiple R 指复相关系数，R Square 指判定系数，Adjusted R Square 指调整的判定系数，标准误差指估计的标准误差，观测值指样本容量；第二部分为方差分析，df 指自由度，SS 指平方和，MS 指均方，F 指 F 统计量，Significance of F 指 p 值；第三部分包括 Intercept（截距）、Coefficient（系数）和 t Stat（t 统计量）。

实施范例指导

调研项目：卜蜂莲花超市自有品牌满意度调查。

具体任务：用相关回归分析法分析卜蜂莲花超市自有品牌满意度相关数据。

为了了解总体满意度和性价比、质量、包装、摆放位置、宣传促销和服务六个方面的相关关系，特对调查数据进行了相关分析，发现对服务的满意度、宣传促销的满意度和总体满意度的相关性最大，相关系数分别为 0. 7821 和 0. 7622；摆放位置、包装和性价比的满意度对总体满意度的评价关联度较高，相关系数分别为 0. 6847、0. 6182 和 0. 6089；而质量的满意度对总体满意度的评价关联度最小，相关系数为 0. 4335。而且当取置信度为 95% 时，统计量均大于临界值 1. 66（以上数据见表 5 –35），因此表明样本相关系数在统计上是显著的。数据表明，服务、宣传和总体满意度关联度最高，说明对自有品牌商品在服务、宣传促销方面的满意，对自有品牌商品总体满意度的评价的满意提升很大；摆放位置、包装和性价比的满意度对总体满意度的评价关联度较高，对自有品牌商品总体满意度的评价的满意提升较大；而质量和总评价关联度稍低，这是由于顾客认为自有品牌商品质量好是最基本的要求，也就是说，提升对自有品牌商品质量的满意度，对自有品牌商品总体满意度的评价的满意度提升较小，因为顾客觉得自有品牌商品质量好是应该的，也是最起码的要求。同时发现服务满意度与包装满意度、摆放位置满意度和广告宣传满意度三个方面也存在显著相关，相关系数都超过 0. 5，说明提高包装、摆放位置、宣传促销三个方面的满意度，有助于服务满意度得到相应提高。

表 5 –35　　相关系数

项目	性价比	质量	包装	摆放位置	宣传促销	服务
性价比	1					
质量	0. 0748	1				
包装	0. 2871	0. 0569	1			
摆放位置	0. 2314	0. 1362	0. 3029	1		
宣传促销	0. 3179	0. 3131	0. 3642	0. 4516	1	
服务	0. 3907	0. 0564	0. 5054	0. 5429	0. 5476	1
总评价	0. 6089	0. 4335	0. 6182	0. 6847	0. 7622	0. 7821
t 统计量	7. 6377	4. 7867	7. 8248	9. 3481	11. 7157	12. 488

实施要求

1. 实训练习。
2. 各项目小组参照范例针对所调研项目进行相关回归分析。
3. 做好记录，完成阶段成果表。

任务评价

自我测试

测试

1. 理论知识测试

(1) 按照变量之间相互关系的表现形式的不同可把相关关系分为（　　）。

A. 线性相关　　B. 非线性相关

C. 正相关　　D. 负相关

(2) 当变量 x 的数值增大时，变量 y 的数值也明显增大，相关点的分布集中呈直线形状，说明这两个变量间是（　　）。

A. 正相关　　B. 强正相关　　C. 负相关　　D. 强负相关

2. 实践技能测试

(1) 你是否会进行相关分析？

(2) 你是否会进行回归分析？

评价方法

1. 评价标准

(1) 任务能否及时完成。

(2) 任务完成的质量。

(3) 团队的表现。

2. 评价表

项目小组评价和个人任务评价分别如表 5－36 与表 5－37 所示。

表 5－36　　项目小组评价 13

评分依据／组别	是否及时完成	质量	团队表现
第一组			
第二组			
第三组			
⋮			

表 5－37　　**个人任务评价 13**

评分依据 成员	个人具体分工		个人表现		
	承担任务的质量	个人记录	教师评分	组长评分	组员互评
成员一					
成员二					
⋮					

项目六

如何撰写市场调查报告

学习目标

1. 掌握市场调查报告的用途；
2. 掌握市场调查报告的基本要素；
3. 掌握市场调查报告的结构；
4. 掌握撰写市场调查报告的技术。

技能培养

培养学生撰写市场调查报告的技能，使之学会用比较完美的写作形式准确表达市场调查研究的成果。

学习任务

任务十四　做好撰写前的准备工作

任务十五　撰写市场调查报告

通过努力奋斗，我们要把前期所有的工作都用成果展现出来，成果的完美与否直接影响我们工作的成效，希望大家最终能画上一个完美的句号，取得最后的胜利！

好好加油吧，胜利就在眼前！

任务十四　做好撰写前的准备工作

任务导入

学习情境

前面任务中，艾尚团队对数据进行了各种分析，那调查到这儿是不是就可以写报告了？在写调查报告前还要做好哪些准备？调查报告怎么写？包括哪儿部分？怎么拟定调查报告提纲？

案例导入

吉利公司创建于1901年，其产品因使男人刮胡子变得方便、舒适、安全而大受欢迎。进入20世纪70年代，吉利公司的销售额已达20亿美元，成为世界著名的跨国公司。然而吉利公司的领导者并不满足于此，而是想方设法继续拓展市场，争取更多用户。就在1974年，公司提出了面向妇女的专用“刮毛刀”。

这一决策看似荒谬，却是建立在坚实可靠的市场调查的基础之上。

吉利公司先用一年的时间进行了周密的市场调查，发现在美国30岁以上的妇女中，有65%的人为保持美好形象，要定期刮除腿毛和腋毛。这些妇女之中，除使用电动刮胡刀和脱毛剂之外，主要靠购买各种男用刮胡刀来满足此项需要，一年在这类产品上的花费高达7500万美元。相比之下，美国妇女一年花在眉笔和眼影上的钱仅有6300万美元，染发剂5500万美元。毫无疑问，这是一个极有潜力的市场。

根据市场调查结果，吉利公司精心设计了新产品，它的刀头部分和男用刮胡刀并无两样，采用一次性使用的双层刀片，但是刀架则选用了色彩鲜艳的塑料，并将握柄改为弧形以便妇女使用，握柄上还印压了一朵雏菊的图案。这样一来，新产品立即显示了专为女性设计的特点。

为了使雏菊刮毛刀迅速占领市场，吉利公司还拟定几种不同的“定位观念”到消费者之中征求意见。这些定位观念包括：突出刮毛刀的“双刀刮毛”；突出其创造性的“完全适合女性需求”；强调价格的“不到50美分”；表明产品使用安全的“不伤玉腿”等。

最后，公司根据多数妇女的意见，选择了“不伤玉腿”作为推销时突出的重点，刊登广告进行宣传。结果，雏菊刮毛刀一炮打响，迅速畅销全球。

这个案例说明，市场调查研究是经营决策的前提，只有充分认识市场，了解市场需求，对市场做出科学的分析判断，决策才具有针对性，从而拓展市场，使企业兴旺发达。

思考题：

1. 在撰写调查报告前要做哪些准备工作？

2. 如果根据案例内容撰写调查报告应该做哪些准备工作？

任务要求

数据整理分析完，就必须撰写市场信息采集报告。本次任务就是要求各项目小组做好撰写调查报告前的准备工作。例如，对徐州卜蜂莲花超市自有品牌满意度开展调查研究，本次的任务就是做好撰写徐州卜蜂莲花超市自有品牌满意度调查报告的准备工作。

工作任务单如表 6－1 所示。

表 6－1　　工作任务单 14

项目	具体内容
项目名称	如何撰写市场调查报告
任务名称	做好撰写前的准备工作
具体任务	掌握相关知识和技能，做好撰写准备工作
时间要求	本周内
工作步骤	• 各项目小组为撰写调查报告做好准备 • 主要检查两个方面的工作：①准备好各种图表；②准备好各种相关资料，要求小组成员分工合作，做好准备工作，最后填写工作过程、计划和阶段成果表 • 个人对该任务的学习进行总结，并且填写阶段性评价表
实施指南	参照教材该任务范例指导完成本次任务
工作场景	教室、机房
工作成果	1. 小组会议记录表 2. 小组阶段性成果表 3. 个人阶段性成果表
评价标准	任务是否及时完成、团队表现如何、完成质量如何

任务分析

本次任务要求做好撰写市场信息采集报告的准备工作。撰写前应该做好哪些准备工作呢？各小组该怎样完成本次的任务呢？

视频　市场调查报告的格式

任务学习

知识学习

一、准备好所需各种统计图表

撰写市场调查报告应充分使用各种相关的统计图表，从而大大增强报告的说服力。具体而言，市场调查报告中的统计图表有这样一些作用。第一，将各种有关的数据组合在一起，以非常简明而直观的形式提供给报告的读者，从而大大方便读者系统地查阅资料。第二，可帮助读者迅速而容易地理解有关现象的对比结果、各种变化的趋势及其相互关系。第三，读者通过调查报告中的统计图表，可非常容易地分辨出资料的重要程度，从而引起足够的重视。事实上，统计图表在说明某种现象的变化趋势以及各有关因素之间的相互关系时，比任何非文字表述都更具效果。然而，调查报告中使用统计图表，必须要做到有明确的目的性，不能只是为了装饰文章，以求悦目。

一般来说，总结调查结果和报告正文中使用的统计图表，都应该只是简要介绍资料的图表，而有关详细介绍一切调查结果的图表通常都是放在报告的附件部分。此外，使用统计图表说明调查结果时，还必须认真考虑图表的形式。如果图表设计不当，不但无助于说明情况，反而还可能产生曲解事实真相的相反效果。

设计和制作统计图表时，一般应注意下列有关事项：第一，使用图表的目的在于简洁而又系统地说明各种有关数字的资料。因此，图表中所包含的内容不能过于烦琐。第二，统计图表的题材必须清晰易懂，一目了然。图表标题的含义必须明确完整，必要时，可适当附加脚注，说明是根据哪个问题的需要而提供的资料，尽力避免任何可能发生的误解。第三，统计图表的各有关栏目一定要有准确的名称并标明所使用的计量单位。第四，如果统计图表反映的是有关价格方面的资料，且这些资料是按时间先后次序排列的，那就需要说明资料的核算标准（究竟是按固定价格还是按现行价格核算）。如果图表中的资料涉及几种不同货币的换算，还需要说明是以什么汇率进行换算的。第五，列入统计图表的资料，应明确注明来源，以便查对。第六，统计图表中的所有资料均应按一定的逻辑顺序排列，例如，按字母次序、按数值大小、按地区次序等排列。第七，统计图表中互不相同的栏目须画线区分。

作为市场调查报告附件部分的统计图表，主要是为了更好地向读者全面介绍有关的资料，以便读者独立分析思考某些问题。因此，附件部分的统计图表的格式必须完整，列入的资料务必翔实、准确。一般需要提供绝对数值的资料，而不是百分比或指数。市场调查报告正文使用的图表往往都有其特殊的作用，那就是通过图表突出某些方面的资料，或强调某种关系或变化的趋势。因此，在报告正文中使用的图表资料常常有较大幅度的选择性。为了方便阅读，图表中的各项数值资料通常是以整数的形式出现，但也常常使用百分比和指数形式。

二、准备好各种相关资料

视频　软文标题的写作

市场信息采集报告的实际写作并非从报告的前言开始，而是从整理报告的附件着手做起，然后才是起草报告的正文，最后根据正文内容总结出调查的结论并提出相应的建议。

在起草市场调查报告的过程中，有关人员可能会发觉自己在某些方面还存在着知识欠缺的问题，遇到这种情况，必须查阅有关书籍资料才能弥补，这样会对调查报告的撰写计划构成较大的影响。因此，有关人员事前必须做好充分的准备工作，包括进行必要的专业知识准备，并做好时间安排。其实，在实地调查和文案调查阶段已经采集了相关的资料，但撰写报告前还应进一步检查资料准备是否翔实、充足。

具体来讲，相关资料可以从以下三个方面进行准备。一是准备相关企业产品资料，一般来讲，市场信息采集报告往往是针对企业或企业产品存在的某种问题而展开调查研究，因此必须对企业背景、现状和发展以及产品生产销售情况有足够的了解，具体应包括企业背景、企业概况、产品生产销售情况等相关资料；二是准备相关行业资料，行业的现状以及发展趋势直接影响企业的生存发展状况，同行的竞争既是机遇也是威胁，因此企业发展还必须了解行业发展以及同行竞争对手情况，知己知彼，具体应包括行业现状、同行竞争企业发展情况、行业发展趋势情况等；三是准备相关论文书籍资料，撰写调查报告除了掌握同行业相关资料，还必须准备专业知识等相关资料，才能撰写出好的调查报告，具体包括相关专业书、相关专业论文、相关调研报告。

知识拓展

大学生创业的基本技能

刚出校门的大学生满腔热情进行创业，有的成功，有的失败，但以失败居多。大学生要想创业成功，必须具备以下几项基本技能。

1. 规划人生、制订计划

这一点对年轻人来说，是不容易实现的。尤其是大学生刚出校门，对社会和自己的认识还非常有限。要想清楚地知道自己以后发展方向在哪里，仅靠自身的苦思冥想是找不到答案的。最好的办法就是通过自己去观察别人，征求过来人的意见，再结合自己的实际情况制订一些短期目标，通过确定和实现这些短期目标，再慢慢地开始规划自己的人生。

在创业过程当中，要经常性地计划或规划一些事情。在制订计划的时候一定要综合各种因素，形成切实可行的动作分解，要将任何可能的细节都考虑在内。而在实施的过程当中要针对当下的具体情况进行，适当做调整。运营需要强有力的计划管理能力，只有具备这一能力才能更靠近成功创业之门。

2. 胆识和魄力

作为创业者，你就是团队的灵魂。团队运营后，甚至在筹备之初就会面临各种各样的决策，你的一举一动都左右着创业的发展走向和兴衰。前期创业者可能会广泛地征求亲朋好友的建议，一旦独立自主后，就必须通过自己的智慧和胆识去决定各种大小事务。当自主地做出决策时，谨慎是必不可少的，优柔寡断可能会失去一个绝佳的商业的机会。同时，决策的胆识和魄力一定是要建立在深思熟虑的基础之上，既要使决策风险小又要兼顾利益最大化。

3. 团队管理、信息管理、目标管理

任何创业如同经营一家企业一样，需要制定各种制度。制度不在于多，而在于是否让所有相关人都能够明白其道理，并且严格执行。创业者需要针对自己团队实际情况，建立各种有效的管理制度，包括团队管理、培训，绩效考核等。同时，针对市场的不断发展变化而改进相应制度，只有这样才能让创业者及其团队立于不败之地，拥有发展的主动权。在此想提醒大学生创业者，在制定和改进管理制度的时候，一定要基于客观事实出发，而不要想当然，要极力保证制度的可实施性。

创业者每天都会通过不同渠道接触各种信息，如竞争对手又开始降价了、厂家又有新政策等。如何从大量的信息里筛选与自己相关的，再从与自己相关的信息里找到有效的，这需要长时间的锻炼。只有正确、有效信息才能指导团队中各项工作有序开展。对于大学生创业者而言，由于缺乏大量的社会实践经验，所以在接触各种信息的时候，难免会有失偏颇地做一些决定。当大家对信息无所适从时，可以向过来人请教，加以甄别。要在观察和请教别人过程当中，不断提高自身管理信息的能力。

创业必须要有明确的目的性。在不同创业阶段需制定明确的目标，把目标进行细致化的分解。一个团队要想得到长远发展，那么必须得有长远的发展目标，长远的发展目标又可以按阶段分解成不同的小目标，而这些小目标又可以分解到每个相关人。在这个过程当中，创业主导者就需要对不同的目标进行统筹和管理。

4. 谈判

在创业者人际交往过程当中，与人谈判的情况必不可少。谈判对创业者的要求是多面的，需要创业者有一定的语言表达能力、心理分析能力、人文素养等。要想在谈判当中占得主动地位，必须要有很强的谈判能力。杰出的谈判能力能够让创业者在谈判中直接获得更多的利益。

5. 处理突发事件

创业过程当中，会不可避免地发生一些突发事件，需要创业者积极地应对。如果这些事情发生在顾客身上，处理得当的话，还能起到广告效果。用心的服务会向顾客传递负责任的形象。“好事不出门，坏事传千里”，任何一件突发的事件，处理不当，就会使团队的形象一落千丈，甚至砸掉招牌。

6. 学习

在现代社会要想取得不断成功，必须具备持续学习的能力。市场和行业的竞争日益激烈，大到一个企业，小到个人，要想力争上游，就必须比竞争对手更快地掌握更多的知识，通过不断学习使自己处于不败之地。

7. 社会交往能力

良好的人际关系，不仅能给人生带来快乐，而且能助人走向成功。大学生创业者在开始创业后必将会接触到各种不同类型、身份的人，而接触的人大多都是跟自己的利益相关的。所以从创业最开始就要学会跟各种人打交道。要尽可能地去结交人脉，认识朋友，舍得给自己投资。在与前辈们的交流和学习中不断认识到自己的不足，针对性地加以完善。

8. 保持身心健康

创业者经常是要与孤独和挫折为伴，绝大多数的创业过程不是一帆风顺的。创业者如何保持乐观而稳定的心态，需要在长时间的历练当中找到方法。而大学生创业者一般都比较心高气傲，有着强烈的自尊心。建议刚毕业的大学生要放低姿态，平静地去接受一切可能的打击。同样，在得意时，也要克服骄傲的情绪，切不可沾沾自喜，妄自尊大。

身体是革命的本钱，创业者只有身体健康才能支撑一切的打拼和奋斗。为事业拼搏而废寝忘食的精神非常值得肯定，但是终究不能视之为常态。大抵年青的创业者都会精力旺盛，一旦投入工作中很难自拔。在创业的过程当中一定要注意劳逸结合，切莫因为太拼而让自己的身体素质下滑。

任务实施

实训练习

根据下述材料，写出撰写市场调查报告应该做哪些准备工作？

近日，我公司对××市果汁饮料市场进行了一次市场调查，根据统计数据，我们对调查结果进行了简要分析。

追求绿色、天然、营养的果汁饮料成为消费者的主要目的。品种多、口味多是果汁饮料行业的显著特点，据××市场调查显示，每家大型超市内，果汁饮料的品种都在120种左右，厂家达十几家，竞争十分激烈，果汁的品质及创新成为果汁企业获利的关键因素，品牌果汁饮料的淡旺季销量无明显区分。

目标消费群体：调查显示，在选择果汁饮料的消费群体中，15～24岁年龄段的占了34.3%，25～34岁年龄段的占了28.4%，其中，又以女性消费者居多。

影响购买因素：①口味。酸甜的味道销售得最好，低糖营养性果汁饮品是市场需求的主流。②包装。家庭消费首选750ml和1L装的塑料瓶大包装；260ml的小瓶装和利乐包为即买即饮或旅游时的首选；礼品装是家庭送礼时的选择；新颖别致的杯型因喝完饮料后瓶子可当茶杯用，所以也影响了部分消费者的购买决定。

饮料种类选择习惯：71.2%的消费者表示不会仅限于一种，会喝多种饮料；有什么喝什么的占了20.5%；就喝一种的有8.3%。

品牌选择习惯：习惯于多品牌选择的消费者有54.6%；习惯性单品牌选择的有13.1%；因品牌忠诚性做出单品牌选择的有14.2%；价格导向占了2.5%；追求方便的比例为15.6%。

饮料品牌认知渠道（多选）：广告为75.4%；自己喝过才知道为58.4%；卖饮料的地方为24.5%；亲友介绍为11.1%。

购买渠道选择：在超市购买为61.2%；随地购买为2.5%；个体商店购买为28.4%；批发市场为2.5%；大中型商场为5.4%；酒店、快餐厅等餐饮场所也具有较大的购买潜力。

一次购买量：选择喝多少就买多少的有62.5%；选择一次性批发很多的有7.6%；选择多买一点存着的有29.9%。

实施范例指导

调研项目：徐州卜蜂莲花超市自有品牌满意度调查。

具体任务：徐州卜蜂莲花超市自有品牌满意度调查报告撰写准备工作。

1. 准备各种相关图表

检查图表是否准备完善。

2. 准备各种相关资料

（1）准备卜蜂莲花超市企业背景、企业现状、自有品牌产品现状、生产销售情况等资料。

（2）准备行业发展情况相关资料，本地同行竞争对手，如家乐福、大润发、百惠家美时等企业自有品牌经营现状以及发展趋势。

（3）准备相关论文、书籍资料，主要包括顾客满意度、超市自有品牌发展等相关论文、书籍以及相关调研报告。

实施要求

各项目小组参照范例指导，针对所调研项目完成报告撰写准备工作。

任务评价

测试

自我测试

1. 理论知识测试

（1）市场调查报告中的统计图表有这样一些作用，包括（　　）。

A. 是将各种有关的数据组合在一起，以非常简明而直观的形式提供给报告的读者，从而大大方便读者系统地查阅资料

B. 可帮助读者迅速而容易地理解有关现象的对比结果、各种变化的趋势及其相互关系

C. 读者通过调查报告中的统计图表，可非常容易地分辨出资料的重要程度，从而引起足够的重视

D. 调查报告中使用统计图表，必须是要做到有明确的目的性，不能只是为了装饰文章，以求悦目

（2）撰写报告的准备工作包括（　　）。

A. 准备好所需各种统计图表　　B. 准备相关企业产品资料

C. 准备相关行业资料　　D. 准备相关论文书籍资料

2. 实践技能测试

（1）你是否已经做好撰写准备工作？

（2）你是否能够圆满完成项目小组交付给你的具体任务？

评价方法

1. 评价标准

（1）任务是否及时完成。

（2）任务完成的质量。

（3）团队的表现。

2. 评价表

项目小组评价和个人评价分别如6－2与表6－3所示。

表6－2　项目小组评价14

评分依据／组别	是否及时完成	质量	团队表现
第一组			
第二组			
第三组			
⋮			

表6－3　个人任务评价14

评分依据／成员	个人具体分工		个人表现		
	承担任务的质量	个人记录	教师评分	组长评分	组员互评
成员一					
成员二					
⋮					

任务十五　撰写市场调查报告

任务导入

学习情境

上次任务中，艾尚团队做了相关准备，拟定好了调查报告的提纲，现在可以撰写调查报告了，但是怎样才能写出一份非常好的调查报告？撰写调查报告有什么技巧和方法？

案例导入

××市居民家庭饮食消费状况调查报告

为了深入了解××市居民家庭在酒类市场及餐饮类市场的消费情况，特进行此次调查。调查由××市某大学承担，调查时间是2001年7月至8月，调查方式为问卷式访问调查，本次调查选取的样本总数是2000户。各项调查工作结束后，该大学将调查内容予以总结，其调查报告如下。

一、调查对象的基本情况

1. 样本情况

有效样本一共1630户，其中，工人320户，占总数的19.6%；农民130户，占总数的8.0%；教师200户，占总数的12.3%；机关干部190户，占总数的11.7%；个体户220户，占总数的13.5%；经理150户，占总数的9.2%；科研人员50户，占总数的3.1%；待业户90户，占总数的5.5%；医生20户，占总数的1.2%；其他260户，占总数的16.0%。

2. 家庭收入情况

本次调查结果显示，从本市总的消费水平来看，相当一部分居民还达不到小康水平，大部分的人均收入在1000元左右，样本中只有极少部分的消费者收入在2000元以上。因此，可以初步得出结论，本市消费水平整体较低，商家在定价的时候要特别慎重。

二、专门调查部分

1. 酒类产品的消费情况

（1）白酒比红酒消费量大。分析其原因，一是除了顾客自己饮用，白酒用于送礼的较多，而红酒主要用于自己饮用；二是商家做广告也多数是白酒广告，红酒的广告较少。这两点直接导致白酒的市场大于红酒的市场。

（2）白酒消费多元化。从购买白酒的用途来看，约52.84%的消费者用来自己饮用，约27.84%的消费者用来送礼，其余的是随机性很大的消费者。

购买白酒用于自己饮用的消费者，其购买的价格大部分在20元以下，其中10元以下的约占26.7%，10~20元的占22.73%，从品牌上来说，稻花香、洋河、汤沟酒相对看好，尤其是汤沟酒，约占18.75%，这也许跟消费者的地方情结有关。从红酒的消费情况来看，大部分价格也都集中在10~20元，其中，10元以下的占10.23%，价格档次越高，购买力相对越低。从品牌上来说，以花果山、张裕、山楂酒为主。

送礼者所购买的白酒价格大部分在80～150元（约28.4%），约有15.34%的消费者选择150元以上的白酒。根据以上数据，生产厂商的定价和包装策略就有了依据，既要定价合理，又要有好的包装，才能增大销售量。从品牌的选择来看，约有21.59%的消费者选择五粮液，10.80%的消费者选择茅台，另外对红酒的调查显示，约有10.2%的消费者选择40～80元价位的，选择80元以上的消费者约5.11%。总之，从以上的消费情况来看，消费者的消费水平基本决定了酒类市场的规模。

影响消费者购买的因素比较鲜明，调查资料显示，消费者关注的因素依次为价格、品牌、质量、包装、广告、酒精度，这样就可以得出结论，生产厂商的合理定价是十分重要的，品牌、求质量、巧包装、做好广告也很重要。

顾客忠诚度调查表明，经常换品牌的消费者占样本总数的32.95%，偶尔换品牌的占43.75%，不换品牌的占23.3%。对新品牌的酒持喜欢态度的占样本总数的32.39%，持无所谓态度的占52.27%，明确表示不喜欢的占15.34%。可以看出，一旦某个品牌在消费者心目中形成了印象，是很难改变的，因此，厂商应在树立企业形象、争创名牌上狠下功夫，这对企业的发展十分重要。

不难发现，吸引消费者的注意力对企业来说是十分关键的。做好广告宣传，建立消费者的口碑，将直接影响酒类市场的规模。而对于商家来说，营业员的素质也应重视，因为其对酒类产品的销售有着一定的影响。

2. 饮食类产品的消费情况

本次调查主要针对一些饮食消费场所和消费者比较喜欢的饮食进行，调查表明，消费有以下几个重要特点。

(1) 消费者认为最好的酒店不是最佳选择，最常去的酒店往往也不是最好的酒店，消费者最常去的酒店大部分是中档的，这与本市居民的消费水平是相适应的，现将几个主要酒店比较如下。

泰福大酒店是消费者最看好的，约有31.82%的消费者选择它，其次是望海楼和明珠大酒店，都是10.23%，然后是锦花宾馆。调查中我们发现，云天宾馆虽然说比较好，但由于这个宾馆的特殊性，只有举办大型会议时才会开放使用，所以调查中的普通消费者很少会选择云天宾馆。

(2) 消费者大多选择在自己工作或住所周围的酒店，有一定的区域性。虽然在酒店的选择上有很大的随机性，但也并非绝对如此，例如，长城酒楼、淮扬酒楼，也有一定的远距离消费者惠顾。

(3) 消费者选择手抓龙虾、糖醋排骨、糖醋里脊、宫保鸡丁此类热门特色菜品的比较多，特别是手抓龙虾，在调查样本总数中约占26.14%，以绝对优势占领餐饮类市场。

(4) 近年来，海鲜与火锅成为市民饮食市场的两个亮点，市场潜力很大，目前的消费量也很大。在对季节的调查中，火锅不但在冬季有很大的市场，在夏季也有较大的市场潜力。

三、结论和建议

1. 结论

(1) 本市的居民消费水平还不算太高，属于中等消费水平，月平均收入在1000元左右。

(2) 居民在酒类产品消费上主要是用于自己饮用，并且以白酒居多，红酒的消费比较少。用于个人消费的酒品，无论是白酒还是红酒，其品牌以家乡酒为主。

(3) 消费者在买酒时多注重酒的价格、质量、包装和宣传，也有相当一部分消费者持无所谓的态度。

(4) 酒店消费主要集中在中档消费水平的酒店，火锅和海鲜的消费潜力较大，并且已经有相当大的消费市场。

2. 建议

(1) 商家在组织货品时要根据市场的变化制定相应的营销策略。

(2) 对消费者较多选择本地酒的情况，本地酒厂商应提升品质，拓宽市场，实现城市消费的良性循环。

思考题：

1. 根据上述案例分析调查报告的内容有哪些。
2. 撰写市场调查报告的技巧有哪些。

任务要求

做好准备工作后，就可以撰写市场信息采集报告。本次任务就是要求各项目小组撰写调查报告。例如，要对徐州卜蜂莲花超市自有品牌满意度展开调查研究，本次的任务就是撰写徐州卜蜂莲花超市自有品牌满意度调查报告。

工作任务单如表6-4所示。

表6-4　　工作任务单15

项目	具体内容
项目名称	如何撰写市场调查报告
任务名称	撰写市场调查报告
具体任务	掌握相关知识和技能，小组撰写市场调查报告，准备汇报

续　表

项目	具体内容
时间要求	两周内
工作步骤	• 各项目小组撰写项目调查报告 • ①确定调查报告结构；②拟定调查报告提纲；③撰写调查报告；④修改完善调查报告。要求小组成员分工合作完成任务，最后填写过程、计划和阶段成果表 • 个人对该任务的学习进行总结，并且填写阶段性评价表
实施指南	参照教材该任务范例指导完成本次任务
工作场景	教室、机房
工作成果	1. 小组会议记录表 2. 小组阶段性成果表 3. 个人阶段性成果表
评价标准	任务是否及时完成、团队表现如何、完成质量如何

任务分析

本次任务要求撰写市场信息采集报告。怎样撰写报告呢？调查报告的结构是什么？撰写的要求有哪些？

任务学习

视频　如何做好市场调查报告

知识学习

一、市场调查报告

1. 市场调查报告的作用

市场调查报告是在对调查得到的资料进行分析整理、筛选、加工的基础上，记述和反映市场调查成果并提出作者看法和意见的书面报告。

市场调查报告是市场调查工作的最终成果，也是市场调研过程中最重要的一环。许多管理者并不一定涉足市场调研过程，但他们将利用调查报告进行业务决策。一份好的调查报告，能对企业的市场策划活动提供有效的导向作用，同时，对于各部门管理者了解情况、分析问题、制定决策、编制计划以及控制、协调、监督等各方面都能起到积极的作用。如果调查报告写得拙劣不堪，再好的调查资料也会黯然失色，甚至可能导致市场活动的失败。

2. 市场调查报告的基本要素

一份市场调查报告一般具备三个要素。第一，基本情况。即对调查结果的描述与解释说明，可以用文字、图表等形式。对情况的介绍要详尽而准确，为下一步的分析、下结论提供依据。第二，分析与结论。对上述情况数据进行科学分析，找出原因及各方面的影响因素，透过现象看本质，得出对调查对象的明确结论。第三，措施与建议。通过对调查资料的分析研究，对市场情况有了明晰的认识。针对市场供求矛盾和调查发现的问题，提出建议和看法，供领导决策参考。

3. 市场调查报告的分类

市场调查报告可以从不同角度进行分类。按其所涉及内容含量的多少，可以分为综合性市场调查报告和专题性市场调查报告；按调查对象的不同，可以分为关于市场供求情况的调查报告、关于产品情况的市场调查报告、关于消费者情况的市场调查报告、关于销售情况的市场调查报告以及有关市场竞争情况的调查报告；按表述手法的不同，可以分为陈述型市场调查报告和分析型市场调查报告。

4. 市场调查报告的结构

市场调查报告的结构包括以下七个部分。

（1）报告封面。

封面部分一般包括项目名称（标题）；调查单位名称、地址、电话号码、网址和电子邮件地址；报告接收人或组织；报告提出日期。

（2）报告摘要。

报告摘要又称概要。报告摘要有以下一些要求：第一，从内容来讲，要做到清楚、简洁和高度概括；第二，从语言文字来讲，应该通俗、精练，尽量避免应用生僻的字句或一些过于专业性、技术性的术语。

（3）报告目录。

市场调查报告的目录应该包含调查活动的各项内容，通常要求列出各项内容的标题、副标题及页码。整个目录的篇幅不宜过长，以一页为宜。

（4）引言。

引言也称“序言”，是书面报告正文的开始，主要是说明问题的性质，简述调查目标和具体调查问题，并对报告的组织结构做出概括。

（5）调查技术与样本描述。

对调查所采用的方法及样本抽取过程进行翔实、客观、公正的记录。具体内容包括调查所需信息的性质、原始资料和二手资料的收集方案、问卷设计、标尺技术、问卷的预检验和修正技术、抽样技术、问卷的收集、问卷整理和分析、采用的统计技术以及缺失值的处理方法等。报告的撰写者应当尽量将这些内容以一种非专业性的、易理解的文字表述出来，如果有非常专业、复杂的内容，则应放在附录里。

（6）正文。

这个部分是报告的主体部分，包括调查结果、结论、建议和措施。调查人员要将调查结果通过数据图表资料及相关文字说明，分析并报告出来，同时要说明调查获得哪些重要结论，根据调查的结论应该采取什么措施。结论和建议应当简明扼要，使读者明确调查结果，加深认识，启发读者思考和联想。

（7）附件。

附件是指报告正文中没有提及，但与正文有关、必须加以说明的部分，主要体现为资料的列示，如市场调查活动中的所有技术性细节，也可包括信息来源、统计方法、详细表、描述和定义以及相关的参考文献等。

二、如何撰写市场调查报告

1. 拟定调查报告的提纲

在起草市场调查报告之前，报告的写作人员必须做到对报告的文体结构以及报告的章节段落编排有非常明确的了解。要做到这一点，事前应根据市场调查的范围，在反复考虑和构思的基础上，拟定初步的写作提纲。提纲中应列明报告的主要章节的编排次序和各章节的主要内容。

2. 起草调查报告

起草调查报告时，应该是有条理、系统性地集中阐明事实和见解，但段落安排要注意有所侧重，使市场调查的重点突出，不能平铺直叙、面面俱到。当调查报告的初稿起草完毕后，市场调查人员还应将初稿通读几遍，认真审查，反复修改。每一次的审查都可能发现某些章节段落的材料需要重新调整或安排，经过反复审读，方能写出质量上乘的调查报告。在首次起草报告时，一般应对属于报告各个不同部分内容的材料另纸撰写，并按各自所属章节段落分别编号。此外，市场调查报告的初稿应一律单面书写，各页需留出足够的篇幅，以方便对报告的内容进行调整或变更。

3. 调查报告的写作要点

（1）选好标题。

标题是市场调查报告的题目，一般有两种构成形式。一种是公文式标题，即由调查对象和内容、文种名称组成，如《关于2002年全省农村服装销售情况的调查报告》。值得注意的是，实践中常将调查报告简化为“调查”，也是可以的；另一种是文章式标题，即用概括的语言形式直接交代调查的内容或主题，如《全省城镇居民潜在购买力动向》。实践中，这种类型的标题多采用双题（正副标题）的结构形式，使之更为引人注目，富有吸引力。如《竞争在今天，希望在明天——全国洗衣机用户问卷调查分析报告》《市场在哪里——徐州轻型客车用户调查》等。

（2）设计好引言。

引言又称导语，是市场调查报告正文的前置部分，要写得简明扼要，精练概括。一般应交代出调查的目的、时间、地点、对象与范围、方法等与调查者自身相关的情况，也可概括调查报告的基本观点或结论，以便读者对全文内容、意义等获得初步了解。然后可以使用过渡句承上启下，引出主体部分。如一篇题为《关于全市 2020 年电暖器市场的调查》，其引言部分是这样的：××调查策划事务所受××委托，于 2021 年 3 月至 4 月在国内部分省市进行了一次电暖器市场调查，现将调查研究情况汇报如下……引言部分使用简要文字交代出了调查的主体身份，调查的时间、对象和范围等要素，并用一过渡句开启下文，写得合乎规范。这部分文字务求精要，切忌啰唆。视具体情况，有时也可省略这一部分，以使行文更趋简洁。

（3）重点写好报告主体部分。

这部分是市场调查报告的核心，也是写作的重点和难点所在。这部分内容要完整、准确、具体地说明调查的基本情况，进行科学、合理的分析预测，并在此基础上提出有针对性的对策和建议。

报告主体具体包括三方面内容。一是情况介绍，即对调查所获得的基本情况进行介绍，是全文的基础和主要内容，要用叙述和说明相结合的手法，将调查对象的历史和现实情况，包括市场占有情况，生产与消费的关系，产品、产量及价格情况等表述清楚。在具体写法上，既可按问题的性质将其归结为几类，采用设立小标题或者采用撮要与显旨的形式；也可以时间为序，列出数字、图表或图像等加以说明。无论如何，都要力求做到准确和具体，富有条理性，以便为下文进行分析和提出建议提供坚实充分的依据。二是分析预测，即在对调查所获基本情况进行分析的基础上对市场发展趋势做出预测，它直接影响到有关部门和企业领导的决策行为，因而必须着力写好。撰写时要采用议论的手法，对调查所获得的资料条分缕析，进行科学的研究和推断，并据此形成符合事物发展变化规律的结论性意见。用语要富于论断性和针对性，做到析理入微，言简意赅，切忌脱离调查所获资料随意发挥，唱“信天游”。三是建议，建议是市场调查报告写作目的和宗旨的体现，写作人员要在上文调查情况介绍和分析预测的基础上，提出具体的建议和措施，供决策者参考。要注意所提建议的针对性和可行性，能够切实解决问题。

4. 撰写市场调查报告的注意事项

充分考虑报告的读者是谁，以及他们的主张和经验。报告应力求简明扼要，为此，应毫不犹豫地删除一切不必要的词句。报告的行文要求自然流畅，尽量选用常见的词句，避免使用晦涩难懂和专业技术性较强的术语。报告中各部分的题目必须与其中论述的内容切实相符，为此，应毫不犹豫地删除一切与之无关，或关系不大的材料。此外，应反复核对在报告中所引用的全部数据或统计资料，务求准确无误。适当选用多种不同类型的图表，可以具体说明和突出报告中重要部分的内容。每个问题在全篇报告中占有的篇幅和位置，须与问题本身的重要程度相一致。

知识拓展

大学生创业

大学生创业群体主要由在校大学生和毕业生组成，由于大学扩招引起大学生就业难等一系列问题，一部分大学生通过创业形式实现就业，这部分大学生具有高知识、高学历的特点，但是由于大学生缺乏相对应的社会经验，所以需要全社会的关注和帮助。大学生创业逐渐被社会认同和接受，创业者也肩负着提高大学生毕业就业率和维护社会稳定等使命。在高校扩招之后，大学生创业就成为大学生就业之外的一个社会新问题。

大学生创业具有不少优势。①大学生往往对未来充满希望，他们充满激情，有“初生牛犊不怕虎”的精神，而这些都是一个创业者应该具备的素质。②大学生在学校里学到了很多理论性的东西，有着较高层次的技术优势，而目前最有前途的事业就是开办高科技企业。技术的重要性是不言而喻的，大学生创业从一开始就必定会走向高科技、高技术含量的领域，“用智力换资本”是大学生创业的特色和必然之路。一些风险投资家往往看中了大学生掌握的先进技术，而愿意对其创业计划进行资助。③现代大学生有创新精神，有对传统观念和传统行业挑战的信心和欲望，而这种创新精神也往往成了大学生创业的动力源泉，成为成功创业的精神基础。大学生怀揣创业梦想，努力打拼，敢于创新，才能创造财富。

大学生创业的困难：①由于大学生社会经验不足，常常盲目乐观，没有充足的心理准备。面对创业中的挫折和失败，许多创业者感到十分痛苦、茫然，甚至会感到沮丧，变得消沉。大学生平常看到的大多是成功创业的例子，心态自然是理想主义的。其实，成功的背后还有更多的失败。创业者既要看到成功，也要看到失败，只有这样，年轻的创业者才能变得更加理智。②急于求成、市场意识及商业管理经验缺乏，是影响大学生成功创业的重要因素。大学生虽然掌握了一定的理论知识，但终究缺乏必要的实践能力和经营管理经验。此外，由于大学生对市场营销等缺乏足够的认识，很难一下子胜任企业经理人的角色。③大学生对创业的理解还停留在仅有一个美妙想法与概念上。在大学生提交的相当一部分创业计划书中，许多人还试图用一个自认为很新奇的创意来吸引投资。这样的事以前确实有过，但在今天这已经几乎不可能了。投资人看重的是创业计划真正的技术含量有多高，在多大程度上是不可复制的，以及市场盈利的潜力有多大。而对于这些，创业者必须有一整套细致周密的可行性论证与实施计划，绝不是仅凭三言两语或是一个主意就能让投资者心甘情愿掏钱的。④大学生的市场观念较为淡薄，不少大学生很乐于向投资人大谈自己的技术如何领先与独特，却很少探讨这些技术或产品究竟会有多大的市场空间。就算谈到市场的话题，多半也只会计划花钱做广告而已，而对于诸如目标市场定位与营销手段组合这些重要方面，往往全然没有概念。其实，一些技术含量一般但却能切中市场需求的产品或服务，常常也会得到投资人的青睐。创业者应该有非常明确的市场营销计划，能强有力地证明创业项目获得利润的可能性。

任务实施

实施范例指导

视频　全国市场调查大赛作品欣赏

调研项目：徐州卜蜂莲花超市自有品牌满意度调查。

具体任务：撰写徐州卜蜂莲花超市自有品牌满意度调查报告。

步骤如下：

1. 拟订提纲。
2. 拟写报告草稿。

视频　全国市场调查大赛介绍

徐州卜蜂莲花超市自有品牌满意度调查报告

调查组织：卜蜂莲花调查项目小组

调查时间：2008 年 11 月 8 日—11 月 29 日

报送时间：2008 年 12 月 30 日

摘　要

超市自有品牌在零售业成熟的欧美国家已经非常发达，许多大中型零售商都经营自有品牌且数量连年上升。我国自 20 世纪 90 年代初引入连锁经营机制后，自有品牌才开始受到众多零售商业企业，尤其是连锁超市的关注。顾客满意度是顾客对需求或期望满足情况的反馈，它是对产品或者服务性能，以及产品或者服务本身的评价。超市自有品牌顾客满意度直接影响顾客忠诚度的建立，关系到超市的兴衰成败。因此研究超市自有品牌顾客满意度是非常有必要的，通过对超市自有品牌顾客满意度影响因素及水平进行分析，可以为超市竞争优势的改进和提升提供依据。

本报告对徐州卜蜂莲花超市自有品牌满意度进行了调查研究，对超市自有品牌满意度进行了分析，并且针对影响超市经营自有品牌满意度的问题提出了相关建议和对策。

前　言

卜蜂莲花购物中心由正大集团投资建设。自1997年6月23日第一家卜蜂莲花超市在上海浦东开张以来，卜蜂莲花已在中国开了100多家购物中心。卜蜂莲花自有品牌从粮食、食用油和肉类、蛋类等生鲜食品入手，进而扩展到饮料，再发展到日用品乃至小家电等，除了“卜蜂莲花”为主外还有“泉信”“好脉”等自有品牌。目前，卜蜂莲花自有品牌不仅数量在总数的10%以上，并且已经成为整个超市利润的重要来源。徐州市卜蜂莲花超市自2004年建立以来，依靠最先进的现代购物理念、舒适的购物环境和天天低价的高质量商品等优势，很快在徐州大型超市中脱颖而出，无论是经营规模还是经营效益均排在全市大型超市前列。

为了更好地满足消费者的需求，特开展本次调查研究，以便了解广大消费者对卜蜂莲花自有品牌商品的认知度、满意度、忠诚度，以及对卜蜂莲花超市自有品牌商品经营的期望和意见，以便于卜蜂莲花超市不断改进工作，提高服务水平。

第一部分　企业背景

一、企业概况

1. 卜蜂莲花超市简介

正大集团是卜蜂莲花超市的总公司。正大集团显示出其集世界所有伟大工商业巨头的敏锐和创业者精神，抓住发现的任何机会，发展必要的经营管理和科技技能，并一直计划更好的未来。现在，正大集团已经在20多个国家建立了200多个公司，聘用了超过10万名员工，是中国最大的外商投资的企业之一，且以亚洲领先的跨国企业形象活跃在世界的前沿。在过去的十几年中，自1997年6月23日其第一家商店在上海浦东开张以来，卜蜂莲花已在中国开了100多家购物中心。依靠最先进的现代购物理念，卜蜂莲花已经被看作可以信赖的商店，它提供了新的购物体验、舒适的购物环境和天天低价的高质量商品。

2. 徐州卜蜂莲花超市简介

徐州市卜蜂莲花超市于2004年建立，地点位于中国矿业大学附近，占地面积达到3万平方米，拥有员工800多名，超市主要辐射徐州南区，消费者主要为中国矿大师生、徐师大师生、徐州建院师生、附近各中专及中学师生、附近企事业单位职工、个体户以及附近的居民。卜蜂莲花超市依靠其先进的现代购物理念、舒适的购物环境和天天低价的高质量商品等优势，很快在徐州大型超市中脱颖而出，无论是经营规模还是经营效益均排在全市大型超市前列，和徐州家乐福、徐州大富源、徐州新一佳、百惠家美时成为徐州居民主要光顾的五家大型超市。

3. 卜蜂莲花自有品牌

卜蜂莲花早在1999年就开始推出自有品牌，旨在吸引消费者，为消费者提供性价比更高的商品，目前自有品牌数量已超过500种。卜蜂莲花旗下的自有品牌包括卜蜂莲花、优选、泉信、珍仕、好脉、衡美、新鲜快车，Allex，Ally's等，产品包括食品、日用品、家电和服装等品类。卜蜂莲花自有品牌不仅数量在超市所售品牌总数的10%以上，而且已经成为整个超市利润的重要来源，具有以下主要特点：第一，品质优异——追求一流的质量，制定严格的标准，为消费者创造更好的生活品质；第二，品种丰富——包括食品、日用品、家电和服装等500多种产品；第三，物超所值——节省广告和流通环节的费用，让消费者以低价购买超值的产品；第四，厂商可靠——选择知名的厂商合作，并全程监控生产过程。

卜蜂莲花超市自有品牌商品主要分类如下。

（1）日用家居。

包括洗护用品、纸品、一次性用品、电子秤、毛巾、衣架、浴帘、空气清新剂、防霉防蛀品、家居床品、游戏地垫。

（2）办公用品。

包括复印纸、传真纸、资料册、双面胶带、透明胶带、封箱带。

（3）厨房用品。

包括砧板、厨房用刀、餐具、果汁杯、手套、抹布、果蔬筛、桶、调味格。

（4）家装。

包括储物空间、五金件、家装配线、节能灯、拖线板、电池。

（5）食品。

包括食用油、米、杂粮、调味品、面、粉丝、干货、饼干、蛋糕、炒货、酒、茶。

4. 卜蜂莲花自有品牌商品质量控制体系

卜蜂莲花推出“五层质量控制体系”来确保对自有品牌商品质量的全程监控，如图6-1所示。

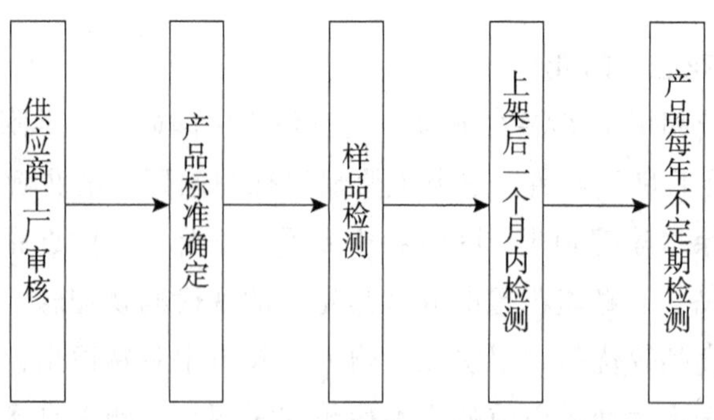

图6-1　卜蜂莲花自有品牌五层质量控制体系

（1）供应商工厂审核。卜蜂莲花对供应商工厂进行严格的资质审核和现场审核，工厂必须具备规定的生产资质；工厂质量管理体系必须达到卜蜂莲花审核标准；卜蜂莲花倾向于选择那些具有良好信誉的大型知名企业作为供应商来确保产品的质量，卜蜂莲花自有品牌供应商如表 6 –5 所示。

表 6 –5　卜蜂莲花自有品牌供应商

供应厂商	卜蜂莲花自有品牌
统一企业	卜蜂莲花果汁饮料
亚太酿酒	泉信啤酒
名山正大茶叶	卜蜂莲花茶叶
旺旺	卜蜂莲花雪饼
维维乳业	卜蜂莲花牛奶

（2）产品标准确定。卜蜂莲花选择高档次高级别的产品，如表 6 –6 所示。

表 6 –6　产品标准

卜蜂莲花自有品牌	产品标准
泉信啤酒	符合 GB 4927 优级啤酒标准
卜蜂莲花拉面	符合推荐标准 SB/T 10068 一级品标准
卜蜂莲花纯正葵花籽油	符合 GB 10464 一级油标准

（3）三次检测。样品必须通过检测，才能上架销售；上架产品在一个月内做抽检，保证符合产品质量标准；每年不定期抽检，保证产品质量稳定，卜蜂莲花检测合作机构如表 6 –7 所示。

表 6 –7　卜蜂莲花检测合作机构

专业的国家级检测机构	外资检测机构
国家加工食品质量检验检测中心（福州）	英国 ITS
广东产品质量监督检验研究院	瑞士 SGS

二、同行主要竞争对手

1. 家乐福自有品牌简介

成立于 1959 年的家乐福集团是大卖场业态的首创者，现拥有万余家营运零售单位，业务范围遍及世界30个国家和地区。集团以三种主要经营业态引领市场：大型超市、超市以及折扣店。此外，家乐福还在一些国家发展了便利店和会员制量贩店。

家乐福开发了大约2000个家乐福产品。这些自有品牌在家乐福门店以优惠的价格和严格控制的质量以及不同品牌形式出现，其中包括家乐福杂货自有品牌、家乐福生鲜自有品牌（家乐福质量体系）、家乐福家电自有品牌（福斯莱）、家乐福纺织自有品牌（欧蕴）。

（1）家乐福杂货自有品牌。

家乐福杂货品牌已有将近900个食品产品和非食品产品，外部实验室管理所有产品的质量审核与分析以确认符合家乐福的要求。

（2）家乐福生鲜自有品牌（家乐福质量体系）。

家乐福生鲜自有品牌通过长期合作的形式确保产品在整个生命周期中符合特定的质量水准。产地和类型及可追溯性构成了供应链的主要质量体系。

（3）家乐福家电自有品牌（福斯莱）。

福斯莱是家乐福自有品牌，涵盖厨房家电、影音设备。方便实用、设计精美、价廉物美使福斯莱产品很具吸引力。

（4）家乐福纺织自有品牌（欧蕴）。

欧蕴是家乐福纺织自有品牌，这一系列包括T恤、衬衫、裤子、内衣、鞋子、毛巾和床上用品，全部由优秀的法国设计师打造。

2. 大润发自有品牌简介

大润发由润泰集团于1996年在中国台湾投资成立，以直接、生活化的方式为消费者服务。

2001年大润发与法国具有丰富零售流通经验的欧尚（Auchan）集团合作，向国际化连锁事业跨近一步，在法国、卢森堡、西班牙、葡萄牙、意大利、波兰、匈牙利、俄罗斯、摩洛哥等地设分店，拥有跨国联合采购能力的欧尚，使大润发的商品及服务更具竞争力。

大润发自营商品以低价的“大拇指”品牌为主，品项有近2000种，和卖场内同等级产品相较更便宜。新推出的商品在与行业领导品牌竞争质量的前提下能便宜15%以上。

3. 沃尔玛自有品牌简介

沃尔玛公司由美国零售业的传奇人物山姆·沃尔顿先生于1962年在美国阿肯色州成立。

经过几十年的发展，沃尔玛公司已经成为顶级连锁零售商。目前，沃尔玛在全球开设了超过7800家商场，员工总数200多万人，分布在全球10余个国家。每周光临沃尔玛的顾客1.76亿人次。

沃尔玛1996年进入中国，在深圳开设了第一家沃尔玛购物广场和山姆会员商店。

沃尔玛全球采购中心总部于2002年在深圳设立。经过多年的发展，目前沃尔玛已拥有沃尔玛购物广场、山姆会员商店、沃尔玛社区店三种业态。沃尔玛创造了数量巨大的就业机会。沃尔玛自进入中国就积极开展社区服务和慈善公益活动，向各种慈善公益组织捐献物品和资金。沃尔玛十分重视环境保护和可持续发展，并把环保理念融入沃尔玛日常工作的每一个环节，同时沃尔玛也鼓励合作伙伴成为沃尔玛“环保360计划”的一部分，共同致力于中国的环境保护和可持续发展。

沃尔玛经营商品约50000种，其中自有品牌商品约3000种，自有品牌包含10大类。

（1）惠宜，包括糖果、饼干、巧克力、酒类、冷藏食品、冷冻食品、干货、纸品、清洁用品、灯泡类业务。

（2）宜洁，包括护肤及美容用品类业务。

（3）Simply Basic（简适），包括男童服装、棉袜、丝袜、女性内衣、手袋及配件、女童服装、男装、女装、婴儿用品、鞋类。

（4）Select Edition，包括毛巾和床上用品。

（5）Penmans，包括男装、女装和鞋袜。

（6）Kid Connection，包括玩具类业务。

（7）Mainstays，包括家居用品、箱包、床上用品、毛巾、五金工具类业务。

（8）Athletic Works，包括男装、鞋类、棉袜、女装、运动用品类业务。

（9）725 Originals，包括男装、女装和鞋袜。

（10）劲量，包括电池类业务。

总之，无论是国际巨头还是本地零售商，都把开拓自有品牌商品作为战略之一。在国内市场上，除了沃尔玛、家乐福、乐购以及卜蜂莲花等外资零售巨头在PB业务（主经纪商业务）领域展开了激烈的巷战，华润万家、人人乐等本土零售企业在PB业务领域也面临着一场前所未有的遭遇战，因此超市自有品牌满意度的调查研究就显得尤为重要。超市自有品牌满意度调查是通过调查研究获取消费者对本企业产品或服务的有关评价信息，在此基础上，对消费者的满意度进行综合性评定，分析认知度、满意度、忠诚度或重购率的高低，剖析消费者缺憾，揭示提升消费者满意度的关键因素，为企业制定提高消费者满意度的策略，减少消费者抱怨和流失，增加消费者重购率，创造良好的口碑，提升企业形象，为稳定、持续的利润增长提供信息支持。

第二部分　理论介绍

一、自有品牌商品

自有品牌商品，是超市等零售商以自己的品牌销售产品，这样的产品既可以是按照零售商的具体要求向供货商定制的，也可以是在现成的产品上贴上零售商的牌子。因为自有品牌商品可以省去许多中间环节，节约交易费用和流通成本，加上分销上的优势，所以零售商可以提供更具有竞争力的价格和更适合消费者的产品。近年来，随着我国零售业的迅速发展和国外零售巨头相继进入我国，本土零售企业开始关注和尝试自有品牌战略。但是我国零售商在实施自有品牌策略中，出现了许多问题，和国外的大型超市相比，国内大型超市的自有品牌营销策略还有许多值得改进的地方。消费者对超市自有品牌的满意与否、评价如何？还是值得研究的一个课题。

二、消费者满意度调查

消费者满意度是指消费者或用户通过对一种产品或服务的可感知的效果与他的期望值相比较后，所形成的愉悦或失望的感觉状态。满意度则是可感知效果和期望值之间的差异函数。大量研究表明，消费者满意度越高，消费者对企业越忠诚，产品或服务的重购率越高。当消费者重购率达到一定水平后，利润的增长会随重购率的增长迅速增长。而消费者满意度的提高，是由企业内部员工的素质、工作效率、工作质量所决定的，即由员工的满意度决定。因此，员工满意和消费者满意是21世纪企业盈利模式的两个重要变量。

消费者满意度研究是指通过构造消费者满意度评价指标体系，在调查研究的基础上获取消费者对本企业产品或服务的有关评价信息，在此基础上，对消费者的满意度进行综合性评定，分析认知度、满意度、忠诚度或重购率水平的高低，剖析消费者缺憾，揭示提升消费者满意度的关键因素，为企业制定提高消费者满意度的策略，减少消费者抱怨和流失，增加重购率，创造良好的口碑，提升企业形象，为稳定、持续的利润增长提供信息支持。消费者满意度研究的主要内容如下。

1. 消费者满意理念导入

消费者满意理念导入，即通过培训、研讨等形式，将消费者满意理念的起源和发展、消费者满意与消费者忠诚的价值关系、消费者满意与员工满意的关系、以消费者为中心的价值观、消费者满意与企业利润链的关系等思想与理念引入企业内部，从而帮助企业树立顾客满意理念和行为意识。

2. 消费者满意度调研

消费者满意度调研，即建立系统的、完备且有效的顾客满意度评价指标体系（内容包括品牌认知、品牌购买、品牌使用、品牌美誉、产品质量、产品功能、产品外观、产品包装、价格定位、产品安全性、产品可靠性、产品设计、企业信誉、服务质量、服务环境、服务态度、服务规范、用户投诉、售后服务等诸多要素），在此基础上，设计消费者满意度调查问卷，通过访问消费者、销售人员或进行现场调查等获取信息。

3. 员工满意度调研

员工满意度调研，即建立系统的、完备且有效的企业内部员工满意度评价指标体系（内容包括企业的工作生活环境、用人机制、物质激励、精神激励、人际关系、劳资关系、发展期望、内部管理和员工的成就感、安全感、措施愉快感、措施信任感等要素），在此基础上，通过问卷调查、员工座谈等方法，获取各种信息。

4. 满意度水平测定

满意度水平测定，即在消费者满意度和员工满意度调研的基础上，分别对消费者满意度和员工满意度水平进行测定，包括各项目的满意度和综合满意度水平的测定。其中，消费者满意度测评可由认知度、满意度、重购率等指标反映，员工满意度测评可由员工满意度、忠诚度（员工安心率、流失率）等指标反映。

5. 满意度要素分析

满意度要素分析，即在满意度水平测定的基础上做进一步归纳和分析，包括将各要素的满意度归纳为高、中、低三种类型，借以揭示影响顾客和员工满意度、忠诚度的关键驱动因素，确定与企业资源和战略目标相吻合的顾客群体。针对企业的综合绩效，从内部和外部两方面对企业的产品与服务质量及其症因进行诊断，揭示企业目标与现实绩效的差异，明确企业的优劣环节，识别引起和影响这些问题的要素，为制定应对策略提供必要的信息。

6. 满意度策略研究

满意度策略研究，即在满意度调研的基础上，针对消费者和员工满意度较低的环节和绩效薄弱环节，提出改善企业内部流程、权限和方式的措施和高效配置有限资源的对策方案，逐步提升满意度体系中关键因素的水平，从而提高消费者满意度和忠诚度，达到提升企业市场表现、市场地位、市场竞争力和经济效益的目的。

消费者满意度研究的流程可以归纳为：从企业内部到外部，从企业自身到竞争对手，从消费者满意到消费者忠诚，从单一研究到连续监测，从满意水平到要素诊断，从要素诊断到改进对策。消费者满意度研究涉及定性与定量等各种调研分析方法、满意度指标体系的确立与测量、关键满意要素的优劣判定以及针对满意水平的资源配置与产品服务策略的制定，因此，消费者满意度研究是一项综合性很强的市场调研。

第三部分　调查方案

一、调查目的

在此次调查中，必须明确徐州卜蜂莲花自有品牌满意度调查的调查目的。首先，这项调查是为卜蜂莲花超市服务的，为超市提供决策依据。其次，说明调查的意义，也就是为什么要进行卜蜂莲花自有品牌满意度的调查。再次，确定通过自有品牌满意度的调查要了解哪些市场信息，比如，要了解消费者是否购买过卜蜂莲花自有品牌商品，购买过哪些商品，通过什么渠道获知相关信息，对卜蜂莲花自有品牌各个方面是否满意，是否会继续购买卜蜂莲花自有品牌。因此卜蜂莲花自有品牌满意度调查的调查目的可以描述如下：了解消费者对卜蜂莲花自有品牌商品的认知度、满意度、重购率，以及对卜蜂莲花超市自有品牌商品经营的期望和意见，以便于卜蜂莲花超市不断改进工作，提高服务水平，为超市经营和开发自有品牌商品提供科学的决策依据，最终提高消费者的忠诚度。

二、调查对象

卜蜂莲花自有品牌满意度调查的调查对象为徐州卜蜂莲花超市的消费者。徐州卜蜂莲花超市主要辐射徐州南区，消费者主要为中国矿大师生、江师大师生、徐州建院师生、附近各中专及中学的教职工和学生、附近企事业单位职工、个体户以及附近的居民。

三、调查项目和调查问卷

调查项目包括以下几点：第一，被调查者的基本情况，包括年龄、性别、文化程度、职业、家庭收入等。第二，对卜蜂莲花自有品牌商品的认知度，包括知道哪些自有品牌商品、对卜蜂莲花自有品牌的印象、购买过哪类、影响购买的因素有哪些、知晓的渠道。第三，对卜蜂莲花自有品牌商品的满意度，包括对性价比、质量、包装、服务、摆放位置、宣传促销等方面的满意情况。第四，卜蜂莲花自有品牌商品的重购率，是否继续购买以及原因，是否会推荐给别人，对卜蜂莲花自有品牌的意见和建议等。

四、调查时间

2008 年 11 月 8—29 日的连续三个周末。

五、调查的组织方式

徐州卜蜂莲花超市自有品牌满意度调查的地点选在徐州卜蜂莲花超市内。为了便于调查，了解卜蜂莲花自有品牌商品顾客满意度情况，基本调查技术可以采用简单随机抽样或者任意抽样，具体可以采用问卷调查法、观察法、采访法等，还可以多种方法相结合。除了明确调查地点和调查方法外，还应规定数据的整理和分析方法。对合格的问卷进行录入、计算，得出可供分析使用的初步计算结果，进而对所调查结果做出准确描述及初步分析，为进一步的分析提供依据。实施时需应用有关统计分析软件。将本次调查的实施情况、调查结果及初步分析结果付诸文字，形成《徐州市卜蜂莲花自有品牌满意度调查报告》。

第四部分　调查结果分析

一、样本基本特征

为确保样本的代表性，本次调查特选择人流量最大的周末（星期六、星期日），并持续三个周末，利用任意抽样方法调查了该超市120位顾客。本次调查共向卜蜂莲花消费者发放问卷120份，收回有效问卷101份。从性别分布来看，男性占到44%，女性占到56%；从年龄分布来看，25岁及以下占到30%，26～35岁占到25%，36～45岁占到20%，46～55岁占到15%，56岁及以上占到10%；从职业分布来看，学生占到40%，企事业职员占到25%，个体经营者占到12%，家庭主妇占到10%，离退休人员占到8%，其他占到5%；从文化程度来看，大专以下学历占到18%，大专占到40%，本科占到32%，研究生及以上占到10%；从家庭平均月收入来看，2000元及以下占到16%，2001～4000元占到42%，4001～6000元占到20%，6001～8000元占到16%，8001元以上占到6%。

二、卜蜂莲花自有品牌认知度分析

1. 对卜蜂莲花自有品牌熟悉程度分析

图6－2的调查数据表明，有26%的人熟悉卜蜂莲花自有品牌，有70%的人知道一点，仅有4%的人不知道。说明卜蜂莲花自有品牌的知名度较高，但还需要进一步宣传，以加深消费者的熟悉程度。

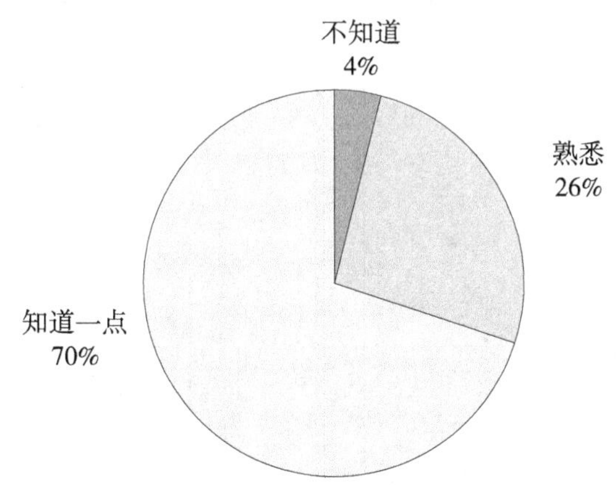

图6－2　对卜蜂莲花自有品牌熟悉程度

2. 了解卜蜂莲花自有品牌的渠道

了解了消费者对自有品牌的熟悉程度后，可进一步了解消费者通过什么渠道获知自有品牌。图6－3的数据表明，有37%的人是通过广告宣传得知，有25%的人是通过熟人介绍得知，还有38%的人是通过其他途径得知。这说明卜蜂莲花超市对广告宣传促销比较重视，效果也较好，同时说明消费者的口碑宣传也是自有品牌商品宣传的一个非常好的渠道。

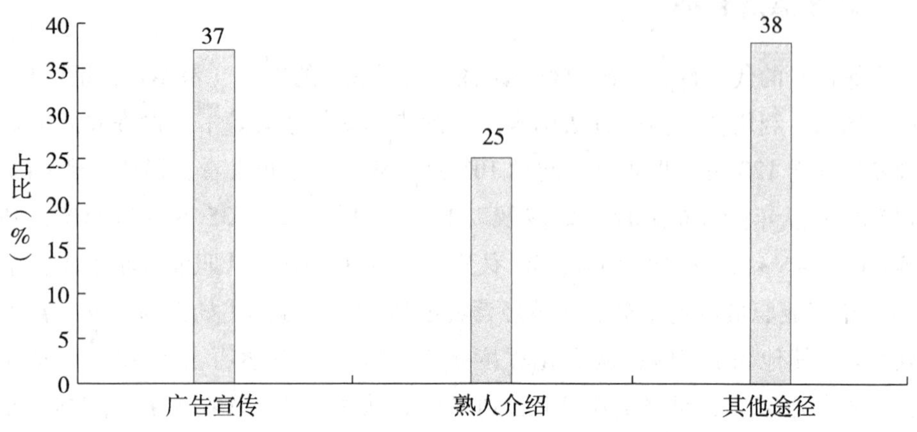

图6-3 了解卜蜂莲花自有品牌的渠道

3. 经常购买的自有品牌商品类型

图6-4的调查数据表明，绝大多数人都购买过卜蜂莲花自有品牌食品，具体来讲，有32%的人购买过粮食，41%的人购买过食用油，26%的人购买过生鲜类，高达71%的人都购买过一般食品。另外，购买过日用品的比例也很高，达到了53%，而购买服装和办公用品的频率比较低，分别为25%和17%，购买小家电的比例最低，仅为12%。这说明卜蜂莲花自有品牌一般食品和日用品很受消费者的欢迎和认可，而消费者对卜蜂莲花的服装和小家电商品的认可度还比较低，超市必须制定相应的对策来应对。

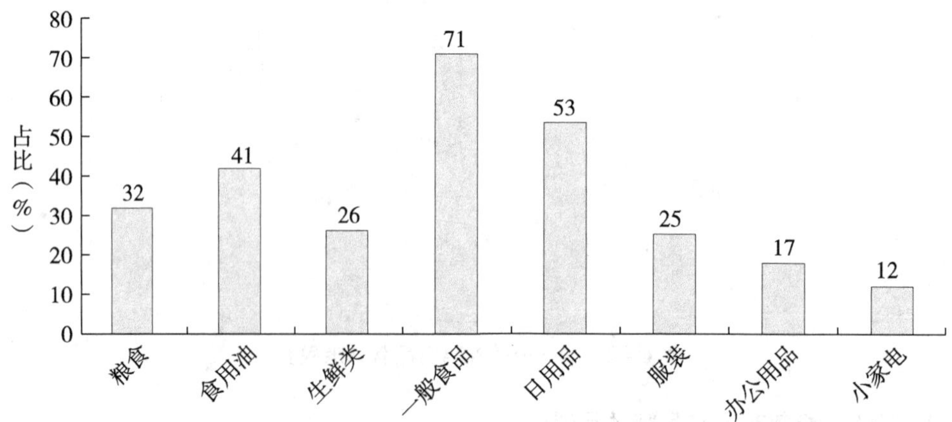

图6-4 经常购买的自有品牌商品类型

4. 经常购买的消费者分析

通过购买频率和性别、年龄、家庭收入和文凭交叉分析表可以得知，卜蜂莲花自有品牌商品的主要消费者具有女性较多、年龄较小、文凭较高和收入较低的特点，具体数据见表6－8至表6－11。从性别与购买频率交叉分析来看，经常购买自有品牌商品的女性占经常购买的总人数的67%，男性占33%，说明女性更易选择自有品牌商品，这是由于男性消费者购物一般只选择购买自己需要的物品或选择上更倾向于熟悉的品牌，而女性消费者购物大多属于边看边买的类型，所以说便宜实惠的自有品牌越来越受到广大的女性青睐；从年龄与购物频率交叉分析来看，经常购买自有品牌商品的消费者主要是年轻人，其中25岁及以下的消费者占经常购买的总人数的33%，26～35岁的消费者占27%，这说明年轻人一般接受新事物会更快，当然可能也是学生收入较低，更偏向于选择价格较便宜的自有品牌商品；从文凭和购买频率交叉分析来看，发现经常购买的消费者人群主要集中在大专学历，占经常购买的总人数的40%，其次是本科学历，占30%，购买卜蜂莲花自有品牌的消费者的学历较高，这主要是由于卜蜂莲花超市地处本科、专科等高校附近，拥有较多的大学生消费者，而且大学生一般靠父母给的生活费生活，所以喜欢购买价格较便宜的自有品牌；从家庭收入和购买频率的关系分析，可以知道收入在4001元以下经常购买卜蜂莲花自有品牌的消费者约占63%，6001元以下经常购买卜蜂莲花自有品牌的消费者约占90%，显然中低收入的消费者对于物美价廉的自有品牌商品的需求量较高，收入较高的家庭大多数不会选择购买卜蜂莲花自有品牌商品，可能对于收入较高的消费者来说，他们更注重品牌。

表6－8　　性别与购买频率交叉分析　　单位：次

购买频率 / 性别	经常购买	偶尔购买	合计
男	10	34	44
女	20	37	57
合计	30	71	101

表6－9　　年龄与购买频率交叉分析　　单位：次

购买频率 / 年龄	经常购买	偶尔购买	合计
25岁及以下	10	21	31
26～35岁	8	17	25
36～45岁	5	15	20
46～55岁	2	13	15
56岁及以上	5	5	10
合计	30	71	101

表 6－10 文凭与购买频率交叉分析 单位：次

文凭＼购买频率	经常购买	偶尔购买	合计
大专以下	5	13	18
大专	12	28	40
本科	9	24	33
研究生及以上	4	6	10
合计	30	71	101

表 6－11 家庭收入与购买频率分析 单位：次

家庭收入＼购买频率	经常购买	偶尔购买	合计
2000 元及以下	6	10	16
2001～4000 元	13	30	43
4001～6000 元	8	12	20
6001～8000 元	2	14	16
8001 元以上	1	5	6
合计	30	71	101

5. 购买自有品牌的原因分析

图 6－5 的数据说明，消费者购买自有品牌商品的主要原因是价格便宜，受该因素影响的消费者占 54%；其次是质量好，受该因素影响的消费者占 23%；再次是促销宣传，受该因素影响的消费者占 13%；最后是品牌形象佳，受该因素影响的消费者占 8%。这说明消费者看中自有品牌的主要原因还是价格因素，同时质量还必须好，如果有宣传促销和品牌相配合，消费者也会动心。

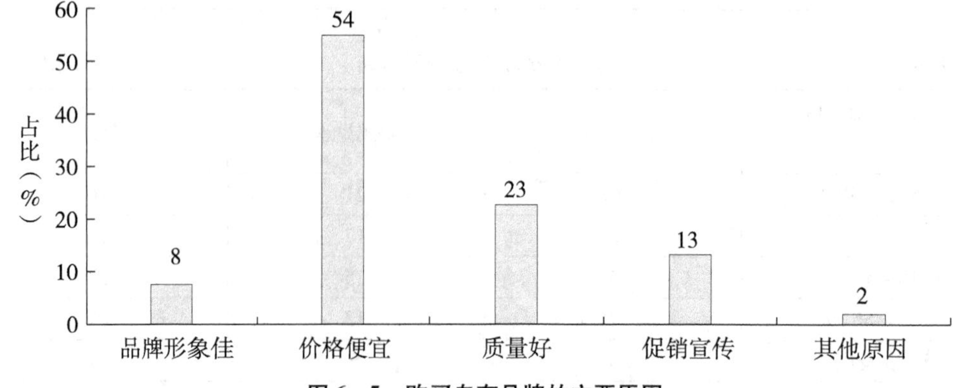

图 6－5 购买自有品牌的主要原因

6. 对自有品牌商品的印象分析

总体来讲，消费者对卜蜂莲花自有品牌的总体印象中等偏上，采访调查中没有一个消费者表示印象不好和很不好。图 6－6 的数据说明，56% 的消费者对自有品牌商品印象一般，36% 的消费者认为自有品牌给其留下好的印象，8% 的消费者认为自有品牌在其心中留下很好的印象。但是卜蜂莲花超市还应该采取更好的措施，给消费者留下更好的印象，才能得到满意度和忠诚度高的顾客。

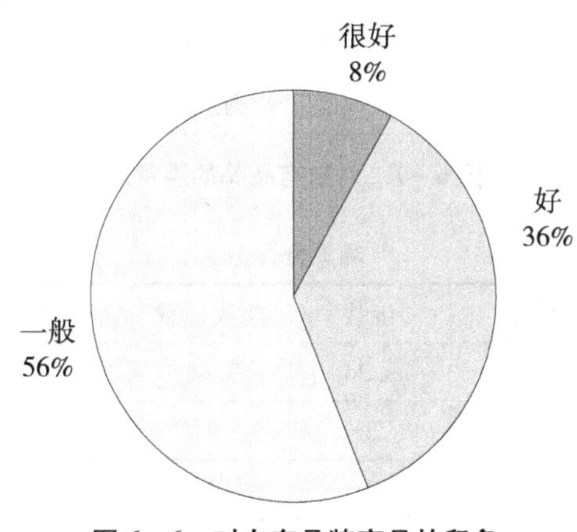

图 6－6　对自有品牌商品的印象

三、卜蜂莲花自有品牌满意度分析

1. 卜蜂莲花自有品牌的满意度

为了了解消费者对自有品牌商品满意度的情况，本次调查对自有品牌的性价比、质量、包装、摆放位置、宣传促销和服务进行了综合评价。图 6－7 说明，消费者对卜蜂莲花自有品牌的满意度评价为中等偏上，很不满意和不满意的比例很低，消费者对自有品牌商品性价比、质量、包装、摆放位置、宣传促销和服务评价为满意及以上的分别占到 61%、49%、35%、41%、30% 和 50%。应该说，最令消费者满意的是性价比，其次是服务和质量，最低的是宣传促销。说明卜蜂莲花超市还应该针对满意度的评价采取相应的措施，尤其在包装、摆放位置和宣传促销上多改进，提升消费者的满意度。

2. 消费者对卜蜂莲花自有品牌的满意度评分

根据数据分析可知，消费者对卜蜂莲花超市自有品牌的评价总体上为基本满意，总平均分为 3.46 分。在性价比、质量、包装、摆放位置、宣传促销和服务这 6 个评价项目中，消费者对性价比满意度最高，得分为 3.66 分；对质量和服务的满意度较高，得分分别为 3.58 分和 3.55 分；对包装和摆放位置满意度较低，得分为 3.34 分和 3.36 分；对宣传促销满意度最低，得分为 3.27 分。具体数据如表 6－12 所示。

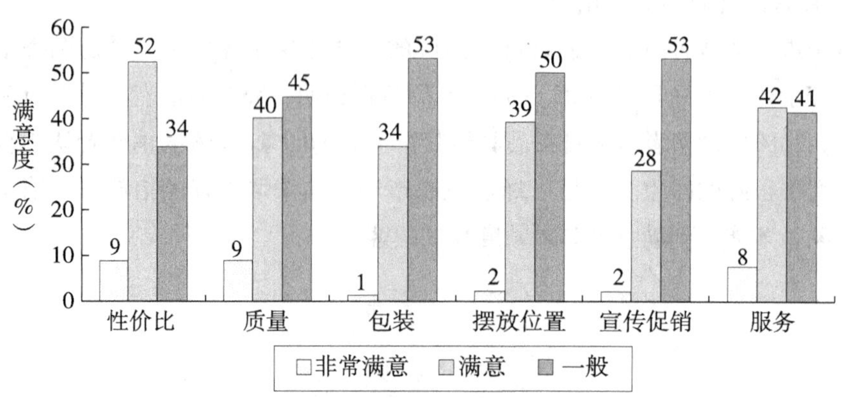

图 6-7 对自有品牌的满意度

表 6-12 满意度评分

项目	性价比	质量	包装	摆放位置	宣传促销	服务	总评价
平均分	3.66	3.58	3.34	3.36	3.27	3.55	3.46
中位数	4	3	3	3	3	4	3.5
众数	4	3	3	3	3	3	3.5
标准差	0.7	0.68	0.54	0.66	0.61	0.7	0.41
峰值	1.34	-0.43	-0.23	1.07	0.34	1	1.54
偏度	-0.41	0.56	0.47	-0.29	0.35	-0.09	0.27
置信度95%	0.14	0.14	0.11	0.14	0.13	0.15	0.09

3. 消费者满意度相关分析

为了了解总体满意度和性价比、质量、包装、摆放位置、宣传促销和服务六个方面的相关关系，特对调查数据进行了相关分析，发现对服务的满意度、宣传促销的满意度和总体满意度的相关性最大，相关系数分别为0.7821和0.7622；摆放位置、包装和性价比的满意度与总体满意度的相关性较大，相关系数分别为0.6847、0.6182和0.6089；而质量的满意度与总体满意度的相关性最小，相关系数为0.4335。而且当取置信度为95%时，统计量均大于临界值1.66（以上数据见表6-13）。因此，样本相关系数在统计上是显著的。数据表明，服务、宣传促销对总体满意度关联度最高，说明顾客在服务、宣传促销方面的满意，对自有品牌商品总体满意度的提升极大；摆放位置、包装和性价比对总体满意度的关联度较高，对自有品牌商品总体满意度的提升较大；而质量对总体满意度的关联度稍低，这是由于消费者认为自有品牌商品质量好是最基本的要求，也就是说，消费者认为自有品牌商品质量好是应该的，也是最起码的要求。同时发现服务满意度与包装满意度、摆放位置满意度和宣传促销满意度三个方面也存在显著相关，相关系数都超过0.5，数据说明，消费者对包装、摆放位置、宣传促销三个方面的满意度越高，对服务的满意度也相应提高。

表 6－13　相关系数

项目	性价比	质量	包装	摆放位置	宣传促销	服务
性价比	1					
质量	0.0748	1				
包装	0.2871	0.0569	1			
摆放位置	0.2314	0.1362	0.3029	1		
广告宣传	0.3179	0.3131	0.3642	0.4516	1	
服务	0.3907	0.0564	0.5054	0.5429	0.5476	1
总评价	0.6089	0.4335	0.6182	0.6847	0.7622	0.7821
t 统计量	7.6377	4.7867	7.8248	9.3481	11.7157	12.488

四、卜蜂莲花自有品牌忠诚度分析

1. 重购原因分析

通过调查，45%的消费者表示以后会继续购买卜蜂莲花自有品牌商品，54%的消费者表示可能会继续购买。因为价格便宜而选择继续购买的消费者大约占62%，因为质量好而选择继续购买的消费者大约占29%。因质量问题而不会继续购买的消费者大约占51%，因品牌、价格、包装、服务和其他问题而不会继续购买的消费者分别约占24%、24%、19%、19%和20%。这一方面说明自有品牌商品一旦出现了质量问题，便是致命伤；另一方面也说明，无论出现什么问题，都会影响消费者的忠诚度。具体数据如图 6－8 和图 6－9 所示。

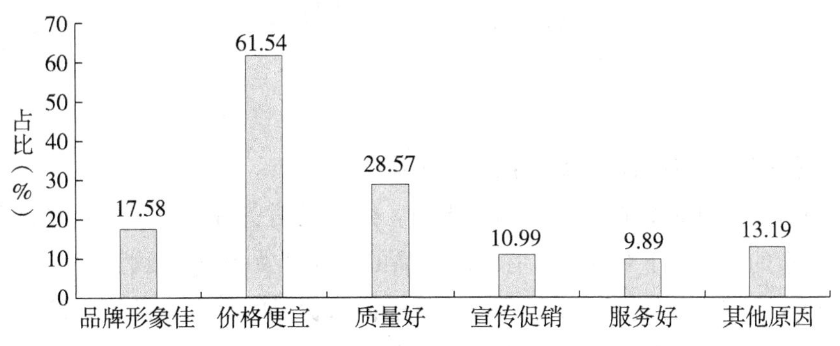

图 6－8　愿意继续购买的原因

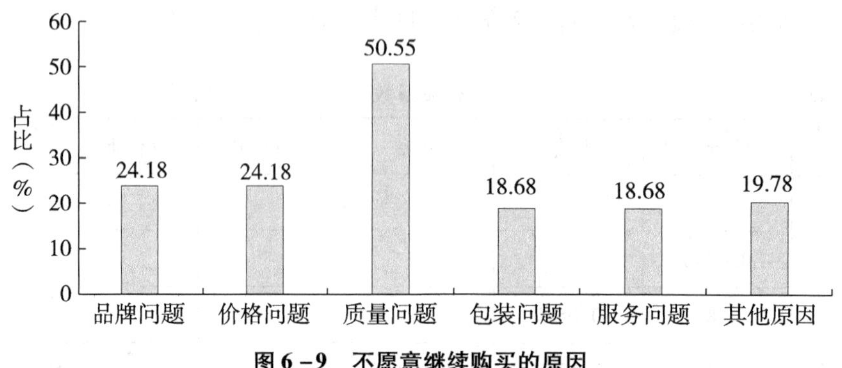

图 6－9　不愿意继续购买的原因

2. 是否愿意推荐给朋友

通过调查，44%的消费者表示如果用得好以后会给朋友推荐卜蜂莲花自有品牌商品，50%的人表示可能会推荐，仅有6%的消费者表示不会推荐。说明绝大多数消费者如果对自有品牌商品满意的话，一般会成为超市自有品牌的忠诚顾客。具体数据如图 6－10 所示。

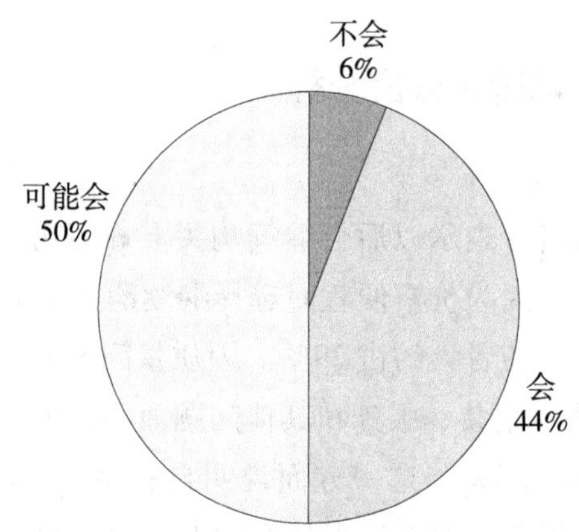

图 6－10　是否愿意给朋友推荐自有品牌商品

第五部分　结论和建议

一、结论

1. 不同消费者对自有品牌商品的偏好不同

不同消费者对自有品牌商品的偏好不同，往往受消费者的性别、年龄、学历和家庭收入等因素的影响。卜蜂莲花自有品牌商品的主要消费者具有女性较多、年龄稍小、学历较高和收入较低的特点，自有品牌可以根据消费者的特点，设计开发相关自有品牌商品种类。同时，卜蜂莲花自有品牌食品和日用品是很受消费者欢迎和认可的，而服装和小家电商品消费者的认可度较低，超市必须制订相应的对策。

2. 自有品牌的优势是质优价廉

价格便宜和质量好是消费者选择自有品牌商品的主要原因。自有品牌商品由于省去了许多中间环节，并通过规模效益降低销售成本，通常具有明显的低价格和高品质的竞争优势。

3. 服务、宣传促销的满意度和自有品牌总体满意度相关性最大

服务、宣传促销对总体满意度关联度最高，说明消费者在服务、宣传促销方面的满意，对自有品牌商品总体满意度的提升极大；摆放位置、包装和性价比对总体满意度的关联度较高，对自有品牌商品总体满意度的提升较大。

4. 服务和包装、宣传和促销显著相关

服务满意度与包装满意度、摆放位置满意度和宣传促销满意度三个方面存在显著相关，相关系数都超过0.5，提高包装、摆放位置、宣传促销三个方面的满意度，有利于促进消费者对服务的满意度相应提高。

5. 质量是自有品牌发展的关键

实践证明，消费者的选择越来越成熟、理性，商品质优价廉才是真正的竞争优势，但竞争重点最终还是质量而非价格。因此，把好质量关，与生产企业建立良好的合作关系，是赢得竞争的关键。

6. 包装、摆放位置、宣传促销是自有品牌发展的重要因素

消费者购买自有品牌商品不仅要考虑是否质优价廉，还会关注包装是否有吸引力，摆放位置是否方便购买，是否有宣传促销活动，这些都会影响消费者购买行为。

7. 消费者任何不满都会影响忠诚度

消费者的满意度和忠诚度关联度很高。自有品牌商品无论出现什么问题，都会引起消费者的不满，影响忠诚度。

二、相关建议

1. 针对超市消费者特点，精选自有品牌商品

超市可以根据消费者的特点，精心挑选相关自有品牌商品种类。以徐州卜蜂莲花的消费者为例，这些消费者的消费倾向一般具有以下特点：第一，从消费商品类别上讲，这类消费者主要倾向诸如饼干、饮料等一般食品和诸如洗衣粉、卷纸等日用品，因为消费者容易辨别这类商品质量的好坏；第二，从价格来讲，他们比较在意价格，更倾向于选择价格便宜的商品；第三，从宣传促销来讲，通过宣传促销，更容易被引导，而且他们也喜欢享受优惠或小礼品；第四，从包装陈列上讲，他们更喜欢包装比较精致、奇特、时尚、有花样、有创意的产品，而不是简单、粗糙包装的产品。超市可以针对消费者的消费特点，同时对自有品牌商品进行销售分析，另外可以定期邀请部分消费者进行座谈，对消费者进行需求分析，了解超市自有品牌消费者的最真实的

消费需求。

2. 严格控制质量，保证高质量

实践证明，消费者的选择越来越成熟和理性，商品质优价廉才是真正的竞争优势，竞争重点最终还是质量而非价格。因此，把好质量关，选好合作的生产企业，同时与生产企业建立良好的合作关系。因为零售商自身的信誉是自有品牌生命力的基础，如果一味压低成本，就很难保证自有品牌商品的质量，最后砸的是企业自己的牌子。其实，卜蜂莲花一直倾向于选择那些大型知名企业作为供应商来确保产品的质量，选择的几乎都是知名的厂商。这是严格控制质量非常好的办法，以后还必须继续保持，只有打好质量战，卜蜂莲花自有品牌才能走得更远。

3. 进一步做好宣传促销，改善商品包装、陈列工作

要进一步做好宣传促销，改善商品包装、陈列工作，提高消费者满意度，主要有四个方面的建议。

（1）建议进行全方位宣传

自有品牌仅在零售商自家店内销售，其广告宣传主要是借助零售商的商誉，在商店内采用售点广告、闭路电视、广播等方式进行。只要走进卜蜂莲花超市，随处可见“卜蜂莲花自有品牌”的字样，在醒目位置将自有品牌作为宣传主打，在入口处及各区域的主要位置开辟一个又一个自有品牌专区，并配以大大的“省”字来吸引消费者。应该说宣传工作做得比较好。但是，还需要进一步加强宣传，进行全方位宣传，也就是除了通过上述方式进行宣传外，还应该对员工进行相关培训，让员工进行适当的宣传，这样会起到更好的效果。

（2）定期对商品进行促销

对于自有品牌商品，消费者希望得到更多的实惠，否则可能会选择其他促销品牌，因此应该定期对自有品牌进行促销，或采用低价促销，或采用赠送礼品，或采用公关促销等形式，让消费者真正享受物美价廉的超市自有品牌。

（3）改善包装

商品包装是吸引消费者眼球的一个重要的因素。简单、粗糙、劣质的包装会降低消费者的购买欲望，也会降低商品的品质，因此不能一味为了降低成本，而不注重商品的包装，要对包装进行改善，使包装比较精致、奇特、时尚、有花样、有创意，提高消费者的满意度。

（4）恰当的陈列

恰当的陈列，可以有效地鼓励消费者试用自有品牌，因而也是自有品牌营销的重要因素。自有品牌商品的陈列是有讲究的，需要注意以下几个细节：一是摆放要邻近同类领导品牌，借用领导品牌的高购买率，加深消费者对自有品牌的印象和关注度，并凭借价格优势吸引消费者购买，提升自有品牌的销售量和认知度。二是摆放在货架最佳视觉区，一般从人的脖子到头部这个高度为最佳区域。三是除货架陈列外，在通道区、收银区、促销区多点陈列。消费者在卖场是流动的，而且很多时候是无意识的关注和购买。

4. 重视消费者满意度调查，提升消费者满意度

超市要想在自有品牌战略中获胜，就必须重视自有品牌满意度调查。超市自有品牌满意度调查是通过调查研究获取消费者对本企业产品或服务的有关评价信息，在此基础上，对消费者的满意度进行综合性评定，分析认知度、满意度、忠诚度或重购率的高低，剖析消费者缺憾，揭示提升消费者满意度的关键因素，为企业制定提高消费者满意度的策略，减少消费者抱怨和流失，维持消费者忠诚度，创造良好的口碑，提升企业形象，确保稳定、持续的利润增长提供信息支持。因此，消费者满意度调查必须定期进行，一般每隔半年就要进行一次。

第六部分　附件

附件1：问卷

卜蜂莲花自有品牌满意度调查问卷

尊敬的顾客朋友：

您好！卜蜂莲花自有品牌从粮食、食用油和肉类、蛋类等入手，扩展到零食、饮料，再发展到日用品乃至小家电，除了“卜蜂莲花”为主外还有“泉信”“好脉”等自有品牌。为了更好地满足顾客的需求，特开展本次调查，以便了解消费者对卜蜂莲花自有品牌商品的认知度、满意度、忠诚度，以及对卜蜂莲花超市自有品牌商品经营的期望和意见，以便于公司不断改进工作，提高服务水平。望您在百忙之中如实填写此表，提出宝贵意见。非常感谢你的合作！

1. 您的性别：

A. 男　　B. 女

2. 您的年龄：

A. 25岁及以下　　B. 26～35岁　　C. 36～45岁

D. 46～55岁　　E. 56岁及以上

3. 您的职业：

A. 学生　　B. 企事业职员　　C. 公务员　　D. 个体经营者

E. 家庭主妇　　F. 离退休人员　　G. 其他

4. 您的文化程度：

A. 大专及以下　　B. 大专　　C. 本科　　D. 研究生及以上

5. 您家庭平均月收入：

A. 2000元及以下　　B. 2001～4000元　　C. 4001～6000元　　D. 6001～8000元

E. 8001 元以上

6. 您对卜蜂莲花自有品牌熟悉吗？

A. 熟悉　　B. 知道一点　　C. 不知道

7. 请问您是通过何种途径知道卜蜂莲花自有品牌的？

A. 广告宣传　　B. 熟人介绍　　C. 其他

8. 您知道卜蜂莲花自有品牌商品有哪些？（多选）

A. 粮食　　B. 食用油　　C. 生鲜类　　D. 一般食品

E. 日用品　　F. 服装　　G. 小家电　　H. 办公用品

9. 您对卜蜂莲花自有品牌的印象如何？

A. 很好　　B. 好　　C. 一般

D. 不好　　E. 很不好

10. 您购买过卜蜂莲花自有品牌商品吗？

A. 买过　　B. 没买过

11. 您经常购买卜蜂莲花自有品牌商品吗？

A. 是　　B. 否

12. 如果买过，请问您购买的最主要原因是什么？

A. 品牌形象佳　　B. 价格便宜　　C. 质量好　　D. 其他

13. 您购买过哪类卜蜂莲花自有品牌商品？（可多选）

A. 粮食　　B. 食用油　　C. 生鲜类　　D. 一般食品

E. 日用品　　F. 服装　　G. 小家电　　H. 办公用品

14. 您对购买的卜蜂莲花自有品牌商品满意吗？

（1）性价比　A. 非常满意　B. 满意　C. 一般　D. 不满意　E. 非常不满意

（2）质量　A. 非常满意　B. 满意　C. 一般　D. 不满意　E. 非常不满意

（3）包装　A. 非常满意　B. 满意　C. 一般　D. 不满意　E. 非常不满意

（4）摆放位置　A. 非常满意　B. 满意　C. 一般　D. 不满意　E. 非常不满意

（5）宣传促销　A. 非常满意　B. 满意　C. 一般　D. 不满意　E. 非常不满意

（6）服务　A. 非常满意　B. 满意　C. 一般　D. 不满意　E. 非常不满意

15. 您还会继续购买卜蜂莲花自有品牌商品吗？

A. 会　　B. 或许会　　C. 不会

16. 如果会继续买，请问您继续买的原因是什么？（最多选两项）

A. 品牌形象佳　　B. 价格便宜　　C. 质量好

D. 宣传促销　　E. 服务好　　F. 其他

17. 如果不会继续买，请问您不买的原因是什么？（可以多选）

A. 品牌问题　　B. 价格问题　　C. 质量问题

D. 包装问题　　E. 服务问题　　F. 其他

18. 您会给朋友推荐卜蜂莲花自有品牌商品吗?

A. 会　　B. 可能会　　C. 不会

19. 请写出您对卜蜂莲花自有品牌的意见和建议。

20. 请写出您对卜蜂莲花超市的意见和建议。

附件2：各种图表

略

附件3：参考文献

略

实施要求

1. 讨论案例。
2. 各项目小组参照范例指导，撰写调研项目报告。
3. 做好记录，完成阶段成果表。

测试

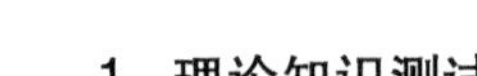

任务评价

自我测试

1. 理论知识测试

(1) 市场调查报告的结构是什么?

(2) 撰写市场调查报告的注意事项有哪些?

2. 实践技能测试

(1) 你在完成撰写市场调查报告过程中有哪些深刻的体验?

(2) 你是否能够圆满完成撰写市场调查报告?

评价方法

1. 评价标准

(1) 任务是否及时完成。

（2）任务完成的质量。

（3）团队的表现。

2. 评价表

项目小组评价和个人任务评价分别如表 6－14 和表 6－15 所示。

表 6－14　　项目小组评价 15

评分依据 组别	是否及时完成	质量	团队表现
第一组			
第二组			
第三组			
⋮			

表 6－15　　个人任务评价 15

评分依据 成员	个人具体分工		个人表现		
	承担任务的质量	个人记录	教师评分	组长评分	组员互评
成员一					
成员二					
⋮					

参考文献

［1］柴庆春．市场调查与预测［M］．北京：中国人民大学出版社，2006.

［2］陈友玲．市场调查预测与决策［M］．北京：机械工业出版社，2009.

［3］龚署明．市场调查与预测［M］．北京：清华大学出版社，2005.

［4］李国柱．统计学［M］．北京：科学出版社，2004.

［5］刘勤侠．超市自有品牌顾客满意度实证研究——基于江苏徐州易初莲花超市的抽样调查［J］．经济论坛，2009（18）.

［6］刘勤侠．超市自有品牌认知度调查实证研究——基于江苏徐州易初莲花超市的抽样调查［J］．江苏商论，2009（10）.

［7］刘勤侠．对市场信息采集与分析技术项目教学法的探讨［J］．职教论坛，2009（8）.

［8］刘玉玲．市场调查与预测［M］．北京：科学出版社，2004.

［9］王若军．市场调查与预测［M］．北京：清华大学出版社，2006.

［10］小卡尔·迈克丹尼尔，等．当代市场调研［M］．范秀成，等译．北京：机械工业出版社，2005.

［11］杨凤荣．市场调研实务操作［M］．北京：清华大学出版社，2008.

［12］姚建平．市场信息学［M］．北京：机械工业出版社，2004.

［13］赵伯庄．市场调研［M］．北京：人民邮电出版社，2004.

［14］赵喜仓，马志强．市场调查与分析［M］．南京：江苏大学出版社，2007.

［15］赵铁．市场调查与分析［M］．北京：北京交通大学出版社，2008.

［16］赵铁，韩建东．市场调查与预测［M］．北京：清华大学出版社，2007.

［17］沈渊，董永茂．市场调研与分析［M］．杭州：浙江人民出版社，2007.

［18］风笑天．社会研究方法［M］.4 版．北京：中国人民大学出版社，2013.

［19］风笑天．现代社会调查方法［M］．武汉：华中科技大学出版社，2021.

［20］刘勤侠．市场信息采集与分析［M］．北京：科学出版社，2009.

［21］刘勤侠．市场信息采集与分析［M］．修订版．北京：科学出版社，2015.

附录　天下第一汤

——马市街艾尚饣它汤品牌推广调查报告

摘要

如何让传统文化与现代设计巧妙结合，让饣它汤走进年轻人的生活，使徐州传统美食能够活态地传承下去，这是我们一直思考的问题。因此针对徐州马市街饣它汤新市场的开发，使饣它汤在传承中创新，充分挖掘年轻消费者的市场，提升品牌知名度，我们特开展本次调查。

此次调查目的是了解马市街艾尚饣它汤在年轻消费群体中推广的可行性，为艾尚饣它汤品牌推广方案的策划提供参考。团队以徐州市的所有市民为调查对象，首先通过网络和报刊广泛收集老字号的相关资料，初步了解老字号在我国的发展现状。然后通过实地考察以及预调研深入了解市民对徐州老字号的了解程度，对马市街饣它汤开展市场分析，剖析马市街艾尚饣它汤市场潜力和品牌推广等问题。最后，团队采取配额抽样和方便抽样调查相结合的办法，共采集600份样本，根据徐州各区域人数比例分配样本，然后在各区域，如商场、广场等地采用方便抽样。以网络和纸质两种形式发放问卷，及时整理取回的问卷，筛选出无效问卷，清洗数据，准确录入数据。数据分析运用了信度分析、效度分析、交叉分析、单因素方差分析等方法。

利用以上研究方法从被调查者的基本情况、对徐州老字号的认知、对马市街饣它汤的认知、马市街饣它汤的满意度评价、马市街艾尚饣它汤市场分析和马市街艾尚饣它汤品牌推广六个方面进行了分析，得出以下结论：①塑造强势品牌形象，提炼品牌个性；②消费者希望提供线上订餐和外卖服务；③艾尚饣它汤装修风格偏向简约与汉风相结合；④消费者更注重艾尚饣它汤的就餐环境，愿意尝试午餐、晚餐；⑤多数消费者喜欢马市街饣它汤；⑥年轻消费者饣它汤了解程度有待提高，新媒体成为主要途径；⑦马市街艾尚饣它汤开设新店可行性高；⑧多数消费者认为艾尚饣它汤市场前景好。

根据结论我们提出以下几点建议：①传承和发扬老字号，利用微信、微博、抖音以及公众号等新媒体手段宣传和推广马市街饣它汤。②建议马市街饣它汤增加艾尚饣它汤新品牌，在市中心、大学城附近新开马市街艾尚饣它汤餐厅，吸引年轻的消费者。③营销造势,利用微信、微博、抖音，以及公众号等新媒体手段宣传和推广艾尚饣它汤新品牌，可以打造虚拟“网红”饣它小汤。④明确市场定位,创新营销组合策略。特别设计满足年轻群体消费需求的产品，包括经典系列、艾系列、尚系列、相约系列。艾尚饣它汤的餐具应设计简约。

团队简介

小艾形象代言人：邢思文

小尚形象代言人：何苏豫

饣它小汤形象代言人：翟琪云

小饣它汤形象代言人：梁莎莎

小小汤形象代言人：马昀婧

第一部分　问题的提出

一、调查背景

老字号不仅是一种商贸景观，还是一种历史传统文化现象。老字号是中国传统文化流传至今的宝贵历史遗产，是研究中华文化的重要参考，是中国商业文化的重要载体。老字号所传承的独特产品、精湛技艺和经营理念，具有不可估量的品牌价值、经济价值和文化价值。老字号承载着优秀的中华民族文化，是开展诚信兴商、弘扬商业文明的核心内涵和宝贵财富。

但在全球经济一体化、社会主义现代化的大潮中，我国的一些传统文化受到强烈冲击，一些依靠技能和工艺的文化遗产也正在不断消失。徐州饣它汤工艺是江苏省非物质文化遗产，2006 年马市街饣它汤被评为“徐州城市饮食名片”。但由于社会的发展，人们生活水平的提高，许多快餐的出现，使一些诸如徐州马市街饣它汤等传统美食的发展受到了一定的挑战。同时，由于品牌形象不清晰，宣传力度不大，消费者知晓率不高，再加上品牌缺乏创新以及假冒品牌的屡禁不止，徐州饣它汤发展迟缓。

根据以上描述，本调查针对徐州市老字号餐厅马市街饣它汤的新市场的开发，“新”与“老”相结合，使之与时俱进，在传承中创新，充分挖掘年轻消费者的市场。

二、非物质文化遗产——徐州饣它汤工艺

“饣它汤”原名“雉羹”，是由彭铿创制，距今已有 4000 余年的历史。原始社会末

期，彭铿因用雉鸡、稷米创制的雉羹（野鸡汤）治好了尧帝的病，被封到大彭国，是大彭氏国的始祖，更主要是由于他的“雉羹之道”，他被尊称为“彭祖”。彭祖是我国第一位著名的职业厨师，被厨师们尊称为祖师爷。雉羹是我国典籍中记载最早的名馔，被誉为“天下第一羹”。

三、老字号餐厅——马市街饣它汤

（一）马市街饣它汤历史发展

自从彭祖创制雉羹以来，历代皇帝都把雉羹视为珍品。到了清代，乾隆皇帝下江南，到过徐州，品尝此汤，很是惬意，便问厨师：“是啥汤?”厨师答曰：“就是饣它汤。”其实当乾隆看到、尝到的同时，已悟出是雉羹，于是又问厨师：“啥汤怎样写的?”厨师文化不高，顿时傻了眼，用手指比画着“食”字右边加个“它”字，即今天沿用的“饣它”字。后来，野鸡稀少了，改用家鸡；稷米不够，以麦仁取代，但风味不变。

经过不断改进创新，饣它汤的质量有了很大的提高，深受中外宾客的好评。1997 年 12 月被中国烹饪协会评定为首届“中华名小吃”。1998 年《中国食品报》发表了马市街“天下第一羹”文章；2002 年《中国烹饪》第二期刊登了《徐州马市街饣它汤——“天下第一羹”》的文章；2006 年经过层层推选，徐州马市街饣它汤又被评为“徐州城市饮食名片”，迎来数以万计的海内外游客的光临。

（二）马市街饣它汤简介

马市街饣它汤以母鸡、猪肘子、麦仁、猪大骨、清水为主料，配以面粉、葱、姜、八角、花椒、盐、味精、鸡精、胡椒、中草药（含大茴、小茴、丁香、陈皮、桂皮、豆蔻、白芷等 10 多种中药材）等辅料，经过数十道工序，历时十多个小时熬制而成。味道醇厚，鲜香爽口，富含蛋白质、脂肪、糖类、微量元素钙、磷、铁等，对人体健康有益，老少皆宜，是徐州地区广大老百姓常年食用的早点之一。

（三）马市街饣它汤市场现状

1. 消费意愿不强烈

随着时代的发展变化，消费者对食物的品质、餐饮场所的环境有了更高的要求。消费者在追求饱腹的同时，越来越倾向于更优质的服务，更舒适的用餐体验。

2. 产品创新程度较慢

部分消费者也知道饣它汤，但是他们却很少去品尝，他们认为马市街饣它汤产品创新不足，经过百年发展，菜品固定，过度依赖“老字号”产品，缺乏产品的迭代更新。

3. 品牌营销力不足

经营方式的落后，进而导致饣它汤在营销、菜品等方面与时代脱节。新兴餐饮品牌一般会在营销方面下足功夫，而对于“老字号”来说，这些方面并没有被重视。如今很多“老字号”仍然相信“酒香不怕巷子深”。但在互联网时代，跟不上营销潮流，会导致品牌认知度不高。除了品质优良，还需要大力推广，最终走遍全国，走向国际。

四、马市街艾尚饣它汤品牌推广的意义

近年来，国家越来越重视非物质文化遗产的保护，非物质文化遗产是先祖留下的宝贵精神财富，非物质文化遗产传承离不开年轻人，因为这一群体拥有年轻的思维方式，在非遗的保护和传承上有着不可小觑的能量，年轻人对非物质文化遗产的传承与发展有着义不容辞的责任。

（一）推广马市街艾尚饣它汤的必要性

非物质文化遗产是一种特殊的文化遗产，具有重要的文化、历史、审美、经济价值，它是人类共同的文化瑰宝。

1. 非物质文化遗产的传承与发展

与物质文化遗产不同的是，非物质文化遗产的存在主要依附于人这一载体，是通过口传心授、代代相承的，具有活态性、生态性、传承性、变异性等特殊性质。非物质文化遗产是我国历史的见证和中华文化的重要载体，蕴含着中华民族特有的精神价值、思维方式、想象力和文化意识，具有极大的保护价值。饣它汤工艺不仅是传统工艺，也反映了历史的演进，是徐州人民的智慧结晶。

2. 老字号的工匠精神的传承

2011 年，马市街饣它汤获商务部正式认定，上榜第二批“中华老字号”。老字号拥有世代传承的独特产品、精湛技艺和服务理念，承载着中华民族工匠精神和优秀传统文化，具有广泛的群众基础和巨大的品牌价值、经济价值和文化价值。2019 年“百年老字号 - 中华行”活动在全国范围内举办 12 场，将散落在各地的老字号企业凝聚在一起，弘扬工匠精神，鼓励传统技艺的薪火相传，加强年青一代对老字号情怀的培养及认知。

3. 老字号产品的品牌发展与营销创新

有些老字号业绩不佳，甚至面临倒闭的风险，不仅使老字号旗下的员工产生一定的失业风险，不利于招牌的传承，更是我们中华传统文化的损失。我们可以从以下几个方面考虑。首先老字号宣传不到位，酒香也怕巷子深，在信息爆炸的时代，再好的产品也需要被推荐、被介绍。其次由于过于传统，和时代脱节，难以吸引年轻人的注意。

（二）推广马市街饦汤的优越性

1. 喝饦汤好处

饦汤配方独特，选料精细，辅料丰富，鸡丝和麦仁营养丰富，具有祛寒健胃的功效。

2. 马市街饦汤产品创新与新市场开发

推出符合现代潮流的新产品，利用新媒体广泛推广，发展线上服务推向全国，有助于销量大幅提升，利润可观。

年轻人作为一个重要消费群体，思维敏捷、渴望新奇的事物，是传承非物质文化遗产上一股不可忽视的力量。

第二部分 文献综述

老字号作为中国特有的品牌称谓，在以往的研究与实践过程中，通常被称为“地方老字号”“中华老字号”“中国老字号”等。为此，在概念界定方面，国内学者陈慧明、陈小龙（2001）认为，老字号指的是在某个区域范围内具有较长的经营历史和良好声誉的商号或企业的特定称谓。2004 年，在商务部召开的首届老字号专题座谈会上，明确指出我国老字号虽然存在一定的规模效应与范围效应，但总体上仍然面临严峻的现实发展困境，主要原因在于机制僵化、观念陈旧、创新不足、传承无力等。

通过对近年来的老字号相关研究进行整合与分析，发现整体研究仍然还是以质性研究为主，主要集中于老字号现状、老字号传承与发展、老字号文化活化、老字号形象设计。近年来也出现了诸多老字号品牌的量化研究，具体包括消费者购买意愿、消费者与品牌关系、品牌创新等方面。

另外，在中国知网上以“老字号”为关键词，搜集到文献总数 5620 篇，如图 1 所示。

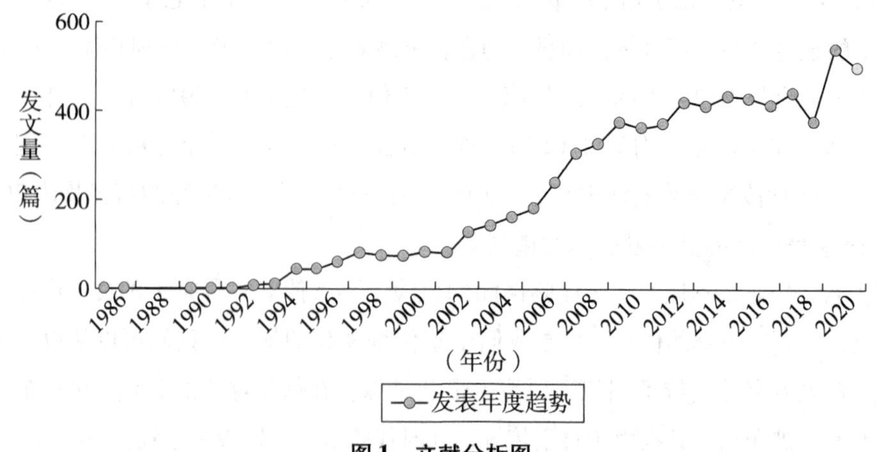

图 1 文献分析图

根据关键词共现网络图（见图2）分析，研究发现“新媒体”“内联升”“新媒体时代”“老字号品牌”“新媒体平台”是研究热点问题。

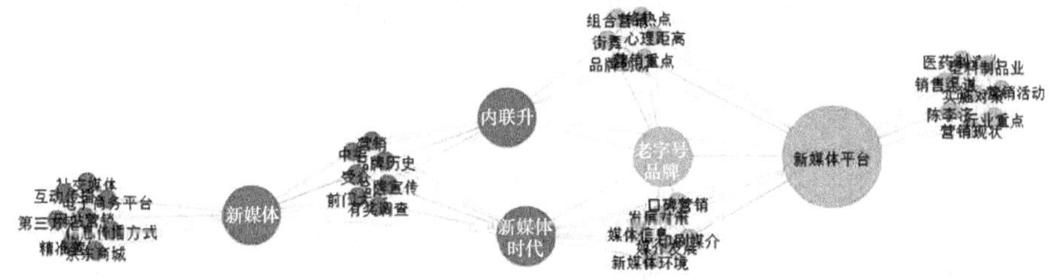

图2　共现网络图

通过在百度搜索老字号新媒体推广主题词，绘制出词云图（见图3），研究发现，“老字号”在媒体出现次数最高，为661次；其次是“品牌”“产品”和“消费者”，热度较高，依次为399次、363次、350次；“新媒体”“内容”“传播”“餐饮”的出现频次也比较高，依次为238次、159次、124次、116次；“服务”“新媒体运营”“用户”的词频热度不减，依次为111次、109次、106次；“推出”“狗不理”“口碑”“口碑传播”“渠道”“年轻人”及“文化”等词频也受到广泛关注，体现出不同程度的媒体搜索热度。

图3　词云图

“老字号”“新媒体营销”相关的热词在网络上出现的频数相当高，其中一些“新媒体”“老字号”“年轻人”“文化”等热词频繁出现，并且受到了广泛的关注。因此，在确定研究课题之前，应通过查阅大量文献资料，了解相关的情况，这样做有助于我们调查分析，从而更好地把握研究课题。

第三部分　调查方案

一、调查目的

年轻人是消费市场的主力军，有自己独特的见解和主张。为了适应消费者的变化，“老字号”品牌需要在时尚化、年轻化方面发力，为品牌注入新活力，以适应消费者的个性化需求。本次调查了解马市街艾尚饣它汤在徐州消费者中的接受程度、马市街艾尚饣它汤市场潜力、马市街饣它汤在年轻消费群体中推广的可行性，为推广方案的策划提供具有可参考性的数据支撑，以期促进马市街艾尚饣它汤餐厅的发展，使饣它汤工艺传承发展。

二、调查对象

此次调查选定的调查对象为徐州市的所有市民，主要包括云龙区、鼓楼区、泉山区、铜山区、贾汪区以及其他县及县级市的市民。

三、调查内容

此次调查的主要内容包括：被调查者的基本情况、被调查者对徐州老字号的了解程度、被调查者对马市街饣它汤的认知、马市街饣它汤经营现状、马市街艾尚饣它汤市场潜力、马市街艾尚饣它汤品牌推广六大部分。

四、调查时间、地点

2020 年 6 月 13 日—2020 年 6 月 14 日；

云龙区、鼓楼区、泉山区、铜山区、贾汪区以及其他县及县级市。

五、调查方法

（一）文献调查法

在问卷调查前期，通过互联网收集了马市街饣它汤的相关资料，包括马市街饣它汤的历史、经营现状，各大平台的有关评论以及相关报道，获取了对调查有利的相关信息。

（二）访谈调查法

调查员根据规定的访谈程序向所选出的对象当面进行自由访谈，以取得有关资料。

首先对餐厅老板、厨师、餐厅服务人员进行深度访谈，然后对普通消费者进行了个人访谈。

（三）网络调查法

在实地问卷调查之前，我们先在网上进行问卷调查。一方面初步获得徐州市居民对马市街饣它汤的认知程度的信息，另一方面网上问卷的信息反馈可以作为实地问卷的补充和验证。

（四）问卷调查法

调查人员采用“拦截式”的方法发放问卷，在被调查区域的公共场所进行拦截，在征得被调查人的同意之后进行调查。

本研究主要采用定性与定量分析相结合的方法，通过对实地调研以及搜集二手资料进行分析研究。

六、数据分析方法

（一）信度分析

信度即可靠性，是指采用同样的方法对同一对象重复测量时所得结果的一致性程度，它反映了调查问卷的可靠性、稳定性和内部一致性。

（二）效度分析

效度，简单来说，就是问卷设计的有效性和准确程度，用于测量题项设计是否合理。测量结果与要考察的内容越吻合，则效度越高；反之，则效度越低。

（三）交叉分析

交叉分析是同时将两个或两个以上有一定联系的变量及其变量值按照一定的顺序交叉排列，从中分析变量之间的关系。

（四）单因素方差分析

单因素方差分析是检验由单一因素影响的多组样本对因变量的均值是否有显著差异的问题。单因素方差分析是用来检验多个平均数之间的差异，从而确定因素对试验结果有无显著性影响的一种统计方法。

七、抽样设计

（一）总体

徐州市所有市民。

（二）抽样方法

调查抽样采用配额抽样和方便抽样相结合的方法。根据各区域人数比例分配样本数据（见表1），泉山区：131份；鼓楼区：69份；云龙区：75份；贾汪区：77份；铜山区：195份；其他县及县级市：53份；总调查数600份。

表1　　抽样样本分布

区域	人口（万人）	分配样本数（份）	样本选取
泉山区	73.23	131	三胞广场、恒盛广场、金鹰二店
鼓楼区	38.45	69	金地商都、金鹰国际购物中心、苏宁广场
云龙区	41.89	75	云龙万达、中央百大
贾汪区	42.87	77	中信广场、
铜山区	109.07	195	铜山万达、天赋广场
其他县及县级市	29.56	53	徐州经济技术开发区图书馆周边

（三）调查精度

调查中，实发问卷600份，收回有效问卷576份，问卷的有效率为96%。

1. 信度分析

信度分析用于研究定量数据（尤其是态度量表题）回答的可靠及准确性。一份好的问卷，总量表的信度系数最好在0.8以上，0.7~0.8之间也可以接受；分量表的信度系数最好在0.7以上，0.6~0.7也可以接受。系数如果在0.6以下就要考虑重新编写问卷。

对问卷中第14题的量表进行计算，得到信度系数值为0.956，大于0.9，因而说明研究数据信度质量很高，可用于进一步分析。信度检验结果如表2所示。

表 2 **信度检验结果**

信度分析			
名称	校正项总计相关性	项已删除的系数	Cronbach's α 系数①
味道鲜美	0. 856	0. 949	0. 956
营养健康	0. 857	0. 949	
历史悠久	0. 804	0. 952	
知名度高	0. 844	0. 950	
安全卫生	0. 807	0. 952	
服务满意	0. 862	0. 948	
标准化 Cronbach's α 系数：0. 956			

2. 效度检验

问卷设计的效度检验指的是对问卷测量结果的数据有效性的分析。通过效度检验，可以反映被测特征的有效程度。效度分析使用因子分析这种数据分析方法进行研究。采用因子分析对问卷中第 14 题的量表进行计算，效度分析的结果数据为 0. 910，表明数据效度很高。结果如表 3 所示。

表 3 **KMO② 与 Bartlett's③**

KMO 测量取样适当性	0. 910
Bartlett's 球形检定大约卡方	3029. 635
Df④	28
显著性	0. 000

八、调查组织实施

（一）调查时间安排（见表 4）

表 4 **调查任务及时间安排**

任务	日期
组建调查小组	2020 年 3 月 28 日
选择调查题目	2020 年 5 月 22 日—5 月 24 日
抽样方案设计	2020 年 5 月 25 日—5 月 26 日

① 克隆巴赫系数。
② KMO（Kaiser - Meyer - Olkin）检验统计量是用于比较变量间简单相关系数和偏向关系数的指标。
③ 即齐性检验。
④ 自由度。

续 表

任务	日期
调查问卷设计	2020 年 5 月 27 日—5 月 31 日
调查方法设计	2020 年 6 月 1 日—6 月 2 日
预调查	2020 年 6 月 3 日—6 月 4 日
改进设计方案及问卷	2020 年 6 月 5 日—6 月 11 日
调查人员培训	2020 年 6 月 12 日
调查	2020 年 6 月 13 日—6 月 14 日
录入数据	2020 年 6 月 15 日—6 月 16 日
审核数据	2020 年 6 月 16 日
拟定报告思路	2020 年 6 月 17 日—6 月 18 日
分析数据	2020 年 6 月 18 日—6 月 19 日
撰写报告、制作 PPT	2020 年 6 月 19 日—6 月 22 日

（二）调查数据质量控制

1. 调查前的质量控制

在调查前，会对组内所有调查成员进行培训。第一，确保调查员态度正确，要用严谨的态度去采集信息，坚决杜绝弄虚作假行为，以积极、健康的心态面对调查工作，按照调查项目的要求，规范行为，掌握交流技巧；第二，调查成员在进行调查时要有统一口径和标准，明确每一个问题的含义，以及各问题之间的逻辑关系，在调查时一定要忠于抽样，不能随便修改样本。

2. 调查中的质量控制

为了避免被访者拒绝接受问卷调查所带来的问题，应事先多抽取一些样本作为预备。在收集资料过程中，一旦发现误填、漏填或其他一些有疑问的情况，及时进行询问并进行核实，最大限度地保证每份问卷都是有效问卷。

3. 调查后的质量控制

小组成员对回收的问卷进行集中审核，对于在审核过程中发现的各种问题，要及时查明原因，并采取相应措施予以补充或更正。对于无法补充或更正的数字资料视为无效问卷并予以剔除。

4. 调查数据录入阶段的质量控制

采取一对一的形式录入数据。即一人读取数据，另一人填写数据，在读取数据的过程中要核对另一人所输入的数据是否正确。

九、经费预算

参与本次调研的共 5 人，经费预算如表 5 所示。

表5　经费预算（5人）

项目	单价（元）	数量（份）	总计（元）
问卷复印费	0.3	120	180
交通费用	5	12	300
餐饮费用	20	6	600
发放礼品费用	1	120	600
总计			1680

第四部分　数据分析

一、样本基本情况分析

（一）样本性别分布情况

从性别来看，在本次调查收回的有效样本中，“女性”占总人数的56.13%，“男性”占总人数的43.87%。由图4可知，女生比男生稍多，但男女比率趋向平衡。

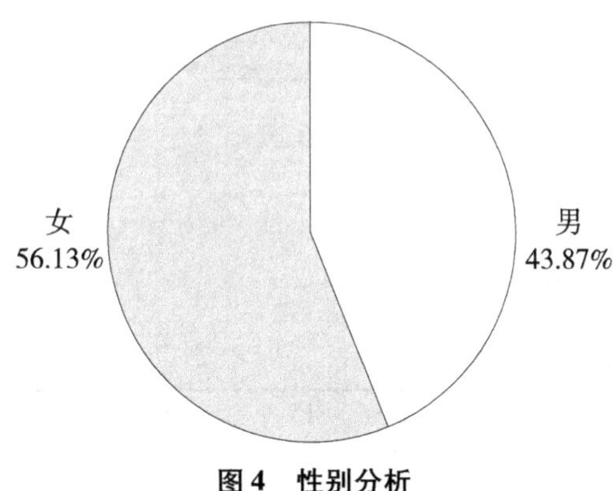

图4　性别分析

（二）样本年龄分布情况

在调查样本中，年龄在“18～25岁”“26～35岁”“18岁以下”，这三项分别占38.39%、25.16%和15.48%，“36～45岁”占11.61%，“46～55岁”占5.16%，“56岁以上”占4.20%（见图5）。在此次调查中，马市街饦汤消费者的年龄段涵盖广，能比较客观地反映出各个阶段消费者的需求，其中年轻群体所占比例较大。

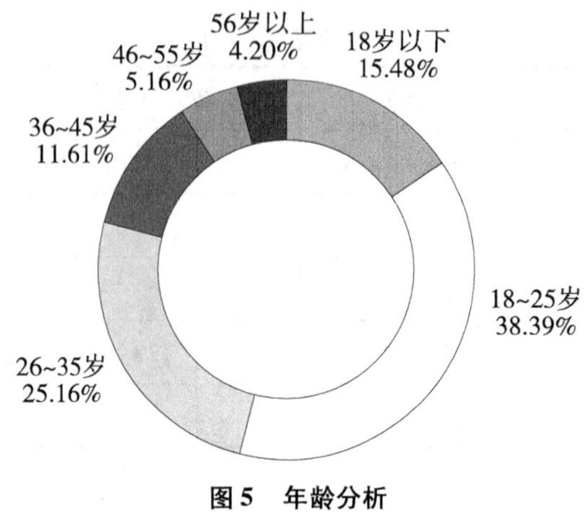

图5 年龄分析

（三）样本职业分布情况

从职业分布来看，在所调查的样本中，“学生”占29.68%，“企业职员”占21.94%，“自由职业者”占18.71%，“公务员”占12.26%，“教师”占7.42%，“医护人员”占2.90%，“其他”占7.09%（见图6）。由上述数据可以看出，马市街饨汤消费者中，学生和企业职员占比较大，说明饨汤有很大的发展空间，潜力无穷。

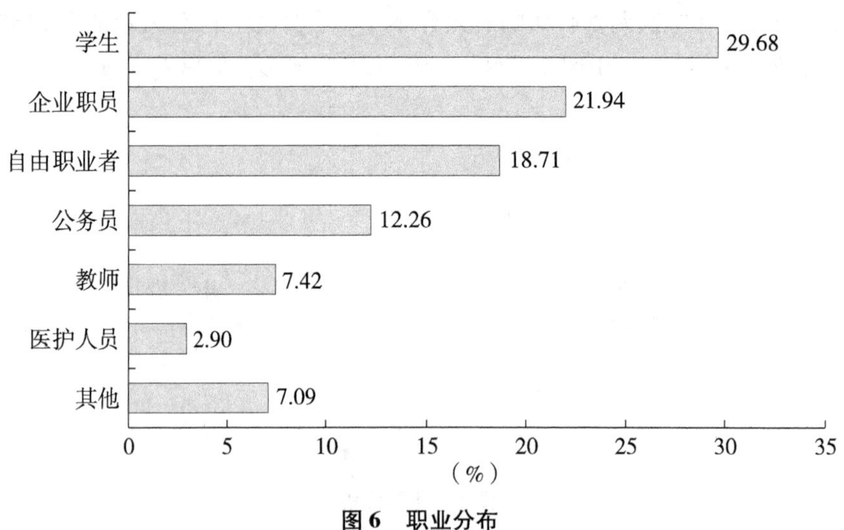

图6 职业分布

（四）样本月家庭平均收入分布情况

由图7可知在所调查的样本中，“10000元以下”的人群占28.06%，“10001~15000元”的人群占26.77%，“15001~20000元”的人群占18.39%，“20001~25000元”的人群占15.81%，“25001~30000元”的人群占4.52%，“30001~35000元”的人群占3.55%，“35001~40000元”的人群占2.90%，40001元以上为0。数据显示，绝大多数消费者的家庭

平均收入都集中在10000元以下及10001~25000元，消费者的月家庭平均收入在25001~40000元以上的人群相对较少。

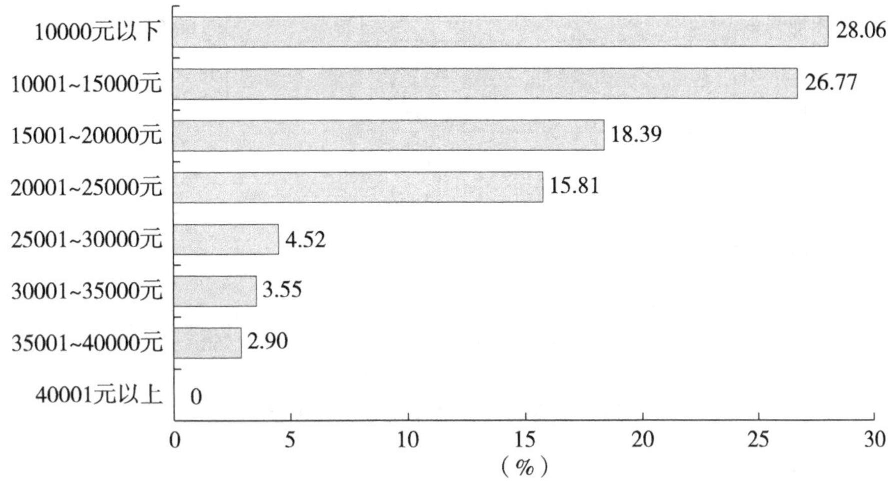

图7　月家庭平均收入分布

二、消费者对徐州老字号的认知与分析

（一）对徐州老字号餐厅的了解分析

由图8可知，在被调查的所有样本中，了解“徐州两来风”的占71.29%，了解“马市街饣它汤”的占66.13%，了解“百味地锅鸡”的占60.65%，了解“凤岐把子肉”的占58.06%，了解“老屋菜馆”和“龙凤宋记蒸饺”的分别占30.97%和28.39%，了解“凌云饭庄”和“冯天兴”的比例分别占25.48%和17.74%，还知道其他徐州老字号餐厅的有6.13%。由此可以看出，徐州两来风、马市街饣它汤、百味地锅鸡和凤岐把子肉是消费者熟知度较高的老字号餐厅。这些徐州当地的老字号饭店以传统的烹饪技艺获得了广大消费者的喜爱与青睐。但有一小部分消费者并不了解这些徐州的老字号饭店，因此徐州老字号品牌后期需要注重推广与宣传。

（二）大部分消费者认为老字号餐厅经营历史长，知名度高

从调查样本中，可以发现人们对徐州老字号餐厅的整体印象是净盈利市场。“经营历史长”占比最大，为71.29%；而认为徐州老字号“商业信誉良好”的占45.16%；觉得徐州老字号“味道独特”的占38.71%；认为其“兼具商业价值和文化价值”以及“环境很特别”的占比较低，分别为31.94%和14.84%（见图9）。我们可以看出人们眼中的徐州老字号历史悠久，社会反响也较好，味道也受大部分人的喜爱。因为大家对徐州老字号整体印象非常好，可以看出其市场潜力和商业价值非常大。

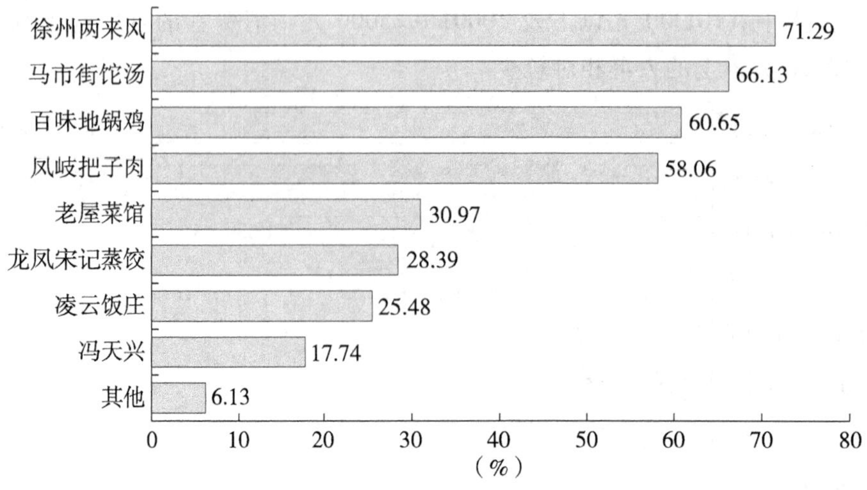

图8　消费者知道的徐州老字号餐厅

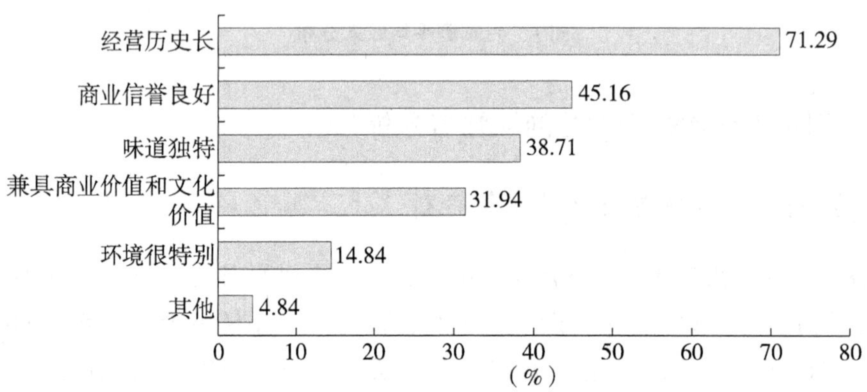

图9　对徐州老字号餐厅的整体印象

三、马市街饣它汤认知分析

（一）大部分消费者知道马市街饣它汤

从调查结果中可以看到，知道马市街饣它汤，并认为品牌知名度很高的占比最大，为56.45%；听说过马市街饣它汤，但不太了解的占比为35.48%；不知道，从来没有听说过的占比最低，为8.07%（见图10）。从数据中可以发现，马市街饣它汤在徐州知名度较高，大部分的徐州市民都知道马市街饣它汤，基于这种较高的普及度，一方面可以利用新媒体扩大宣传，另一方面可以进行产品创新。因为市场普及度较高，创新饣它汤会有更多的忠实顾客愿意去尝试。

调查的样本中各个年龄阶段的消费者中知道马市街饣它汤的人数占比都很高，大家对马市街饣它汤的认可率较高，这说明马市街饣它汤老字号餐饮以其鲜明的地方特色和纯

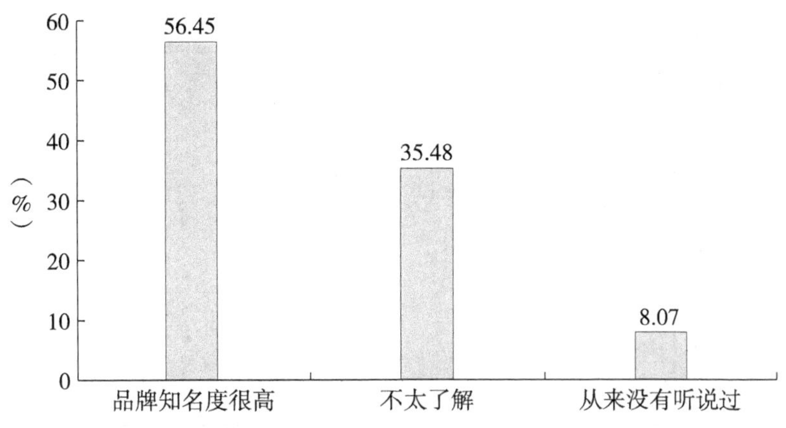

图 10　马市街饣它汤知名度

正的传统手艺赢得广大消费者的喜爱与青睐（见图 11）。其中 56 岁以上的消费者知道马市街饣它汤的占比最高。马市街饣它汤以其悠久的历史、良好的口碑取得了一定的优势，但是 18 岁以下及 18～25 岁的消费者相对于其他年龄段的消费者对其了解较少，甚至还有一小部分的人并不了解，从来没有听说过马市街饣它汤。马市街饣它汤应该通过互联网加大推广和宣传的力度，迎合时代的需求，将“新”与“老”相结合，与时俱进，在传承中创新，重新塑造品牌形象，引起广大消费者的关注。

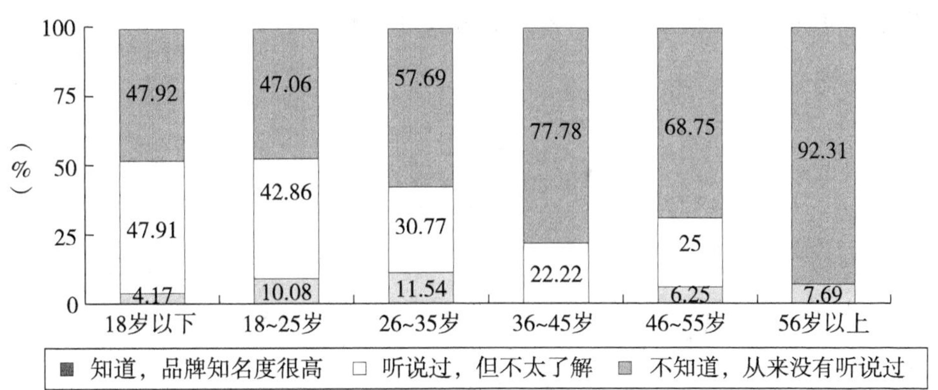

图 11　年龄与马市街饣它汤品牌知名度交叉分析

（二）五成多消费者是通过亲朋好友推荐了解马市街饣它汤

在调查的样本中，通过亲朋好友推荐而了解马市街饣它汤的最多，为 51.61%；通过口碑相传了解马市街饣它汤的占 41.94%；通过大众点评网了解的占 16.45%，通过电视媒体、报纸杂志、微信、其他网站了解的占比较低（见图 12）。由这些数据可以看出，饣它汤知名度较高的很大部分原因是徐州当地人们去推荐，去传承。在新媒体部分的宣传还是有些欠缺，信息时代如果利用新媒体平台如微信公众号，饣它汤的知名度也许会更高。

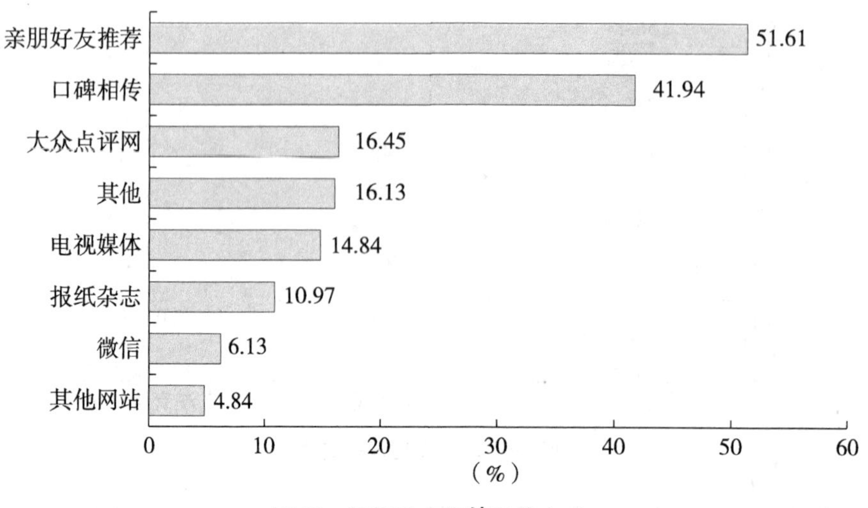

图12　了解马市街饦汤的方式

（三）大部分消费者在马市街饦汤用过餐

在调查样本中，去马市街饦汤用过餐的比例最大，为54.52%，而没去过的占30.32%，打算去的占15.16%（见图13）。可以看出大部分的人都是尝过马市街饦汤的，但还是有一部分人没去过，这可能是因为马市街饦汤宣传力度不够，但换个角度思考可以发现存在很多潜在顾客，市场潜力巨大。

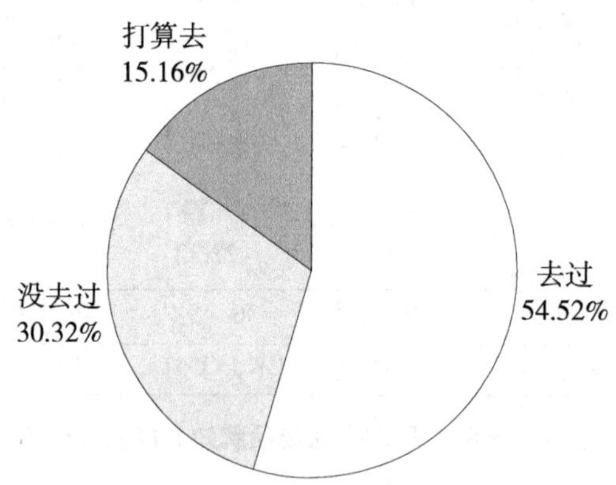

图13　去马市街饦汤用餐顾客分布

（四）大部分消费者喜欢喝饦汤

在调查样本中，喜欢的比例最大，为37.10%；一般的为33.55%；非常喜欢的为24.52%；而不喜欢和非常不喜欢的占比较低，分别为4.52%和0.31%（见图14）。可以看出大部分顾客都喜欢喝饦汤，因为其味道较好，所以可以把老味饦汤当作招牌继续传承，不喜欢喝饦汤的顾客是少数。对于喜欢程度一般的顾客，想必经

过创新，会愿意去尝试。

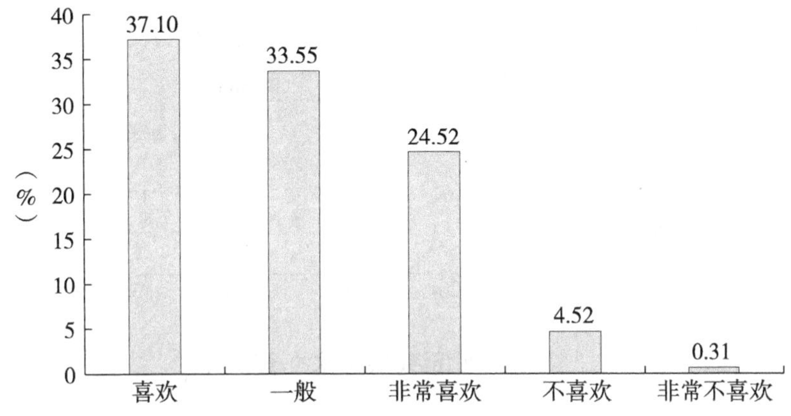

图14　顾客喜爱饸汤程度分布

调查样本中，选择非常喜欢、喜欢和一般的最多的是教师、医护人员和其他职业人员，其次是学生和企业职员，最后是公务员和自由职业者（见图15）。这说明喜欢喝饸汤的人很多，不管是何种职业，都抵抗不住饸汤的魅力。因此，更应该传承非遗工艺，宣传传统美食，让各行各业的人了解到饸汤，喜欢上饸汤。再者，我们可以看到不喜欢及非常不喜欢饸汤的人是比较少的。我们可以选择放弃这一部分人群，更应该把饸汤的市场放在那些对饸汤充满好奇或者喜欢喝的人群身上。

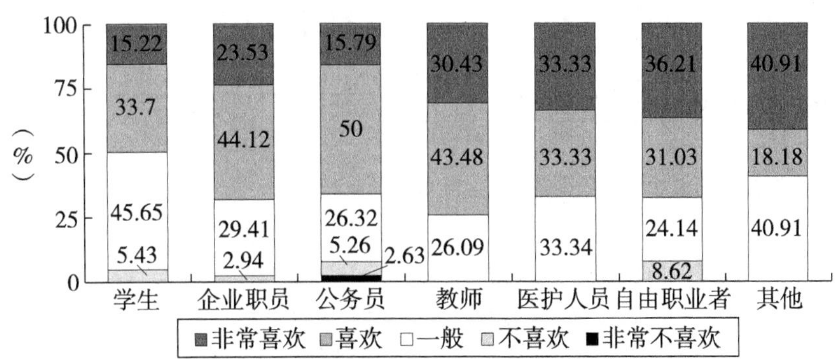

图15　职业与喜欢喝饸汤程度交叉分析

（五）蒸包、蒸饺是饸汤的最佳搭配

在调查样本中，喝饸汤喜欢搭配蒸包、蒸饺的比例为55.48%；喜欢搭配煎包、煎饺的比例为42.58%；喜欢搭配油条的比例为38.06%；喜欢搭配酥饼和烙馍卷馓子的比例分别为16.45%和15.16%；此外，还有10.32%的人喜欢搭配一些其他的食物（见图16）。由此可以看出，大家比较偏爱蒸包、蒸饺，对煎包、煎饺喜欢的人也不少，也有喜欢其他搭配的，因此我们可以增加一些其他食物，从而吸引消费者。

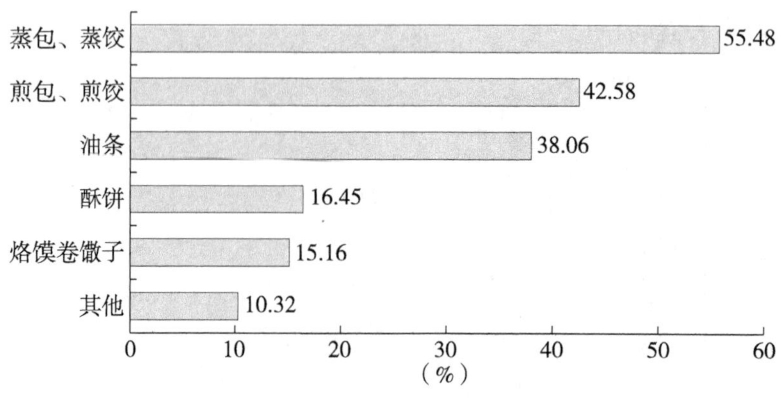

图 16 喝饣它汤时最喜欢的搭配

四、马市街饣它汤市场现状分析

（一）马市街饣它汤市场潜力较大

在调查样本中，认为较多人喜欢的比例为 40.97%；认为会有很多人喜欢的比例为 40.65%；认为年轻人不喜欢的比例为 13.87%；认为没有市场的比例为 4.51%（见图 17）。可以看出饣它汤在徐州市场的潜力还是很大的。13.87% 的受访者认为市场一般，年轻人不喜欢，那商家就可以思考如何增加一些年轻人喜欢的元素，从而增强市场竞争力。

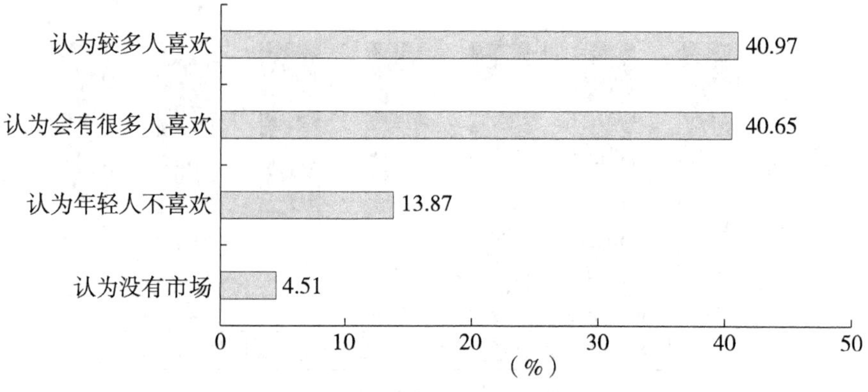

图 17 马市街饣它汤在徐州市场的潜力

（二）消费者对马市街饣它汤的整体评价较好

由调查样本可知，认为马市街饣它汤历史悠久、知名度高的比例较高，分别为 3.75 分和 3.63 分，对味道鲜美的评分是 3.49 分，对价格实惠的评分是 3.39 分，对营养健康、品种丰富的评分分别为 3.36 分和 3.31 分，对服务满意的评分是 3.27 分，对安全卫生的评分是 3.22 分（见图 18）。我们可以发现分数相差较大，大家对历史悠久和知名度高认同感较高，对安全卫生、服务满意方面的认同感较低。商家需要在认同感比较低的方面多加改进。

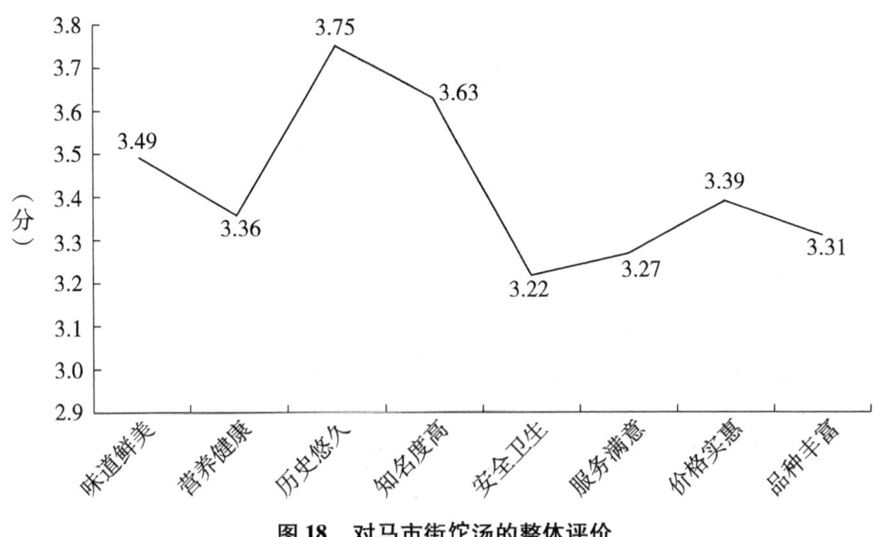

图18　对马市街饦汤的整体评价

（三）大部分消费者认为马市街饦汤应该改善就餐环境

在所调查的样本中，认为应该改善就餐环境的占47.74%，认为应该增加品类、提高质量的占42.26%；认为需要提升服务质量和扩大宣传的分别占36.77%和36.13%；觉得需要多开几家分店的占27.74%；认为应该创新营销模式、重新装修的分别占24.84%、20.65%（见图19）。由此可以看出，消费者在对马市街饦汤发展建议中呼声强烈的是改善就餐环境和增加品类、提高质量。此外，提升服务质量、扩大宣传，提高知名度的呼声也不低，商家应该从多个角度出发，全方位改进产品。

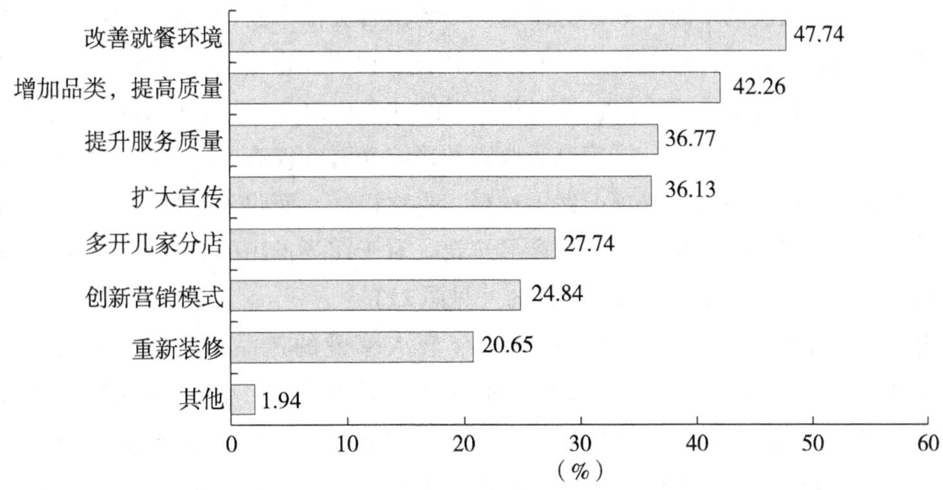

图19　对马市街饦汤发展建议

五、马市街饦汤新产品市场分析

（一）多数消费者认为马市街饦汤应该推出适合年轻人的产品

在调查样本中，希望推出适合年轻人的产品的占 58.07%；不希望推出新产品的占 25.48%；希望与“网红”产品接轨的占 7.10%（见图 20）。可以发现，推出年轻人喜好的产品有助于扩大市场，商家可以在经典味道的基础上推出新的产品以满足更多人的需要，从而提高竞争力。

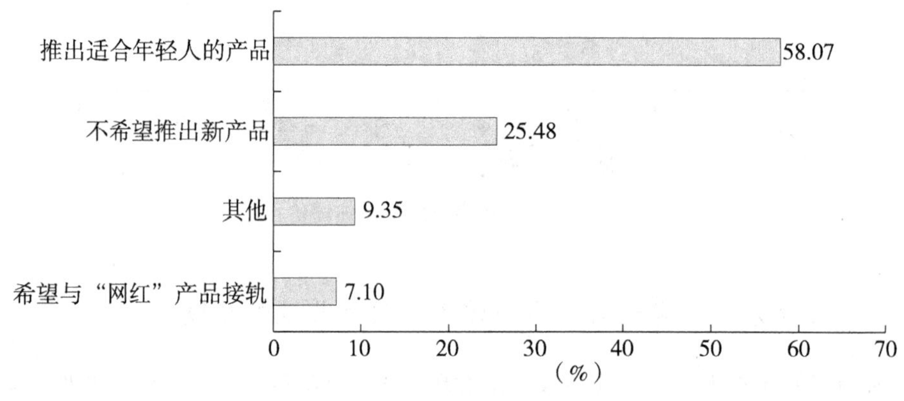

图 20　对马市街饦汤新品的期待

将调查人群的家庭月收入与在马市街饦汤推出新产品的需求相结合。能够较为直观地发现，不管家庭月收入的层次如何，对于选择希望推出一些适合年轻人喜好的产品这一选项上均超过半数，这表明，对于饦汤，大部分人是期望能够有新的产品来融入时下的早餐市场。对于不希望推出新产品，饦汤应保持经典老味道这一选项，可以看到家庭月收入层次的不同并不会明显地对饦汤是否会推出新产品有影响。这一部分人抛开家庭月收入来看，约占调查总人数的 25%，说明在市场上，有近四分之一的人群对饦汤是具有情怀的，不希望它受到新思想的冲击而改变了原有的味道。饦汤的产品如果与“网红”产品接轨，受家庭月收入的影响来看，仅有家庭月收入在 2.5 万元及以下的部分受访者在这一选项上做了选择，占比极低。而收入超过 2.5 万元的家庭明显是不希望饦汤的产品与“网红”产品接轨。对于饦汤推出的具有其他口味的新产品，剩下的小部分群体想必是拭目以待的（见图 21）。

由调查样本可知，希望推出一些适合年轻人喜爱的产品中，医护人员、学生和企业职员所占比例较大（见图 22）。商家可以针对这些不同职业的特征进行特定的产品和推广策略。对于学生而言，他们希望有新产品但他们经济能力相对较低，针对这一特点，推出的新产品价格不宜太高，学生可以凭借学生证享受一定的折扣。认为饦汤就应该是经典老味的调查职业中，自由职业者、公务员和教师

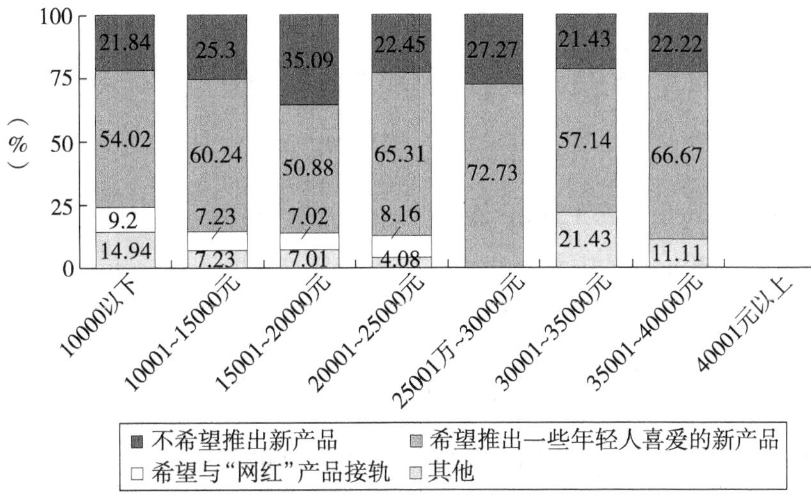

图 21　家庭月收入与希望推出新品样式交叉分析

所占比例与其他职业相比是较大的。在这个经济飞速发展、产品更新换代时间越来越快的时代，企业要想生存下去就必须创新改革，生产发展一些新的产品。饦汤也不例外，饦汤应该在原有的基础上进行改变，推出新产品，并保留其传统味道的产品，兼顾不同客群的需要。

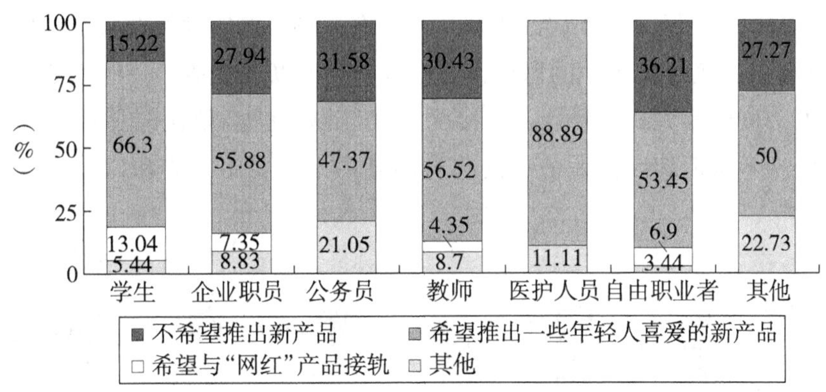

图 22　职业与希望推出新品样式交叉分析

（二）多数消费者认为马市街艾尚饦汤市场前景良好

在调查的样本中，认为新系列饦汤有一定市场的占比最大，为 49.68%；认为开一家年轻人饦汤店的前景有创意，市场前景好的用户占 25.17%；认为开一家年轻人饦汤店的前景是有创意，但市场不一定认可的占 16.77%；认为不知道的占 5.48%；不看好，认为没有市场的占 2.90%（见图 23）。由此可以看出，开一家属于年轻人消费群体的饦汤店是很有创意的，并且有一定的市场。

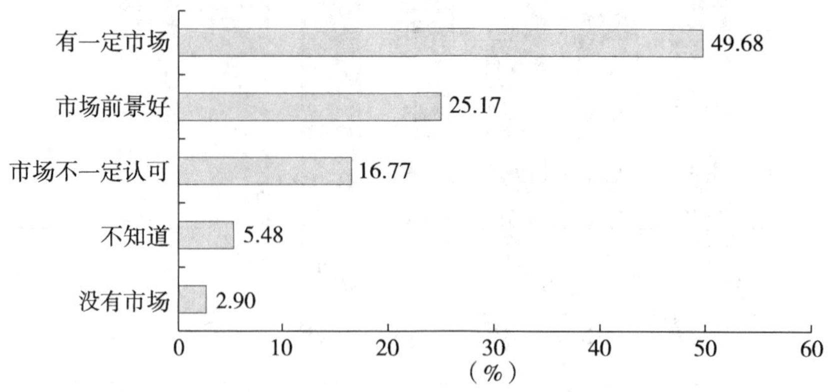

图23　消费者对年轻人饦汤餐厅市场前景分析

在被调查的样本中，可以发现18岁以下的消费者中认为新系列饦汤有创意，有一定市场的占比最高，为62.5%，有29.17%的人认为有创意，市场前景好；18～35岁的消费者大多也认为新系列饦汤有创意，有市场；36～55岁的人认为有创意，但市场不一定认可的占比增高，56岁以上的人在市场不认可选择中所占比例最大，为46.15%（见图24）。由这些数据，可以分析到大部分的年轻人是比较能够接受新兴事物，对于老字号的改革也抱有希望和期待；而年龄相对比较大的，往往接受能力较差，虽然认可其有创意，但并不会觉得新系列饦汤有市场，能够被社会接受。所以在老年人的市场上要想改变他们固执的思想，在宣传初期可以给予他们一些赠品，作为受益者，宣传的力度会变大。想要让人们接受新式饦汤，就必须让改良后的饦汤比之前更好，让消费者认识到改良后的饦汤独有的魅力，更要用耐心和时间去宣传新系列饦汤。

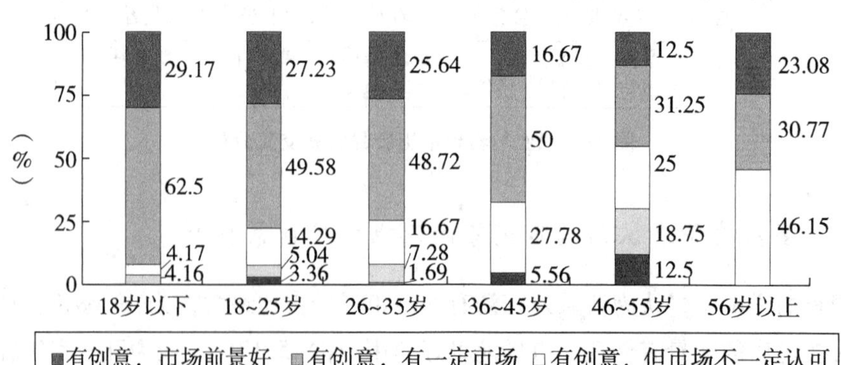

图24　年龄与马市街艾尚饦汤市场潜力交叉分析

六、马市街饦汤新品牌推广分析

（一）四成消费者认为“艾尚饦汤”这个名字还可以

在被调查样本中，有44.19%的消费者认为“艾尚饦汤”这个名字一般；喜欢这个名字的占24.52%，不喜欢这个名字的占15.48%；很喜欢这个名字的占12.26%，很不喜欢的占3.55%。由此可见，大多数消费者觉得“艾尚饦汤”这个名字还可以（见图25）。

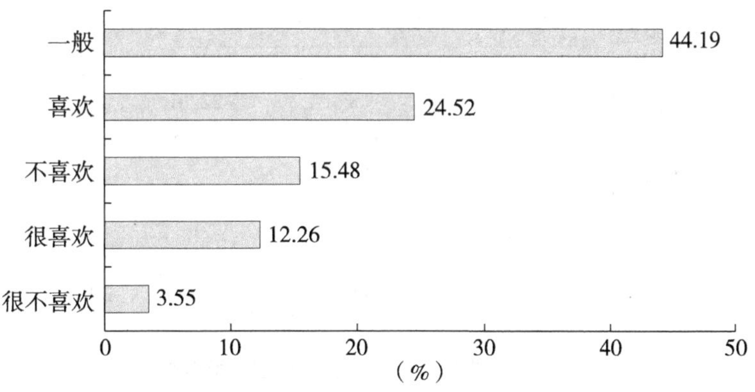

图25　对“艾尚饦汤”名字喜欢程度情况分析

（二）绝大多数消费者对艾尚饦汤满怀期待

在调查样本中，愿意去“艾尚饦汤”就餐的占49.36%，不一定去就餐的占46.45%；不愿意去就餐的占4.19%。大多数顾客在“艾尚饦汤”开业还是愿意去尝试的，这说明改良后的饦汤餐厅市场前景还是蛮好的（见图26）。

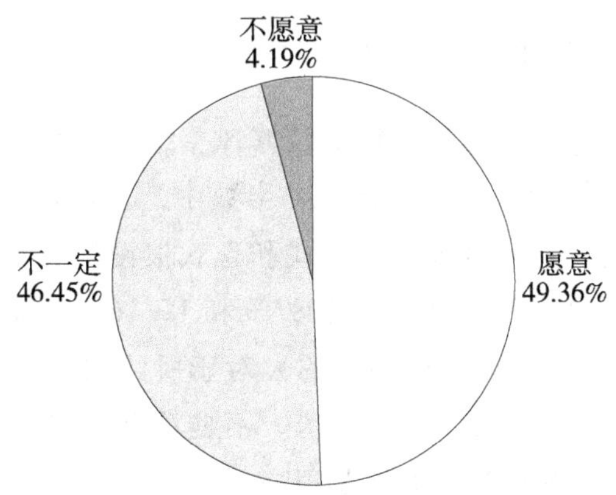

图26　对“艾尚饦汤”开业是否会去用餐情况分析

（三）多数消费者希望马市街艾尚饦汤开在人流量多的地方

在调查样本中，希望马市街艾尚饦汤开在市中心的占34.84%，希望开在大学城附近的占25.48%；希望开在大型商场或附近街道的占22.26%；希望开在景区附近的占11.94%；希望开在其他位置的占5.48%（见图27）。由此可以看出，大家还是希望“艾尚饦汤”开在比较繁华的地带。

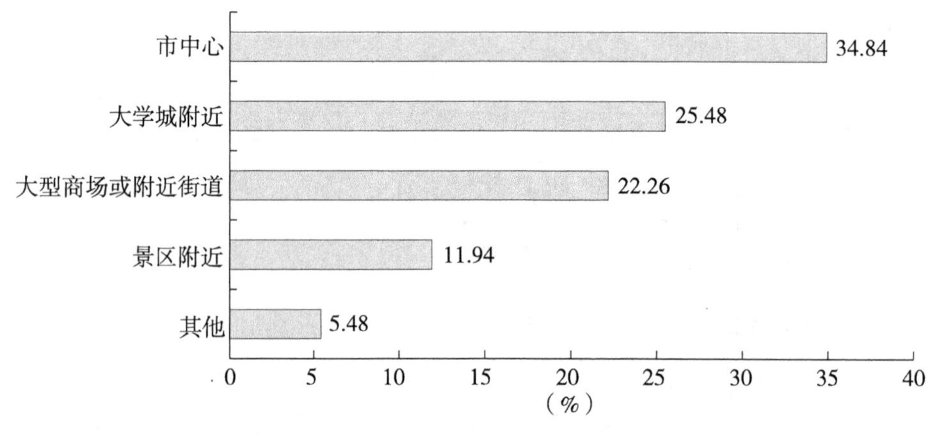

图27 对“艾尚饦汤”店的位置情况分析

（四）消费者还是比较注重餐厅的服务

在调查样本中，消费者更注重马市街艾尚饦汤的服务和环境，分别占50%和47.74%，注重价格和产品的分别占41.61%和37.42%，注重餐具与装修的分别占29.03%和21.94%，认为包装特别的占18.06%（见图28）。由此说明，认为“艾尚饦汤”开业后需要注重的因素很多，其中服务、环境、价格尤为重要。

（五）多数消费者喜欢简约风格

由调查样本可知，对艾尚饦汤店铺的装修风格，有145人的选择偏向于极简风格，这几乎占了调查群体的半数。而在另外半数中，喜好差异也是比较明显的。其中喜欢汉风格装修方式、艺术典雅装修方式和喜欢浪漫气息装修方式的在总量中的所占比例相差不多，分别是18.39%、13.87%和15.16%。而喜欢另类装修风格的人寥寥无几，仅有4.52%。还有1.29%的人对于所给出的装修风格并没有做出选择。可能是对装修风格不太在意（见图29）。不难看出，饦汤作为大众早餐的一种，人们对于它的店铺装修风格的期待并不是很高。

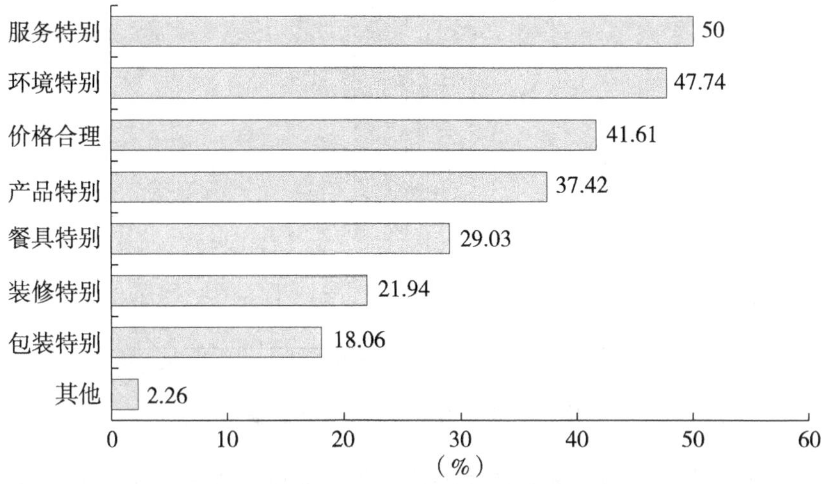

图 28　对开业后需要注重因素的情况分析

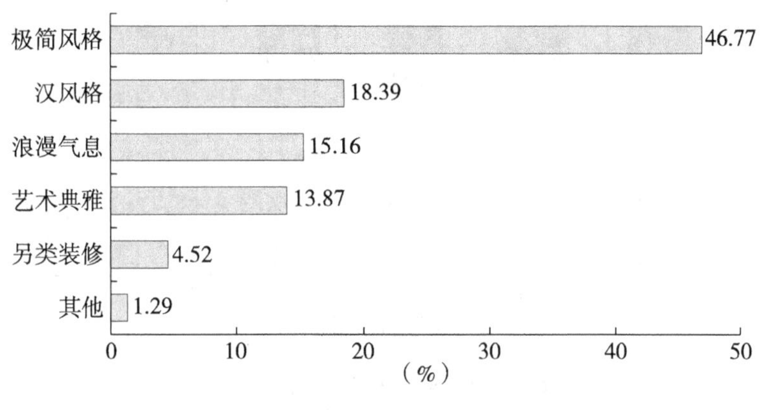

图 29　喜欢的装修风格分布

（六）绝大多数消费者希望延长营业时间

在被调查样本中，在提供好品质早餐的前提下，如果增加午餐和晚餐营业时间，有 31.29% 的消费者表示愿意尝试，有 63.23% 的消费者觉得可以考虑，有 5.48% 的消费者表示不愿意尝试。就调查结果来说，有 94.52% 的消费者对推出的午餐晚餐有一些或多或少的期待（见图 30）。

在被调查样本中，愿意尝试午餐和晚餐的用户比较年轻。18 ~25 岁、26 ~35 岁的年龄区间的更愿意去尝试。可以看到年轻人对新事物的接受能力更强。针对这两个目标用户群体，商家可以在制定营销策划时考虑目标用户的群体特点、接受能力等，增加目标用户对新产品的喜爱程度。对于年龄在 18 岁以下、36 ~45 岁以及 56 岁以上的消费者，商家可以通过宣传饱汤的服务、促销等，把潜在消费者吸引过来。年龄区间

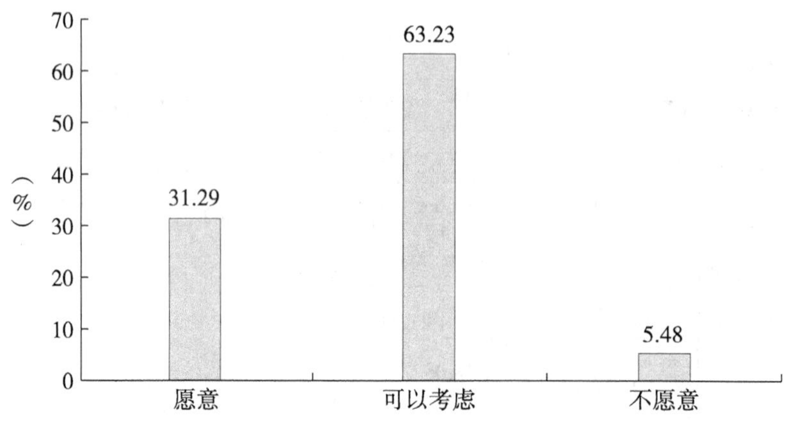

图 30 是否愿意尝试午餐和晚餐

在46～55岁的消费者，他们对创新营销的接受能力不强，在营销策划时，应该增加其接受程度，让他们接受艾尚饦汤提供的午餐和晚餐（见图 31）。

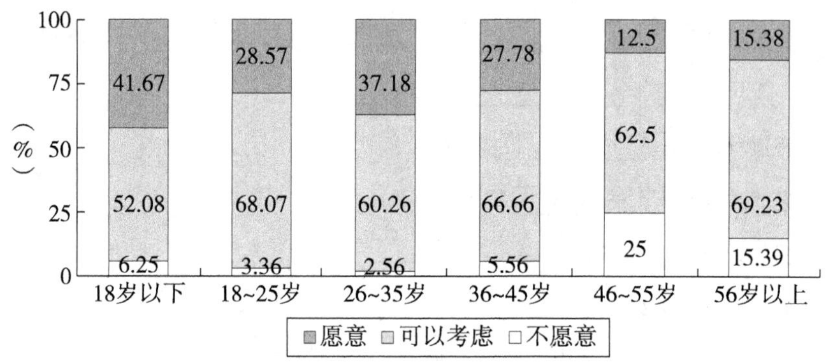

图 31 年龄与马市街艾尚饦汤营销策划交叉分析

（七）多数消费者希望通过新媒体来了解马市街艾尚饦汤

由调查样本可知，认为在短视频和美团网等饮食、娱乐平台进行产品宣传而达成宣传效果的观点居多。认为在公交与地铁等出行方式的移动电视上进行宣传，也能够产生较好的宣传效果。仅有很少的一部分人认为在传统一点的媒介例如报纸杂志、广告牌等宣传能够达成更好的宣传效果（见图 32）。综上所述，艾尚饦汤的宣传，主要还是要依托时下最为流行的媒介来传播。

（八）多数消费者希望增加外卖与快递的线上服务

由调查样本可知，40%的人群单方向选择了外卖，其重点是希望外卖的包装能够更完美一些，对于能够通过快递这种方式，让各地的人都能够尝到“艾尚饦汤”的单方向选择占 14.19%。对于本地人而言，饦汤这类早餐到店里去品尝是最有味道的。结

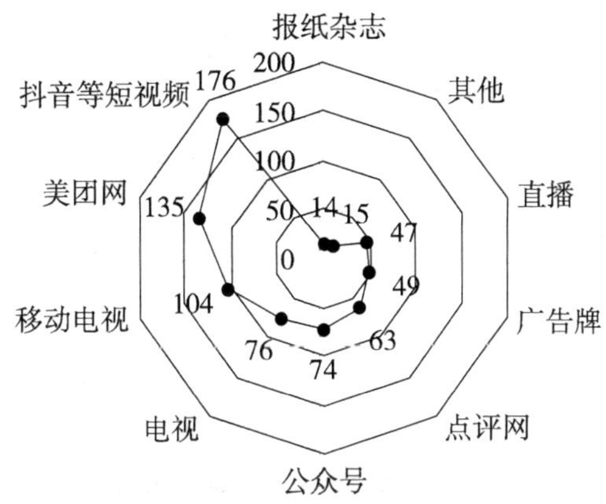

图 32　“艾尚饦汤”宣传渠道

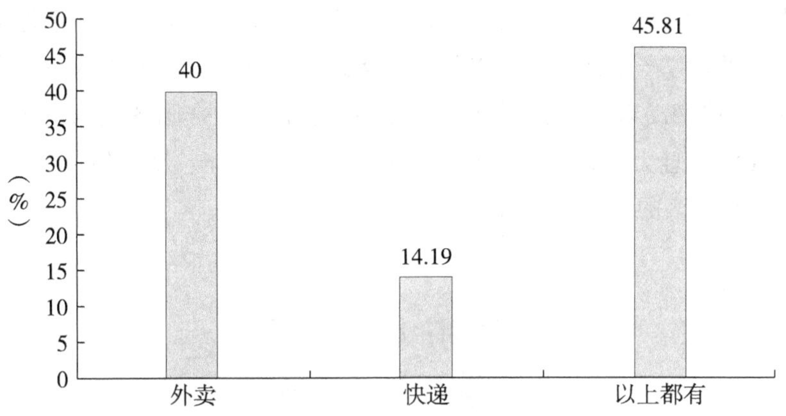

图 33　“艾尚饦汤”线上服务选择

合当前社会最流行的方式来看，外卖、快递无疑是最为受大众所喜爱的，足不出户，即可以“买买买”。所以有 45.81% 的人则是选择了两者都有（见图 33）。

（九）多数消费者希望马市街饦汤有会员打折促销手段

在调查样本中，对于促销的方式，人们并不挑剔，每一种促销都存在合适的人群，但是较为突出的两种促销方式是会员打折与每日特价。这两类促销方式均有超过 50% 的人群喜爱。艾尚饦汤作为一种早餐，人们更喜欢自由搭配和对特价的选择。有 36.77% 的人喜欢会员积分优惠，38.71% 的人偏爱套餐优惠。还有 9.35% 的人表示希望能够有其他更能打动人的促销方式（见图 34）。

（十）消费者建议

由调查样本可知，大家对马市街艾尚饦汤的建议（见图 35）可以总结为以下几点：在产品方面要新颖、多种口味、可以速食且方便携带；在装潢方面需要包间，装

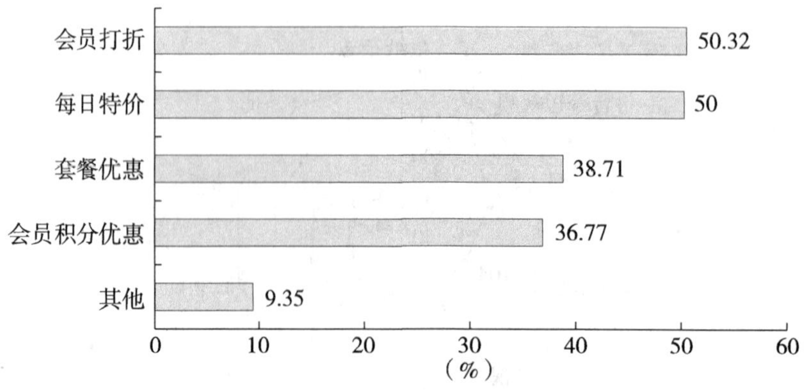

图 34　对“艾尚饦汤”促销手段的选择

修风格要简约并且增加流行元素；还要考虑到带儿童来就餐的家长，可以增加一个小型的儿童专场，既满足儿童爱玩耍的天性，又可以让家长放心用餐；在促销方面可以定期打折、提供套餐产品；销售渠道应考虑将线上线下结合，外卖送餐到家让消费者在家即可品尝到饦汤，淘宝电商平台售卖饦汤材料包，让全国各地的消费者都感受到马市街艾尚饦汤的魅力；充分利用抖音、公众号等新媒体，展开线上线下同时宣传，扩大知名度，让更多的人了解饦汤。

图 35　消费者对马市街艾尚饦汤的建议

（十一）单因素分析方法

（1）是否会去马市街“艾尚饦汤”店用餐。

使用 SPSS 22.0 软件进行单因素方差分析，结果如表 6 所示。消费者的用餐选择与味道鲜美、营养健康、历史悠久、知名度高、安全卫生、服务满意、价格实惠、品种丰富有一定关系，但研究发现，消费者的用餐选择受到“知名度高”“价格实惠”因素的显著影响，显著性 P 值分别为0.039和0.050，F 值分别为3.267和3.005，因此，新店开业应更加注重对饨汤产品知名度的打造，以及充分考虑新产品上市的定价问题。

表6　　用餐选择的单因素方差分析

	平均数	标准差	P 值	F 值
味道鲜美	3.49	1.276	0.250	1.392
营养健康	3.36	1.289	0.126	2.090
历史悠久	3.75	1.166	0.251	1.389
知名度高	3.63	1.172	0.039	3.267
安全卫生	3.22	1.224	0.228	1.485
服务满意	3.27	1.243	0.288	1.251
价格实惠	3.39	1.279	0.050	3.005
品种丰富	3.31	1.288	0.362	1.021

注：在95%的几率下，相关性是显著的（双边检验）。

（2）“艾尚饨汤”更应注重哪些因素。

使用SPSS 22.0软件进行单因素方差分析，结果如表7所示。新店开业与味道鲜美、营养健康、历史悠久、知名度高、安全卫生、服务满意、价格实惠、品种丰富有一定关系，但研究发现，“艾尚饨汤”在开业后受到“味道鲜美”“知名度高”因素的显著影响，显著性 P 值分别为0.038和0.027，F 值分别为4.350和4.934。因此，“艾尚饨汤”在开业后要更加注重菜品的味道鲜美，并注重打造“艾尚饨汤”的品牌知名度。

表7　　开业影响因素的单因素方差分析

	平均数	标准差	P 值	F 值
味道鲜美	3.49	1.276	0.038	4.350
营养健康	3.36	1.289	0.058	3.606
历史悠久	3.75	1.166	0.496	0.465
知名度高	3.63	1.172	0.027	4.934
安全卫生	3.22	1.224	0.119	2.444
服务满意	3.27	1.243	0.116	2.483
价格实惠	3.39	1.279	0.099	2.738
品种丰富	3.31	1.288	0.063	3.484

注：在95%的概率下，相关性是显著的（双边检验）。

第五部分　结论与建议

一、结论

馄汤市场还有很多可开发的潜在市场，想要进入馄汤市场，并在市场中占据一席之地，必须制定一系列的战略。通过调查，得到以下六个结论。

（一）塑造强势品牌形象，提炼品牌个性

根据调查结果可知，马市街馄汤在馄汤市场上具有一定的口碑和份额，其服务和味道，对于消费水平日益提高的消费者而言颇具吸引力。其中不可忽视的是，马市街馄汤个性塑造应与年轻消费者个性彰显积极结合起来，同时，为迎合年轻消费者对时尚、流行元素的追求，马市街艾尚馄汤也应在设计方面力求新颖，逐步提高馄汤在年轻消费者心中的品牌知名度。此外，由于顾客口碑、客户服务态度、视觉元素、商标等尚且未被年轻消费者所接受，我们应着力提高营销投入，提高马市街馄汤的产品表现，以及与客户相连的软性条件，扩大广告宣传，多方面传递营销信息，逐步建立口碑。

基于年轻消费者角度对马市街艾尚馄汤品牌形象分析，有助于塑造和维护馄汤品牌形象，从战略高度进行资源分配和优化，为塑造强势品牌形象提供战略借鉴。

（二）消费者更希望开展线上外卖服务

据调查可知，49.36%的消费者表示愿意去尝试，46.45%的消费者不一定尝试，4.19%的消费者不愿去尝试。这表示消费者对新馄汤店有较大的兴趣，并且大多数会乐于尝试。在被调查的样本中，45.81%的消费者希望开展线上外卖和快递服务，40%的消费者希望只开展外卖服务，14.19%的消费者希望只开展快递服务，淘宝和其他网络专卖店也是好的销售地点。

提供线上服务更能吸引年轻人的目光，符合年轻人的需求，选择合适的销售方式是至关重要的，物流不仅为消费者网购提供了机会，也成了传统企业转型的契机，在“互联网+”的时代，商家应根据消费者消费方式的变化而变化。

（三）艾尚馄汤装修更偏向简约与汉风相结合

据调查可知，喜欢极简装修风格的占46.77%，喜欢汉风的占18.39%，喜欢具有浪漫气息的占15.16%，喜欢艺术典雅的占13.87%，喜欢另类装修的占4.52%。这反

映出大家喜欢餐厅装修风格各有不同，特别是极简搭配汉风最受年轻消费者欢迎。

只有将餐厅风格打造成消费者喜爱的样子，把基础打好，才会吸引消费者注意，才有人愿意进入这个门店，才会增加产品的销量，方能利用口碑效应增加艾尚饦汤品牌知名度。

（四）消费者更注重艾尚饦汤的服务，愿意尝试午餐晚餐

据调查显示，50%的消费者更注重就餐时的服务，47.74%的更注重环境，41.61%的更注重产品价格，29.03%的注重餐具款式，18.06%的注重产品包装，21.94%的注重装修，2.26%选择了其他。由数据可知，被调查者更注重就餐时提供的服务。看重环境、价格、餐具的比例差异不大，因此各项都值得商家关注。

在调查样本中，愿意尝试午餐和晚餐的占31.29%，考虑去的占63.23%，不愿意去的占5.48%。由数据可知，被调查样本中有94.52%的消费者对艾尚饦汤满怀期待，这也说明了新式艾尚饦汤市场潜力很大。

（五）多数消费者喜欢马市街饦汤

此次调查发现，多数人喜欢马市街饦汤，在所调查样本中，喜爱饦汤的比例最多，为37.10%；喜欢程度一般的占33.55%；非常喜欢饦汤的占24.52%；而不喜欢和非常不喜欢饦汤的占比较低，分别为4.52%和0.31%。可以看出大部分顾客都喜欢喝饦汤，主要因为其历史悠久，味道较好，大家都抵抗不住饦汤的魅力，也证明了饦汤的市场还是不错的。

调查样本中，对饦汤喜爱程度为一般及以上的职业人员，多数是教师、医护人员和其他职业人员，其次就是学生和企业职员，最后是公务员和自由职业者。说明喜欢喝饦汤的人还是较多的，不管是何种职业，都抵抗不住饦汤的魅力。因此，我们更应该要传承非遗工艺，宣传传统美食，让各行各业的人了解到饦汤，喜欢上饦汤。

（六）消费者对饦汤了解程度有待提高

据调查数据可知，8.07%的消费者从来没有听说过马市街饦汤，35.48%的消费者听说过但不了解，56.45%的消费者知道马市街饦汤。该调查显示马市街饦汤宣传力度不足，并且消费者对饦汤的关注度不足，马市街艾尚饦汤要宣传非物质文化遗产和饦汤工艺。

（七）马市街艾尚饦汤新店可行性高

在调查样本中，认为较多人喜欢的比例有40.97%；认为会有很多人喜欢的有40.65%；有13.87%的认为年轻人不喜欢；认为满意市场的有4.52%。我们可以看出

饦汤在徐州市场的潜力还是很大的，也有人认为市场一般年轻人不喜欢，那我们就思考出一下会让年轻人喜欢的元素，从而增强市场竞争力

在被调查样本中，希望推出一些适合年轻人喜好的产品的有 58.07%；不希望推出新产品，认为饦汤就是经典老味的有 25.48%；希望与“网红”产品接轨的占 7.10%。我们可以发现，推出年轻人喜好的产品市场较大，我们可以在经典味道的基础上推出新的产品以满足更多人的需要，提高竞争力。

（八）多数消费者认为艾尚饦汤市场前景好

在被调查的样本中，我们可以发现 18 岁以下的消费者中认为新系列饦汤有创意，有市场的比例为 91.67%，18～25 岁的消费者有 6.81% 的认为有市场，年龄在 26～35 岁的中有 74.36% 的消费者认为艾尚饦汤有市场。我们可以分析到大部分的年轻人是比较能够接受新兴事物，对于老字号的改革也抱有着希望和期待，而这个经济飞速发展、产品更新换代迅速的时代，企业要想生存下去就必须创新改革，研发一些新的产品。我们要让消费者认识到艾尚饦汤独有的魅力，使消费者愿意尝试新品。

二、建议

（一）利用新媒体手段宣传和推广马市街饦汤

传承和发扬老字号，利用微信、微博、抖音、公众号等平台宣传和推广马市街饦汤，提升大众消费者对马市街饦汤的认知度。

（1）建立相关的新媒体账号。利用微信、微博、抖音、公众号等时下主流的新媒体平台作为马市街饦汤推广的重要渠道。

（2）加强对新媒体账号的运营和管理。

（3）在微信、微博、抖音等平台申请账号官方认证，增强品牌的可靠度与认知度。

（4）在微信平台，利用群聊、朋友圈扩大宣传，利用漂流瓶与附近的人获得更多的朋友，扩大潜在客户。

（5）利用微博平台与顾客交流、了解民意。在微博平台与顾客的进行交流互动，与一些“微博大 V”合作推广马市街饦汤品牌。

（6）在平台上做付费广告，根据的用户反馈，进一步优化品牌策略。找“网红”做推广，对马市街饦汤进行视频的拍摄、制作、发布视频。

（7）利用官方公众号推送软文，文案内容应符合马市街饦汤形象，多发布与“马市街饦汤”关键词相关性高的文章吸引读者，使读者对马市街饦汤品牌形象一目了然。在推广文案中，不能单一地使用文字，应做到图文并茂，给人们造成一定的视觉冲击力。

老字号品牌有很强的潜在号召力，通过合理有效地利用新媒体手段宣传和推广，吸引更多的人成为马市街饣它汤的粉丝。

（二）开创马市街饣它艾尚饣它汤新品牌

为了更好地传承和发展马市街饣它汤，使马市街饣它汤顺应时代的发展，提升发展潜力，在传统马市街饣它汤的基础上推出艾尚饣它汤新品牌，加大对品质和文化的挖掘，活化品牌、激活老字号。让消费者有高质量的体验，通过品牌延伸的方式推出新产品。做老品牌，不做老企业。

根据大众市民所期待的选址位置，新开马市街艾尚饣它汤餐厅应在市中心、大学城附近。徐州市中心、大学城附近人口基数大，人口流动性强，社会融合程度高。有着一定购买力的中青年群体多分布在这些地方。

店内服务员应充分了解新品，便于向消费者介绍，对顾客提供有效帮助。年轻消费群体会比其他年龄阶段的消费群体花费更多时间在网络上面，依托时下流行的美团、饿了么等便捷的外卖平台，可以满足年轻人的需要。同时，应尝试开发饣它汤新的产品种类以及饣它汤材料包，打造主推产品，并优化网店。在各大电商平台上线艾尚饣它汤的产品，让人们能够更方便地喝到饣它汤。此外，为拉动消费需求，应策划不同渠道的推广活动。

（三）利用新媒体手段宣传和推广马市街艾尚饣它汤

可以在微信、微博、抖音、公众号等新媒体平台定期开展抽奖活动，营销造势。例如，可以设置关于饣它汤文化历史的问题，一方面能够加强人们对传统文化的认知，另一方面可以激发人们对饣它汤的兴趣，提高品牌的知名度，积聚人气。

新媒体平台已经成为树立形象、推广品牌的“主战场”。马市街艾尚饣它汤需要跟随时代发展脚步，加强新媒体平台账号的建设和运营。值得注意的是，推广时不应引起消费者的反感。

（四）明确市场定位，创新营销组合策略

1. 设计新产品，满足年轻群体消费需求

马市街艾尚饣它汤在原本饣它汤的基础上进行改进，在保证原味的基础上增加新潮元素，满足年轻消费者需求，提高市场竞争力（见表8）。

表8　产品系列

经典老味	经典老味饣它汤、油条
相约“爱”系列	相思红豆套餐、鸳鸯套餐、遇见爱心油条
尚系列	红枣枸杞养生饣它汤、银耳雪莲子饣它汤、当归红糖饣它汤

2. 艾尚饨汤的餐具设计简约时尚

在调查过程中，有一部分的消费者希望艾尚饨汤餐具特别。为了迎合年轻消费群体注重生活品位、注重健康时尚、注重合理节约科学消费，餐具的设计应以蓝、白为主要颜色，印上艾尚饨汤的商标，在保持古风汉韵的同时，营造时尚前卫的感觉（见图 36）。

图 36　艾尚饨汤餐具

3. 消费者认为马市街饨汤没有特色，凸显不出个性，应该注入新的灵魂，添加新的元素，迎合发展潮流

艾尚饨汤可以在餐具、包装上加上自己的商标，便于与其他同类产品区别开来，起到宣传效果（见图 37）。

图 37　艾尚饨汤包装

4. 采取竞争价格定价策略，刺激目标客户的需要

艾尚饨汤产品价格如表 9 所示。

表 9 艾尚饦汤产品价格

产品	价格	产品	价格
经典老味饦汤	5 元	相思红豆套餐	18 元
油条	5 元	鸳鸯套餐	18 元
煎包/蒸包	5 元/两	遇见爱心油条	6 元
牛肉盒	4 元	银耳雪莲子饦汤	9 元
红枣枸杞养生饦汤	9 元	当归红糖饦汤	9 元

制订多种促销策略，每天给消费者带来不同的惊喜（见表 10）。

表 10 促销信息

周一	周二	周三	周四	周五	周六	周日
消费满 30 元，加 1 元送牛肉盒一个	会员 8.8 折	任意套餐减 2 元	任一单品半价	消费满 30 元，加 1 元送牛肉盒一个	会员 8.8 折	任意套餐减 2 元

5. 拓宽销售渠道，线上线下相结合

随着人们工作模式的不断变化，饮食需求不断扩大，特别是当前庞大的年轻群体对于便利性的追求，外卖和速食食品市场发展潜力巨大。甚至许多星级饭店也一改专营高档餐饮的形象，推出了外卖配送，满足消费者的不同需求。

饭店可以推出面向大众消费者的家庭快餐，通过本店的食品外卖部服务于千家万户。在原有的实体店经营的基础上，开辟外卖服务与网上销售服务，形成差异性营销。顾客足不出户就可品尝到饭店水准的美味佳肴，而且价格便宜，方便快捷。

6. 及时调整品牌形象

马市街艾尚饦汤应根据市场和年轻消费者的变化及时调整自己的品牌形象，通过深化内涵，挖掘马市街艾尚饦汤品牌核心价值更新的因素，保持品牌的价值和活力，增加年轻消费者对品牌的忠诚度和信任感，进一步巩固年轻消费者群体这一细分市场。

参考文献

[1] 张继焦，丁慧敏，黄忠彩．中国“老字号”企业发展报告 No.1（2011）[M]．北京：社会科学文献出版社，2011.

[2] 唐绪军．中国新媒体发展报告 No.5（2014）[M]．北京：社会科学文献出版社，2014.

[3] 吴燕芳，葛佳英，李晗，等．餐饮老字号品牌创新发展研究：以湖州为例[J]．现代商贸工业，2013，25（5）．

[4] 刘镓齐．老字号企业品牌管理现状和品牌发展对策探讨：以山东省济宁市马大兴清真食品店为例 [J]．东方企业文化，2014 (17)．

[5] 许晖，张海军，冯永春．传承还是重塑？本土老字号品牌活化模式与机制研究：基于品牌真实性与价值迁移视角 [J]．管理世界．2018，34 (4)．

[6] 薛杨，许正良，景涛．微信营销环境下用户信息分享意愿提升及管理应用 [J]．情报科学，2017，35 (2)．

附录　　马市街饣它汤消费需求调查问卷

亲爱的朋友：

为了了解徐州市民对马市街饣它汤的了解程度以及对其产品的偏好和需求，充分挖掘徐州市场的消费潜力，以促进徐州非物质文化遗产的创新发展，使马市街饣它汤能获得可持续性发展。特开展此项调查，请如实回答，感谢您的配合！

1. 您的性别？

○男　○女

2. 您的年龄？

○18 岁以下　○18 ~ 25 岁　○26 ~ 35 岁　○36 ~ 45 岁　○46 ~ 55 岁　○56 岁以上

3. 您的职业？

○学生　○企业职员　○公务员　○教师　○医护人员　○自由职业者　○其他

4. 您的家庭月平均收入？

○10000 元以下　○10001 ~ 15000 元　○15001 ~ 20000 元　○20001 ~ 25000 元

○25001 ~ 30000 元　○30001 ~ 35000 元　○35001 ~ 40000 元

5. 您知道徐州哪些老字号餐厅？(多选)

□马市街饣它汤　□徐州两来风　□老屋菜馆　□凌云饭店　□冯天兴

□凤歧把子肉　□百味地锅鸡　□老冯宋记蒸饺　□其他

6. 您对徐州老字号餐厅的整体印象是：(多选)

□经营历史长，久负盛名　□广泛社会认同和良好商业信誉　□味道独特

□兼具商业价值和文化价值　□环境很特别　□其他

7. 您听说过马市街饣它汤这个品牌吗？

○知道，品牌知名度很高　○听说过，但不太了解　○不知道，从来没有听说过

8. 您是通过哪种方式了解马市街饣它汤的？(多选)

□电视媒体　□报纸杂志　□口碑相传　□微信

□其他网站　□亲朋好友推荐　□大众点评网　□其他

9. 您在马市街饣它汤用过餐吗？

○去过　○没去过　○打算去

10. 您喜欢喝饣它汤吗？

○非常不喜欢　○不喜欢　○一般　○喜欢　○非常喜欢

11. 你在喝饣它汤时最喜欢搭配什么？（多选）

□油条　□蒸包、蒸饺　□煎包、煎饺　□酥饼　□烙馍卷馓子　□其他

12. 您觉得马市街饣它汤在徐州市场的潜力如何？

○市场很有潜力，会有很多人喜欢　○市场较有潜力，较多人喜欢

○市场一般，大多数年轻人不喜欢　○没有市场，慢慢会被淘汰

13. 您对马市街饣它汤的发展有何建议？（选出你认为非常重要的三项）

□增加品类，提高质量　□改善就餐环境　□创新营销模式　□提升服务质量

□扩大宣传，提高知名度□重新装修　□多开几家分店　□其他

14. 您对马市街饣它汤的整体评价：［矩阵量表题］

	不知道	不认同	一般	认同	非常认同
味道鲜美	○	○	○	○	○
营养健康	○	○	○	○	○
历史悠久	○	○	○	○	○
知名度高	○	○	○	○	○
安全卫生	○	○	○	○	○
服务满意	○	○	○	○	○
价格实惠	○	○	○	○	○
品种丰富	○	○	○	○	○

15. 如果马市街饣它汤推出新的产品，您希望是什么样的？

○不希望推出新产品，饣它汤就该是经典老味　○希望推出一些适合年轻人喜好的产品　○希望与网红产品接轨　○其他

16. 如果马市街饣它汤针对年轻人的需求开一家饣它汤餐厅，你觉得市场前景怎么样？

○有创意，市场前景好　○有创意，有一定市场　○有创意，但市场不一定认可

○只能想想，不知道　○只能想想，不看好

17. 如果新开的这家餐厅名叫马市街“艾尚饣它汤”，您喜欢这个名字吗？

○很不喜欢　○不喜欢　○一般　○喜欢　○很喜欢

18. 如果这家马市街“艾尚饣它汤”店开业了，您是否会去用餐？

○不愿意　○不一定　○愿意

19. 您希望“艾尚饣它汤”店在什么位置？

○大学城附近　○市中心　○景区附近　○大型商场街道　○其他

20. 您觉得“艾尚饣它汤”在开业后要更加注重哪些因素？（最多选三项）

□餐具特别　□环境特别　□服务特别　□包装特别

□价格合理 □产品特别 □装修特别 □其他

21. 您希望“艾尚饨汤”店内装修的风格是？

○汉风格 ○极简风格 ○浪漫气息 ○艺术典雅 ○另类装修 ○其他

22. 如果“艾尚饨汤”除了提供早餐，还提供午餐和晚餐，您愿意尝试吗？

○不愿意 ○可以考虑 ○愿意

23. 您觉得“艾尚饨汤”通过哪些渠道宣传会有更好的效果？（最多选三项）

□电视 □移动电视，如公交车与地铁 □美团网 □直播 □报纸杂志

□广告牌 □公众号 □抖音等短视频 □点评网 □其他

24. 您希望“艾尚饨汤”发展线上的哪些服务？

○外卖（包装等做得更好） ○快递（其他人也可以尝到饨汤） ○以上都有

25. 您觉得“艾尚饨汤”采取哪种促销手段效果比较好？

□会员打折 □每天有特价菜 □会员积分优惠 □套餐优惠 □其他

26. 您对开一家马市街“艾尚饨汤”有什么建议？如果您觉得“艾尚饨汤”不够好，您觉得还可以起一个什么样的名字？

附件　实地访谈提纲

（1）对经理人员的提纲。

采访经理前，要进行预约，并准备好访问提纲，按时进行访谈，并做好记录。

①请您给我们介绍一下马市街饦汤品牌的发展状况。

②目前马市街饦汤餐饮企业的经营状况怎么样？可以给我们介绍一下吗？

③请给我们介绍一下马市街饦汤的主要产品。

④请您给我们介绍马市街饦汤餐饮企业未来的规划和目标。

⑤您对马市街饦汤开创年轻人品牌有什么期望和建议？

⑥您觉得马市街艾尚饦汤品牌未来的市场潜力如何？

（2）对消费者的提纲。

采访之前，要做好自我介绍，征得同意后按提纲进行访谈，并做好记录。

①请问您知道马市街饦汤吗？

②请问您吃过马市街饦汤吗？经常去吃吗？

③请问您对马市街饦汤从产品系列、价格、口味、卫生、服务等方面的感觉怎么样？

④请问您觉得马市街饦汤知名度高吗？

⑤您觉得马市街饦汤品牌宣传和推广做得好吗？有什么好的建议？

⑥您觉得马市街饦汤有没有必要专门针对年轻人开创一个新品牌？为什么？

⑦您对马市街饦汤开创年轻人品牌有什么期望和建议？

⑧您觉得马市街艾尚饦汤品牌未来的市场潜力如何？